W0174094

ANDREAS BOPPART

UNFERTIG

JESUSNACHFOLGE FÜR NORMALE

SCM

R.Brockhaus

SCM

Stiftung Christliche Medien

SCM R.Brockhaus ist ein Imprint der SCM Verlagsgruppe,
die zur Stiftung Christliche Medien gehört, einer gemeinnützigen
Stiftung, die sich für die Förderung und Verbreitung
christlicher Bücher, Zeitschriften, Filme und Musik einsetzt.

3. Auflage 2019

© 2015 SCM R. Brockhaus in der SCM Verlagsgruppe GmbH
Max-Eyth-Straße 41 • 71088 Holzgerlingen
Internet: www.scm-brockhaus.de; E-Mail: info@scm-brockhaus.de

Die Bibelverse wurden, soweit nicht anders angegeben,
folgenden Ausgaben entnommen:
Neues Testament und Psalmen: Bibeltext der Neuen Genfer Übersetzung.
Copyright © 2009 Genfer Bibelgesellschaft, CH-1204 Genf.
Wiedergegeben mit der freundlichen Genehmigung. Alle Rechte vorbehalten.

Altes Testament: Lutherbibel, revidierter Text 1984, durchgesehene Ausgabe in neuer
Rechtschreibung, © 1999 Deutsche Bibelgesellschaft, Stuttgart

Weiter wurden verwendet:

Elberfelder Bibel 2006, © 2006 SCM-Verlag GmbH & Co. KG,
58452 Witten. (ELB)

Hoffnung für alle*, Copyright © 1983, 1996, 2002 by Biblica, Inc.*.
Verwendet mit freundlicher Genehmigung von Fontis – Brunnen Basel. (HFA)

Umschlaggestaltung und Satz: Yellow Tree – Digital. Branding., www.yellowtree.de
Druck und Bindung: Finidr s.r.o.
Gedruckt in Tschechien
ISBN 978-3-417-26723-5
Bestell-Nr. 226.723

INHALT

DAS VORWORT

Ich bin ganz normal. Ich habe eine Minderbegabung, wenn es darum geht, mehrere Sachen gleichzeitig zu machen, habe deinen Namen, drei Sekunden nachdem du ihn mir genannt hast, auch schon wieder vergessen, habe keine Ahnung von der Marke und der Farbe des Autos meines Nachbarn, reagiere um 2 Uhr nachts nicht immer extrem liebevoll auf überraschend originelle Wachphasen meiner vier kleinen Töchter, habe eine Schwäche beim Kleiderkombinieren, weshalb ich mich meistens einfach des obersten Shirts auf dem Stapel bediene, werde unausstehlich und sanft aggressiv bei einem Hungerast, lebe seit mehr als dreieinhalb Jahrzehnten mit dem asymmetrischen Gesicht, das mich jeden Morgen verschlafen aus dem Spiegel grüßt, kann unterwegs vom Esstisch zur Küche bereits wieder vergessen haben, warum ich eigentlich unterwegs bin, brauche mindestens doppelt so lang wie meine Frau Tamara, wenn es um den Abwasch geht, habe die Fähigkeit, jegliche Art von zwischenmenschlichen unterschwelligen Konfliktsituationen auszublenden, lasse regelmäßig den Abfall überquellen, bin kein sonderlich gutes Vorbild in Sachen Gemüse-und-gesund-Essen, kann bei Ballsportarten ziemlich verbissen werden, habe beim Zubettgehen oft trotz Zähneputzen noch Mundgeruch – behauptet jedenfalls meine Frau –, muss mir von meinen vier Mädchen erklären lassen, welche Kleidungsstücke zu welcher Tochter gehören, kann laut singen, aber nicht richtig, und vieles mehr, um nur einen kleinen Einblick in die „Hall of Fame" meiner Unfertigkeiten zu gewähren. Dummerweise habe ich den Fehler gemacht, meine Frau und die besten Freunde zu fragen, ob ihnen vielleicht zufällig noch etwas Weiteres in den Sinn käme – deren Listen wurden endlos lang, ganz zur Belustigung von ihnen. Ich bin normal. Nicht trotzdem, sondern deshalb.

Auch du bist normal. Du kriegst zwar nicht alles so auf die Reihe, wie du willst, hast Eigenheiten, die es nicht unbedingt bräuchte – vor allem nicht nach Meinung der Menschen um dich herum –, bist ausgestattet mit ein paar Ecken und Kanten … aber du bist normal. Vielmehr: Genau deshalb bist du normal. Dass du nicht alles sauber hinkriegst, hat schlicht und einfach damit zu tun, dass du unfertig bist.

Wenn du an dieser Unfertigkeit zu knabbern hast, weil du den eigenen Ansprüchen oder den Ansprüchen anderer nicht gerecht wirst und deshalb immer wieder mit dem eigenen Versagen konfrontiert wirst, darfst du dich entspannen! Es ist alles okay mit dir; Gott kann mit deiner Unfertigkeit ganz gut umgehen. Dieses Buch will dir dabei helfen, alle „Ich bin zu schlecht für die Jesus-Nachfolge"-Blockaden zu entfernen. Ich wünsche dir, dass dich das Lesen entspannt. Einerseits. Es soll dich jedoch gleichzeitig auch aufrütteln und bewegen.

Wenn du nämlich mit sehr viel Selbstbewusstsein ausgestattet bist, dann gehen deine Gedanken vielleicht eher in die Richtung: „Gott hat irgendwie schon Schwein gehabt, dass er mich gekriegt hat." So habe ich lange Zeit gedacht. Natürlich hätte ich das weder so formuliert noch war ich mir dieser Tatsache wirklich bewusst. Auch habe ich meine Fehler und Unzulänglichkeiten, meine Unfertigkeit, sehr wohl gesehen – nur hatte ich die „Es ist schon alles okay mit meinem Glauben"-Decke darübergeworfen. Bis ich vor einigen Jahren bei meiner Äthiopien-Reise eine Linie überschritt, hinter der es kein Zurück mehr gab. Meine Okay-Decke wurde weggerissen. Das war wohltuend und unbequem zugleich.

Wenn du es gerne bequem magst, dann kauf dir ein Kissen und meditier über der Musterung deiner Bettdecke. Das hier ist kein Kissen. Es ist ein Buch. Eines, das den Bequemlichkeitsfaktor einer Kaktusmatratze hat. Ich bete, dass es für dich ebendiese Linie auf den Boden zeichnet und dich herausfordert, den Schritt darüber hinaus zu wagen. Ganz egal, ob du dich dazu gemütlich in Bewegung setzt, dich heroisch-naiv darüber wirfst oder dich auch einfach vorwärtsfallen lässt – das ist rein eine Frage

DAS HIER IST KEIN KISSEN. ES IST EIN BUCH. EINES, DAS DEN BEQUEMLICHKEITSFAKTOR EINER KAKTUSMATRATZE HAT.

deiner Persönlichkeit. Ich wünsche mir, dass du in deinem Leben die Dimension des Glaubens als Nachfolge ganz neu entdeckst und umarmst.

Uns zieht es von Natur aus in der Regel mehr zum Bequemen hin, und wir versuchen, das Leben in ein angenehmes Gleichgewicht zu bringen. Natürlich ist das nicht grundsätzlich falsch, aber Gleichgewicht bedeutet oft auch Stillstand, und spätestens seit meinem naturwissenschaftlichen Studium ist mir klar, dass Stillstand in Systemen mit Leblosigkeit und Tod verbunden ist. Und Langeweile. Schließlich quengeln mir meine vier Mädels nicht die Ohren voll, dass sie auf die Schaukel wollen, um dort einfach ein bisschen zu sitzen. Sie wollen schaukeln und mit den Zehenspitzen ein paar Wolken vom Himmel kratzen. Erst wenn die Schaukel in Bewegung ist, macht Schaukeln auch wirklich Spaß. Beim Glauben an Gott ist das genauso. Einfach nur friedlich glaubend dasitzen wird ganz schnell langweilig. Das, was den Glauben attraktiv macht, ist die Bewegung. Und genau von solch einem Glauben redet Jesus, wenn er uns auffordert, ihm nachzufolgen.

EINFACH NUR FRIEDLICH GLAUBEND DASITZEN WIRD GANZ SCHNELL LANGWEILIG.

Viele Bücher über Nachfolge haben mich inspiriert, aber mindestens ebenso viele haben mich auch sanft frustriert zurückgelassen, weil die Inhalte in meinem Alltag schlicht nicht umsetzbar und lebbar waren. Seit Jahren macht mich die Tatsache betroffen, dass sich in Europa die Schere zwischen Glauben und Nachfolge permanent weiter öffnet. Wir lesen im Neuen Testament von einer Nachfolge, die mit Verzicht und Leiden verbunden ist, und hören von den geschätzten 100 Millionen Christen weltweit, die aufgrund ihres Glaubens verfolgt werden. Bei uns hingegen hat sich in der Regel eine Vorstellung von Christsein entwickelt, bei der Gott uns schmerzfrei alle Segnungen zukommen lässt. Ganz im Stile einer geistlichen PDA-Spritze bei Geburten. Nur dass so eine Spritze im Glaubensbereich nicht existiert. Echtes, pulsierendes geistliches Leben beginnt oft erst dort, wo die eigene Komfortzone aufhört. Und das kann schmerzhaft sein, oft auch einfach unbequem.

Du kannst mir glauben: Ich bin alles andere als ein verkappter Leidensfanatiker. Meine Schmerzerträglichkeitsgrenze liegt nur knapp über der Qual, die ein entzündetes Fingernagelhäutchen auslöst. Und das gilt nicht nur körperlich – deshalb habe ich mir unzählige Schmerzvermeidungstaktiken angewöhnt. So macht mein Zwölffingerdarm immer leicht die Faust, wenn eine DVD mit dem Genre „Drama" daherkommt. Ein Happy End löst bei mir jedoch Glückshormone aus wie eine Badewanne voller Haselnüsse bei einem Eichhörnchen. Dennoch bin ich überzeugt: Glaube bedeutet Nachfolge. Und an der Nachfolge hängt ein Preisschild. Wir tun gut daran, es wieder dranzuhängen, wenn wir es versehentlich weggerissen haben.

Nebst dem fehlenden Preisschild haben wir auch verschiedene andere, scheinbar gute Gründe, dieser Nachfolge nicht Folge zu leisten. Vielleicht bist du bei der Aufforderung von Jesus in einer der hinteren Reihen gestanden und dir ziemlich sicher, dass er nicht dich, sondern die Person schräg vor dir angeschaut hat. Oder du guckst dein Leben mit all seinen Flecken an und bist überzeugt, dass er ganz bestimmt nicht dich gemeint haben kann. Oft aber ist Nachfolge auch einfach anstrengend. Und da du allergisch auf Schweißgeruch reagierst und Gott dich im Zeitalter der Gnade doch sowieso liebt, bleibst du auf deiner Schaukel sitzen, ohne all das Hin und Her.

MEINE SCHMERZER-TRÄGLICH-KEITSGRENZE LIEGT NUR KNAPP ÜBER DER QUAL, DIE EIN ENTZÜN-DETES FIN-GERNAGEL-HÄUTCHEN AUSLÖST.

Genau deshalb birgt das Papier zwischen diesen Buchdeckeln eine starke Botschaft. Sie soll dich, wie gesagt, durchaus entspannen, weil du merkst, dass alles okay ist – wir alle sind unfertige Menschen. Und während du dann so ganz relaxt daliegst, soll sie dich wohltuend unbequem aus dem Gleichgewicht bringen und von der Bettkante stoßen. Genieß beides, und achte auf das, was Gott in und mit deinem Herzen tun will.

Die Seiten in deinen Händen sind ein feuriges Plädoyer für die Unfertigkeit – aber keinesfalls im Sinne einer Legitimation oder einer Bagatellisierung der Sünde, sondern vielmehr eines Befreiungsschlags, als Erlöste zu leben. Mein Wunsch ist, dass dich meine Gedanken und persönlichen Erlebnisse von falschem Druck und Schuldgefühlen befreien und dir helfen, in eine authentische, begeisterte Jesusnachfolge hineinzufinden. Am Ende stehen die Überzeugung und die ungebrochene Hoffnung, dass Gott mit dir und mir als Unfertigen, als erlösten Sündern, an sein Ziel kommen wird – und trotz unserer Unfertigkeit liebend gerne mit uns unterwegs ist.

Du bist normal. Unfertig und deswegen normal. Und es ist manchmal ganz unspektakulär, nicht selten aber auch atemberaubend, diesem Jesus als Normaler nachzufolgen.

Bring deine Schaukel in Schwung!

ES IST MANCHMAL GANZ UNSPEKTAKULÄR, NICHT SELTEN ABER AUCH ATEMBERAUBEND, DIESEM JESUS ALS NORMALER NACHZUFOLGEN.

1 DIE EINBAHNSTRASSE

Der „Point of no Return": Das ist ein Moment, der alles verändert. Es ist ein Punkt im Leben, an dem es kein Zurück mehr gibt, sondern nur noch ein Vorwärts. Wie bei einer Einbahnstraße. Wenn man da mal eingebogen ist, kann man nicht mehr so einfach wenden. Beziehungsweise kann man natürlich schon, aber das wird teuer. Mich hat das Abenteuer 700 Schweizer Franken gekostet.

Als ich als Kind unerwartet herausfand, dass das Christkindlein, das an Weihnachten den Baum schmückte und die Geschenke brachte, nicht einfach nur Papa als Assistenten hatte, sondern in Wirklichkeit Papa war, gab es kein Zurück mehr. Oder als ich zufällig auf die ernüchternde Tatsache stieß, dass der Nikolaus dieselben Schuhe trug wie der Freund meiner Eltern. Alles hat sich mit einem Mal verändert. Das ist ähnlich, wie wenn man auf dem 10-Meter-Sprungturm den Schritt über die Kante wagt – der Point of no Return ist der Moment, in dem es nur noch eine Richtung gibt.

In meinen Teenagerjahren hatte ich die übermütige Idee, im Winter mit einem Lastwagenreifen einen Steilhang runterzubrettern. Beim Aufsteigen auf das Gummiteil war ich noch euphorisch-naiv begeistert. Ein paar Sekunden später – ich befand mich bereits in voller Fahrt und der aufgewirbelte Schnee zuckerte mir mein damals noch bartloses Gesicht – wurde mir schlagartig klar, dass ich ein nicht ganz unbedeutendes Detail völlig ausgeblendet hatte, nämlich dass es keine Bremse gibt. Ich hätte damals meinen ganzen Paprika-Chips-Notvorrat für ein Bremspedal, einen Rettungsfallschirm oder, noch besser, eine ganze Kiste voller Anker hergegeben. Aber es gab kein Zurück mehr. Weil der Abhang sehr viele Unebenheiten aufwies, kann man sich den unweigerlich folgenden und äußerst schmerzhaften Bremsvorgang unschwer ausmalen.

Ähnlich war es damals in Uganda, als wir mit einem billigen ugandischen Schwangerschaftstest herausfanden, dass die üble Kotzerei meiner Frau während der zehnstündigen Busfahrt in den Norden weder von den mit Schlaglöchern übersäten Straßen noch von den lokalen Delikatessen stammte. Mir wurde bewusst: Ab sofort gibt es kein Zurück mehr. Für den Rest meines Lebens werde ich Papa sein. Ein wunderschöner, ehrfürchtiger und gleichzeitig auch sanft beängstigender Gedanke, dass da etwas Neues heranwuchs, das meine Zukunft definitiv und bleibend markant verändern würde. Beim Point of no Return überschreitet man eine Linie und sieht Dinge mit einem Mal anders. Als hätte man erst beim spontanen Aufsetzen einer Brille bemerkt, dass man vorher gar nicht scharf gesehen hat. Etwa so muss es sich wohl auch anfühlen, wenn jemand zum ersten Mal in seinem Leben Schweizer Schokolade isst ... Man überschreitet eine Linie und kann nicht mehr wirklich zurück. Denn man hat die einzig wahre Schokolade gekostet, hat den kulinarischen Himmel geschmeckt.

BEIM POINT OF NO RETURN ÜBERSCHREITET MAN EINE LINIE UND SIEHT DINGE MIT EINEM MAL ANDERS.

Mir bereiten solche Momente, in denen es in meinem Leben plötzlich klar und unwiderruflich nur noch in eine Richtung geht, manchmal sanftes Unbehagen. Aber gleichzeitig zwingen sie mich dazu, ein Ja zum Hier und Jetzt zu finden und mutig in die Zukunft zu blicken. Und deshalb kann mir eigentlich nichts Besseres passieren. Manchmal begebe ich mich bewusst in etwas Neues hinein, sehr oft erlebe ich aber auch, dass dieses Neue relativ unerwartet an der Tür klingelt. So wie damals in Äthiopien, weit weg von meinem kuscheligen Zuhause ...

DAS ÄTHIOPIEN-ERLEBNIS

Dort im Slum hatte ich wohl das heftigste Point-of-no-Return-Erlebnis meines Lebens. Afrika war ein Ort, an den ich nie wollte. Wie bereits im Vorwort geschrieben, bin ich der Typ Mensch, der Leid und Schmerzen eher ausweicht. Boxen wäre kein Sport für mich. Dafür begeistern mich Sportarten wie Volleyball, Badminton und Tennis, wo mich ein sicheres Netz vom Gegner trennt. Man kann sich da höchstens selbst wehtun. Streitigkeiten, Todesanzeigen und Wespen im Spätsommer versuche ich, wenn möglich, zu umgehen, und Holzsplitter im Finger würde ich am liebsten mit einer Teilanästhesie entfernen lassen. Mit Afrika verband ich sehr viel Leidvolles und dieser Kontinent löste deshalb denselben Nicht-zu-genau-hinschauen-Reflex aus. Mir war klar, dass viele Menschen dort in großer Armut leben, aber ich hatte überhaupt kein Bedürfnis, das aus nächster Nähe ansehen zu müssen. Wahrscheinlich lag es darüber hinaus an meinen unterentwickelten Fremdsprachenfähigkeiten gekoppelt mit der noch dürftiger entwickelten kulinarischen Neugierde. Aber aufgrund einer Leiterausbildung im Rahmen von Campus für Christus fand ich mich zu meiner eigenen Überraschung im Flugzeug nach Äthiopien wieder. Alleine der Gedanke daran, dort Dinge essen zu müssen, die meinen Magen in einen Dauerverdauungs-Zustand versetzen würden, bereitete mir Unbehagen und präventiven Probedurchfall. Aber ich

HOLZSPLITTER IM FINGER WÜRDE ICH AM LIEBSTEN MIT EINER TEILANÄSTHESIE ENTFERNEN LASSEN.

ließ mich darauf ein. Hauptsächlich, weil mich meine Frau Tamara stark dazu ermutigte. Und mein Magen spielte mit. Unerwartet besser als meine Emotionen. Wie sich zeigen sollte, war diese Reise ein von langer Hand geplantes göttliches Date mit diesem wunderbaren Kontinent und seinen einzigartigen Bewohnern. Oder korrekter: das Entdecken von Neuland in meinem Herzen.

Die Anreise war beeindruckend, wenn ich meinem Tagebuch Glauben schenke, was ich grundsätzlich tue, da sein Erinnerungsvermögen wesentlich besser ist als meines. Trotz völliger Übermüdung nach der langen Reise genoss ich den Landeanflug auf Addis Abeba. So weit das Auge reichte, waren Felder auszumachen, die jede geometrische Logik missen ließen. Dazwischen braune Flüsse und Seen. Die Hauptstadt Äthiopiens ruht auf einem Plateau inmitten eines Landes, das etwa dreimal so groß ist wie Deutschland. Über 40 Prozent der Bevölkerung sind unter 15 Jahren, zwei Drittel der Erwachsenen sind Analphabeten und schätzungsweise 49 Prozent der Bevölkerung sind unterernährt. Zahlen, die zweimal leer schlucken lassen, da man sich die daraus resultierenden gesellschaftlichen Probleme unschwer ausmalen kann.

Als ich auf das Meer aus Wellblechdächern und -zäunen blickte, konnte ich mich des Eindrucks nicht erwehren, dass irgendwie 90 Prozent des gesamten Weltvorkommens an Wellblech hier verbaut worden war. Die wackeligen endlosen Wellblechzäune entlang der Straße entpuppten sich bei genauerem Hinschauen als Eingänge zu Häusern, Hinterhöfen und was sich sonst noch dahinter verbarg. Wäre die Stadt ein Schiff, würde sie untergehen. Nicht nur weil die Häuser, die diese Bezeichnung eigentlich überhaupt nicht verdient haben, zum größten Teil löchrig und baufällig sind, sondern weil sie völlig überfüllt ist. Die Leute vom Land ziehen aus Armut in ihre Hauptstadt, als wäre sie die Arche Noah und die große Flut stehe kurz bevor. Laut offiziellen Angaben hat die Stadt rund 3,5 Millionen Einwohner. Inoffiziell sind es jedoch rund 2 Millionen mehr. Und diese sammeln sich hauptsächlich in den Slums. Wobei man in den winzigen Häuschen gar nicht wirklich Platz hat – deshalb spielt sich das Leben mehrheitlich auf der Straße ab. Zumindest die Hälfte aller Einwohner tummelte sich immer genau vor unserer Busscheibe, wie es schien. Dazwischen Ziegen und Esel. Man wusste irgendwie gar nicht, wo all die Leute hingehörten, geschweige denn, wo sie hinwollten. Irgendwie schienen viele gar kein Ziel zu haben. Überall wurde geredet, gestikuliert oder auch einfach nur dagesessen und auf etwas gewartet, von dem niemand so genau wusste, was es war – wahrscheinlich nicht mal die wartenden Personen.

Permanent wurde man als Weißer angebettelt. Und alle, die nicht bettelten, waren entweder Schuhputzer oder Taxifahrer. Gleichzeitig verkaufte jeder irgendetwas. Da saß einer am Straßenrand und hatte genau ein Paar Turnschuhe im Angebot. Falls er die loskriegte, hatte er wieder einen Gewinn erzielt, der für die nächsten Wochen reichen würde. Auffallend war aber auch, dass selbst der Slum seine Bewohner mit sauberen weißen Kleidern und tollen Anzügen ausspuckte. Man wahrte die Würde. Und auch wenn die rötlichen Dreckstraßen von Abfall gesäumt sind, werden die zwei Quadratmeter vor der eigenen Haustür täglich gefegt.

In einem Land wie Äthiopien fühlte ich mich emotional permanent leicht überfordert. Die Eindrücke überfluteten mich, als wäre irgendwo über mir ein Wassertank geplatzt, der mich minutenlang mit seinem Inhalt segnete. So viele Farben, so viele Gerüche, so viele Menschen. Die kleinen Taxi-Busse vollgestopft. Die Straße wird dort zum Wohnzimmer, wo das Leben pulsiert. Da wird gehandelt, gegrüßt, geredet und gelebt. So vieles lief hier völlig anders als in Europa. Unerträglich ist jedoch das Aufeinanderprallen von Arm und Reich. Während viele um ihr tägliches Brot kämpfen, kann man direkt neben dem Slum in einen Einkaufstempel gehen, der ebenso gut in der Shopping-Meile in Zürich stehen könnte. Auch die Preise sind bei vielen Artikeln gar nicht so weit von den schweizerischen Preisen entfernt. Die Schere zwischen Arm und Reich klafft unerträglich weit auseinander. Und dass viele in den Slums zwar fast nichts besitzen, aber Fernsehen haben, macht die Sache nicht einfacher. Sie können

DIE EINDRÜCKE ÜBERFLUTETEN MICH, ALS WÄRE IRGENDWO ÜBER MIR EIN WASSERTANK GEPLATZT, DER MICH MINUTENLANG MIT SEINEM INHALT SEGNETE.

täglich sehen, wie die Welt um sie herum lebt und was für sie ein Leben lang wohl unerreichbar sein wird.

Wir übernachteten auf einem Campus für Studenten, in einem Bungalow, der für afrikanische Standards sicher schon fast luxuriös war. Das Essen war toll. Eigentlich war einfach alles frittiert. Bis auf das typisch äthiopische Brot, eine gräuliche Masse, die etwa so aussieht wie eine vollgesogene Klopapierrolle. Und auch so schmeckt. Nur mit einem bitteren Beigeschmack. Und wir hatten das Glück, eine richtige Toilette zu besitzen. Die uns bei Hochwasser allerdings regelmäßig das Haus flutete. Weitere Details erspare ich der Leserschaft sehr gerne.

Wir waren aber nicht nur da, um Eindrücke zu sammeln. In einem der vielen Slums von Addis Abeba versuchten wir, Not zu lindern. Weltweit verhungert alle fünf Sekunden ein Kind. Rechnete ich die Zeit, die ich an diesem Buch sitze, mal hoch, wären allein beim Schreiben um die 200 000 Kinder gestorben. Und während du es liest, noch einmal ein paar Tausend. Ich muss nicht erwähnen, dass diese Anzahl sich nicht sauber auf alle Länder verteilt, sondern genau die Ärmsten der Armen trifft. Und diese Armut ließ sich hier in Äthiopien förmlich einatmen.

RECHNETE ICH DIE ZEIT, DIE ICH AN DIESEM BUCH SITZE, MAL HOCH, WÄREN ALLEIN BEIM SCHREIBEN UM DIE 200 000 KINDER GESTORBEN.

Diese Kinder waren für mich bis zu diesem Zeitpunkt eine abstrakte Zahl, eine emotionslose Größe in einer nüchternen Statistik. Das änderte sich, als ich inmitten dieses Slums stand und Zeit mit den gut 300 Menschen verbrachte, die aufgrund eines Feuers ihre Häuser verloren hatten. Zusammengepfercht wie Legehennen lebten sie nun in zwei blau leuchtenden Zelten der UNO auf engstem Raum. Jeder Familie blieben nur wenige Quadratmeter und im besten Fall ein Bett, das sie sich miteinander teilten. Unvorstellbar für mich – ich finde es schon unbequem eng, wenn meine Frau beim Einschlafen kuscheln will. Und wenn dann am Morgen plötzlich alle vier Kinder in unser Doppelbett drücken, ist das zwar süß, löst bei mir aber gleichzeitig auch nach einigen Minuten Fluchtgedanken aus. Da Regenzeit war und das Zelt zudem alles andere als dicht – durch faustgroße Löcher konnte man den blauen Himmel erkennen –, war der Boden mit Matsch bedeckt. Wir kauften Holz, um die zerstörten Häuser wieder aufzubauen. Doch selbst im scheinbaren Häuschen-Chaos des Slums mussten wir noch auf das Okay von verschiedenen Ämtern warten, die alles verzögerten – es schien tatsächlich selbst hier so etwas wie ein Zonenplan zu existieren.

Mein Blick schweifte über eine alte Frau, die am Boden kauerte und mit einem Gefäß versuchte, an einer Stelle das eingedrungene Wasser abzuschöpfen. Im zweiten Zelt machte eine Kollegin mit den Kindern ein paar Spiele. Mein Herz erwärmte sich merklich bei den lachenden Gesichtern in den teils arg zerrissenen Kleidern. Und doch musste ich nach kurzer Zeit das Zelt verlassen. Der Geruch darin war einfach unerträglich. Ich bewunderte meine Kollegin, die scheinbar ohne Berührungsängste einfach mit diesen Kindern spielte. Ich hatte schon ein beklemmendes Gefühl, wenn all die kleinen Kinderhände nach meiner Hand griffen oder zu viele Hände meine Arme umklammerten.

Doch bereits am zweiten Tag begann auch mein Blick, den Dreck herauszufiltern, und ich nahm tatsächlich nur noch die lachenden Gesichter und die liebeshungrigen Herzen wahr. Die Verse in Matthäus 25,40-45 wurden plötzlich zur greifbaren Herausforderung: Was immer wir den „Geringsten" tun, tun wir direkt Jesus. Was wir ihnen aber nicht tun, tun wir auch Jesus nicht. Und plötzlich sah ich in den Augen der Menschen um mich herum Jesus – unabhängig vom Geruch und vom Dreck. Genau so musste es auch dem Vater gegangen sein, als er den Sohn, der ihm den Rücken zugewandt hatte und davongelaufen war, zurückkommen sah und ihm von Weitem sehnsüchtig entgegenlief, um ihn herzhaft-leidenschaftlich in die Arme zu schließen (Lukas 15). Wahrscheinlich hatte er ihn ebenfalls von Weitem gerochen, da er direkt von den Schweinen kam. Dreckig, stinkend, mit einer Vergangenheit, die nicht wirklich sauber gelaufen war. Genauso sieht unser himmlischer Vater über den größten Dreck und Gestank unseres Lebens hinweg und nimmt uns als dreckige Sünder immer wieder neu in seine Arme.

Wir brachten den 110 Kindern der 44 Familien im Rahmen unseres Einsatzes Geld und Material für die nächsten vier Jahre. Das war gleichbedeutend mit einer Zukunft. Gab ihnen Hoffnung und Perspektive. Es war ihre vielleicht einzige Chance, je dem Elend ihres Viertels zu entkommen. Als ehemaliger Lehrer war es für mich irritierend, strahlende Gesichter zu sehen, wenn ich jemandem ein Bündel mit Schulmaterial in die Hand drückte. Was mir jedoch das Herz brach, war das Gesicht einer der vielen Nachbarsfrauen, die auf Hilfe hoffend und mit flehendem Blick vor mir stand, während sich ihr Sohn an ihr Bein klammerte. Mir trieb es die Tränen in die Augen, als wir ihr sagen mussten, dass wir für ihn nichts mehr hatten. Kein Schulmaterial. Keine Hoffnung. Keine Perspektive über diese Schlammstraße hinaus. Alles war bereits verteilt worden. Dabei hätte ich locker noch mehr Geld, noch mehr Material auftreiben und mitnehmen können. Auf einmal sah ich mich mit aller Wucht mit meiner Macht- und Hilflosigkeit konfrontiert. Auch wenn ich wollte – ich konnte nicht die ganze Welt retten. Mir war ja schon immer klar gewesen, dass es an vielen Orten der Welt viel Not und Leid gab, gerade in Slums wie diesem. Aber das hier in Addis Abeba fühlte sich anders an. Ich sah es nicht auf einem Fernsehbildschirm. Es war nicht wie sonst weit weg von meinem schönen gemütlichen Zuhause. Ich stand mittendrin. Hilflos. Verzweifelt. Und ungefiltert traf mich die geballte Wucht der Verzweiflung dieser Mutter. Es riss mich innerlich von den Füßen.

In diesem Moment waren die vielen leidenden, hungernden und sterbenden Menschen weltweit nicht mehr nur eine anonyme, emotionslose Nummer in einer leblosen Statistik. Hier stand ich dem Leid Auge in Auge gegenüber – einer Mutter mit ihrem Sohn, nur einen Meter von mir entfernt. In meinem Herzen knackte es fast hörbar, als der harte Kern, der mein Mitgefühl über Jahre eingeschlossen und meinen Tränenkanal blockiert hatte, weggesprengt wurde. Denn plötzlich hatte das Leid der Welt ein Gesicht. Es war schmerzlich real durch die Augen dieser Frau, die mit ihrem Blick wortlos-verzweifelt um eine Zukunft für ihren Jungen flehte. Was meine Emotionsmauer jedoch endgültig einstürzen ließ, war die von anderen Frauen an uns gerichtete Bitte, ihre Kinder doch nach Europa mitzunehmen. Nicht etwa, weil ihnen ihre Kinder nicht wichtig waren, sondern gerade weil sie ihre Kinder so liebten und sich nur so eine Hoffnung für deren Zukunft versprachen. Für mich als Vater unvorstellbar – es zeigte die extreme Not und Verzweiflung dieser Menschen.

Das war mein Point of no Return. Alles veränderte sich schlagartig. Was meine Augen sahen, was mein Herz hier fühlte, ähnelte einer Einbahnstraße, auf der es keine Abzweigungen gab. Ich war vorbereitet gewesen auf das, was ich hier antreffen würde – aber ich war nicht vorbereitet auf das, was ich in meinem Herzen vorfand. Eine geballte Ladung an Mitgefühl. Meinen Jesus, der mitlitt. Ich selbst litt mit und spürte plötzlich ein Verantwortungsbewusstsein gegenüber meinem Nächsten – wo auch immer er sein mochte. Ob in der Nachbarschaft oder ein paar Flugstunden entfernt – durch die fortschreitende Globalisierung und die Online-Vernetzung kann jeder zu meinem Nächsten werden, unabhängig davon, wo er gerade weilt.

ICH WAR VORBEREITET GEWESEN AUF DAS, WAS ICH HIER ANTREFFEN WÜRDE – ABER ICH WAR NICHT VORBEREITET AUF DAS, WAS ICH IN MEINEM HERZEN VORFAND.

Auf der Rückfahrt im Bus zu unserem Nachtquartier weinte ich. Nicht weil es mir so gut ging und ich deshalb ein schlechtes Gewissen hatte. Nicht über die Armut dieses Kontinents oder all das Leid, das nicht sein durfte. Auch nicht über eine gefallene Schöpfung, die unter der Sünde ächzt und stöhnt – auch das wären gute Gründe gewesen, Tränen zu lassen. Ich weinte über die Armut meines Herzens. Ich weinte über die Ohnmacht meiner eigenen Begrenztheit. Ich weinte über mein hartes Herz, das das Leid anderer Menschen jahrelang nicht an sich herangelassen hat. Über die Abstumpfung, die ich zugelassen hatte. Ich weinte, weil meine kleinen Probleme, die mich manchmal stunden- und tagelang beschäftigten und absorbierten, hier plötzlich so eine ganz andere Dimension bekamen, dass es mir fast peinlich war, von was für Sorgen ich mir noch vor Kurzem meine Zeit hatte rauben lassen. Ich weinte über mein Desinteresse an den Nöten meiner Freunde, meiner Nachbarn. Vor allem aber weinte ich, weil ich ein Gesicht nicht mehr aus meinem Kopf bekam: das Gesicht des kleinen Nathanael!

DIE NATHANAEL-FRAGE

Nathanael, ein kleiner Junge – einer von geschätzten zwei Millionen Slumbewohnern in Addis Abeba –, nahm, nachdem wir miteinander gespielt hatten, meine Hand und marschierte mit stolzgeschwellter Kinderbrust mit mir über eine Stunde lang durch endlose Wellblechhütten-Quartiere. Wir kauften zusammen Brot, besuchten seine Bekannten aus der Nachbarschaft und genossen die unbeschwerte „Großer Bruder, kleiner Bruder"-Zeit miteinander. Auf der Rückfahrt zu unserer Unterkunft pflanzte Gott für mich völlig unerwartet dann eine ganz schlichte Frage in mein Herz, die zum Ursprung meines Tränenflusses und all der Fragen über den Zustand meiner Nachfolge wurde: „Was wäre, wenn Nathanael dein Leben hätte – hätte er mehr daraus gemacht?"

Eine Frage, die auf den ersten Blick ganz harmlos schien – aber sich anfühlte wie ein K.o.-Schlag, als sie sich ungehindert entfaltete. Als wäre ich beim Joggen gegen einen wuchtigen, dicken Baumstamm gerannt. Was wäre, wenn Nathanael mein Leben bekommen hätte? Oder wenn wir jetzt, heute, tauschen würden? Was wäre, wenn er meinen wunderschönen Platz in der Schweiz einnehmen dürfte, weil ich all das Gute und all die Möglichkeiten sowieso nicht zu schätzen weiß? Was wäre, wenn er als der große Gönner in diesem Slum einmarschiert wäre und ich ihn mit großen, bewundernden Augen angestarrt hätte? Hätte Nathanael mehr aus meinem Leben gemacht?

Schlagartig wurde mir bewusst, wie verantwortungslos ich mit dem von Gott geschenkten Leben umging. Ich war zwar als Christ unterwegs und fromm engagiert in der Kirche – aber ich hatte definitiv oft viel mehr meinen Träumen und Wünschen nachgelebt als denen, die Gott mit mir hatte. Mir wurde klar, dass ich mein Leben mit all seinen wunderbaren Voraussetzungen nicht verdient hatte. Dabei ging es nicht darum, dass ich mich mit einem schlechten Gewissen irgendwo in eine Ecke kauerte, um mich selbst mit der Wohlstandspeitsche blutig zu schlagen. Nein, ich wurde mir des Geschenks meines Lebens bis tief in mein Innerstes bewusst. Und gleichzeitig der damit verbundenen Verantwortung, es bestmöglich einzusetzen. Mein Leben gehörte nicht mir – es wurde mir als kostbarstes Geschenk überhaupt anvertraut. Die Frage war nun, was ich damit machte. Denn Gott würde nicht einfach nett lächelnd applaudieren, wenn ich irgendwann völlig überrascht in den Himmel reinstolperte.

GOTT WÜRDE NICHT EINFACH NETT LÄCHELND APPLAUDIEREN, WENN ICH IRGENDWANN VÖLLIG ÜBERRASCHT IN DEN HIMMEL REINSTOLPERTE.

Die Story, die Jesus in Matthäus 25 erzählt, stellt klar, dass Gott uns „Talente" gegeben hat, die wir einsetzen und nicht vergraben sollen. In der Geschichte gibt es Personen, die ihre Talente einsetzen und vermehren, und einen, der sein Talent ängstlich vergräbt, weil er es nicht verlieren will. Letzterer lebt damit total an Gottes Plan vorbei. Spannend, dass „Talent" zwar eine damalige Währungseinheit beschreibt, aber auch „Begabung" bedeutet. Gott hat uns wertvolle Geschenke anvertraut, Talente gegeben oder teils einfach auch bessere Voraussetzungen im Vergleich zu anderen. Die Frage ist, ob wir sie einsetzen, damit sie Frucht bringen und sich etwas vermehren kann, oder ob wir sie ängstlich und egoistisch vergraben.

Mir ist Afrika nicht mehr egal. Denn Gott ist Afrika nicht egal. Es war längst überfällig, etwas zu verändern. Mich. Nichtstun geht nicht mehr. Mir wurde die Verantwortung bewusst, die Gott mir für Menschen in meinem Umfeld und weit darüber hinaus übertragen hat, gerade weil ich es so gut habe. Ich muss zur Stimme derer werden, die keine Stimme haben.

> **GOTT HAT MIR ZUGANG ZU TEILEN MEINES EIGENEN HERZENS VERSCHAFFT, DEREN EXISTENZ ICH FAST DREI JAHRZEHNTE NICHT EINMAL GEAHNT HABE.**

Zum ersten Mal in meinem Leben weinte ich bewusst über das Leid anderer Menschen und über die Leere in meinem Herzen. Ich weinte über meine Unfertigkeit, die ich bisher noch nie bewusst wahrgenommen hatte. Dieses neu entstandene Mitgefühl in mir zu entdecken, hat mich wohltuend überrumpelt. In meinem Tagebuch hielt ich fest: „Gott hat mir Zugang zu Teilen meines eigenen Herzens verschafft, deren Existenz ich fast drei Jahrzehnte nicht einmal geahnt habe."

Ganz schön komisch fühlte es sich an, diese Menschen aus dem Slum dann in der Kirche zu sehen. Ich predigte vor rund tausend Äthiopiern, doch der Übersetzer unterbrach mich mittendrin und fragte mich vor allen Leuten: „Warum schreist du nicht?"

Meine sanft-perplexe Antwort, dass ich Schweizer sei, ließ er nicht gelten und meinte bloß: „Wenn man Jesus liebt und diese Freiheit erfahren hat, kann man doch gar nicht anders, als zu schreien."

Das saß. Also schrie ich. Allerdings nur, bis er mich abermals unterbrach, um zu fragen: „Warum tanzt du nicht?"

Ich wagte nicht, zurückzufragen, warum ich während der Predigt tanzen sollte, da ich die Antwort erahnte. Also begann ich zu tanzen. Gar nicht so einfach für einen Mann, da wir doch bekanntlich nur eine Sache auf einmal machen können ... Doch ich bekam es irgendwie hin und redete und schrie und tanzte.

Und die ganze Kirche erwachte zum Leben, und das in derselben beeindruckend-ohrenbetäubenden Lautstärke wie der Vogelschwarm im Baum vor meinem Schlafzimmerfenster, wenn der Morgen anbricht. (Für die Vögel natürlich – denn für mich würde er erst zwei bis drei Stunden später beginnen.)

Man braucht nicht mit übermäßig viel Fantasie gesegnet zu sein, um sich die entgeisterten und herrlich verständnislosen Gesichter vorstellen zu können, die mich anstarrten, als ich das mit dem Schreien und Tanzen einmal während einer Predigt in der Schweiz ausprobierte ... Wenn man die ärmlichen Verhältnisse gesehen hat, wird einem plötzlich klar, wieso diese Menschen über vier Stunden lang in einem Gottesdienst die Hoffnung feiern, die sie in Christus haben. Wirklich feiern. Und nicht wie wir damit eigentlich „drinsitzen" und „innerlich feiern" meinen. Wenn ich irgendwo in Europa das Abendmahl „feiere", bedeutet das in der Regel nichts als andächtige und sanft beklemmende Stille. Der Kontrast zur fröhlichen und hoffnungsvollen Musik und Botschaft des Evangeliums in Äthiopien ist extrem.

Plötzlich wurde mir auch klar, warum Menschen hier mit Schreien und Weinen reagieren, wenn sie die Kreuzigung von Jesus im JESUS-Film sehen. Die Dimension des Todes vom Hoffnungsträger der Welt und die damit verbundene Hoffnungslosigkeit wurde mir erstmals bewusst, als ich Menschen sah, die nicht viel anderes zu hoffen hatten. Ich lachte mit ihnen. Ich weinte mit ihnen. Letzteres oft still für mich. Noch nie in meinem Leben habe ich so viele Tränen über Menschen und mich selbst verloren.

ÄTHIOPIEN MAG ARM SEIN AN FINANZEN. EUROPA JEDOCH IST ARM AN SPIRITUALITÄT.

Die Freude dieser materiell armen Menschen und ihre Hingabe an Jesus überwältigte mich. „Äthiopien mag arm sein an Finanzen. Europa jedoch ist arm an Spiritualität", vertraute ich am selben Abend noch meinem Tagebuch an. Ich war betroffen. Und das war gut. Denn oft produziert erst Betroffenheit die nötige Energie, um Veränderungsschritte im Leben einzuleiten.

Wo bist du in deinem Leben schon mal an einem innerlichen Point of no Return angelangt? Was hast du verändert? Was ist daraus konkret entstanden?
Würde Nathanael, wenn man ihn aus seinem Slum-Leben in dein Leben versetzen würde, anders leben? Welche Möglichkeiten würde er nutzen, die du nicht nutzt, weil dir gar nicht bewusst ist, was du für ein Geschenk bekommen hast? Was würde er anpacken, ändern, angehen? Was hindert dich daran, es zu tun?

Würde Nathanael mehr aus deinem Leben machen?

DIE BETROFFENHEIT

Betroffenheit ist eine der kraftvollsten Grundvoraussetzungen für Veränderung. Es gibt wohl fast nichts, was uns so stark in Bewegung zu versetzen vermag, wie ein tiefes Betroffenheitsgefühl. Meldungen von Menschen, die weltweit an Kriegen oder bei Katastrophen sterben, stumpfen unser Herz manchmal regelrecht ab – wenn sich jedoch etwas im Nachbardorf ereignet, ist man plötzlich betroffen. Weil es einem wortwörtlich nahe kommt. Täglich verlieren unzählige Menschen irgendwo auf der Welt ihr Leben – wenn dann aber einmal hier in Europa ein Flugzeug abstürzt, dann herrscht das blanke Entsetzen. Es hätte ja das eigene Flugzeug auf der Reise in die Ferien sein können. Und plötzlich schreit man zusammen mit allen anderen nach mehr Sicherheit, nach mehr Gerechtigkeit, nach mehr was auch immer.

Wenn ich mich zu wenig bewegen lasse, dann hat es oft damit zu tun, dass ich schlicht zu wenig betroffen, zu wenig nah dran bin – dass bestimmte Themen meinen Herzensschutzpanzer nicht knacken konnten. Dieser Betroffenheits-Schutzfilter ist manchmal tatsächlich ein Schutz, damit man am Leid der Welt nicht zerbricht – manchmal aber auch ein Hindernis, sich von Gott in Bewegung setzen zu lassen. Die Tränen in Äthiopien haben bei mir diese harte Schale wohltuend aufgeweicht.

Papst Franziskus sprach Anfang 2015 in Manila zu vielen Jugendlichen: „Liebe junge Freunde und Freundinnen, der Welt von heute fehlt das Weinen! Es weinen die Ausgegrenzten, es weinen die Ausgeklammerten, es weinen die Verachteten, doch diejenigen, die wie wir ein mehr oder weniger sorgenfreies Leben führen, verstehen nicht zu weinen. Gewisse Realitäten des Lebens sieht man nur mit Augen, die durch Tränen reingewaschen sind. Ich lade jeden von euch ein, sich zu fragen: Habe ich gelernt zu weinen? [...] Oder ist mein Weinen das eigensinnige Weinen dessen, der weint, weil er gerne noch mehr haben möchte?"

Er sprach weiter von der Krankheit der geistigen und geistlichen Versteinerung. Genau davon handelt auch Hesekiel 36,26: „Und ich will euch ein neues Herz und einen neuen Geist in euch geben und will das steinerne Herz aus eurem Fleisch wegnehmen und euch ein fleischernes Herz geben." Dieser Vers beschreibt mein bisher stärkstes Transformations-Erlebnis sehr treffend. Wenn ich erklären müsste, was Jesus für einen Unterschied in meinem Leben gemacht hat, dann ist es das. Ich habe ein neues Herz bekommen – ein fühlendes und mitfühlendes Herz hat mein versteinertes und egoistisches Herz ersetzt. Und sein Geist hat begonnen, mich in meinem Leben zu leiten.

Manchmal ist das Weinen der Beginn einer Herzschalen-Erweichung. Manchmal ist es die Folge ebendieser. Nehemia war tief berührt, als er hörte, dass Jerusalem, die Stadt seiner Wurzeln, in Schutt und Asche lag und es den Menschen nicht gut ging. „Als ich aber diese Worte hörte, setzte ich mich nieder und weinte und trug Leid tagelang und fastete und betete vor dem Gott des Himmels" (Nehemia 1,4).

ICH WEINTE
NICHT ÜBER
DAS, WAS ICH
IN AFRIKA
SAH, SON-
DERN ÜBER
DAS, WAS
ICH IN MEI-
NEM HERZEN
NICHT SAH.

Nicht nur Nehemias konsequentes Fasten beeindruckt mich – erinnere ich mich doch leider noch überdeutlich an zwei sehr klägliche Fastenversuche in meiner Vergangenheit, ganz im Sinne von „Der Geist ist willig, aber die menschliche Natur ist schwach" –, sondern vor allem sein eindringliches Einstehen im Gebet für sein Volk. Nehemia war betroffen und ließ sich von Gott bewegen – diese Betroffenheit entwickelte eine unglaubliche Dynamik. Auf diese Weise konnte er viele Menschen mobilisieren, mit ihm die Mauern wieder aufzubauen. Und nicht nur eine Horde ausgebildeter Maurer, sondern wirklich alle möglichen Leute – Hananja, der Salbenmischer, Usiël, der Goldschmied, und selbst die Töchter von Schallum bauten mit (Nehemia 3,1-32) – was mich als Vater von vier Töchtern natürlich besonders anspricht. Sie schafften das Kunststück, das vorher über viele Jahrzehnte niemandem gelungen war, in nur 52 Tagen. Gott schenkt Betroffenheit, um seine Träume zu verwirklichen und uns zu bewegen.

Ähnlich wie Nehemia war auch ich betroffen über das, was ich in Addis Abeba sah und erlebte. Aber letztendlich habe ich nicht aufgrund der kaputten Zustände dort mein Leben umgekrempelt. Ich habe aufgrund des kaputten Zustandes meines Herzens mein Verhalten geändert. Ich weinte nicht über das, was ich in Afrika sah, sondern über das, was ich in meinem Herzen *nicht* sah. Ich hatte die Linie vom Nichtsehen zum Sehen überschritten und es gab kein Zurück mehr. Denn wenn man einmal die Dimension des Farbfernsehens geschmeckt hat, will man nicht wieder zu Schwarz-Weiß-Bildern zurück – selbst wenn das Programm angenehmer ist. Im Slum habe ich gelernt, mehrfarbig zu fühlen.

Ich erschrak über die Mengen an Mitgefühl, die ich permanent irgendwo unterdrückt hatte. Kein Wunder, hatte ich doch seit meiner Zeit als Jugendlicher nicht mehr richtig geweint. Ich zuckte sanft zusammen, als ich beim Nachbohren in meinem Herzen mit dem Finger auf eine harte Schale von Lieblosigkeit und Gleichgültigkeit stieß. Auch war ich irritiert zu sehen, wie geistlich satt gefressen ich völlig selbstgerecht und zufrieden auf meiner Glaubensmatratze lag. Ich war zwar engagiert in der Kirche und in verschiedenen Projekten und natürlich schienen meine Ambitionen rein und fromm. Aber so vieles war in Wirklichkeit reine Selbstverwirklichung und bloßes Streben nach eigenen Träumen und Wünschen.

Es war so wie bei diesem berühmten Party-Effekt: Da wird eine tolle Party geschmissen. Man isst, trinkt, tanzt, redet und genießt den Abend. Bis man den einen Fehler begeht, sich kurz an die frische Luft zu begeben. Wenn man dann von draußen wieder in den Raum hineinwill, kippt man fast aus den Latschen und beginnt zu schielen. Da wummert eine tödlich-giftige Schweiß-gemischt-mit-weiß-ich-nicht-was-noch-alles-Wolke durch die Räume, die jede Zimmerpflanze in wenigen Sekunden absterben lässt. Das merkt man aber nur, wenn man von draußen kommt – die drinnen erahnen das nur, wenn wieder einer mit gelbgrünem Gesicht den Teppich küsst.

Für mich war Äthiopien so ein „Aus dem Raum gehen und wieder zurückkommen"-Moment. Ich sah die Welt und mein eigenes Leben plötzlich mit völlig anderen Augen. Und damit meine ich nicht nur den Kulturschock, wenn man im Slum von Menschen umgeben ist, die nicht wissen, was sie morgen essen sollen, und dann einen Tag später in der Schweiz wieder vor dem überquellenden Supermarktregal steht und zwischen 27 verschiedenen Brotsorten auswählen kann. Es geht mir vielmehr um die geistliche Dimension. Ich habe mich immer in unserem europäisch kultivierten christlichen Abendland bewegt. Man kann hier an Jesus glauben, ohne dass es Konsequenzen für das eigene Leben haben muss. Viele Menschen, die nicht an Jesus glauben, scheinen sogar noch vehementer irgendwelche Werte hochzuhalten – die Umwelt zu schützen, Gutes zu tun und nachhaltig zu leben. Aufgewachsen in einer postmodernen Kultur, in der persönliche Freiheit gesellschaftlich an oberster Stelle steht, muss ich in Kombination mit Gnade als Christ überhaupt nichts mehr. Auch wenn Gnade und Freiheit definitiv zentrale Komponenten des christlichen Glaubens sind, ist diese Art, Jesus nachzufolgen, zu einseitig. Äthiopien hat mir eine ganz neue Sicht auf Jesus und die Nachfolge geschenkt. Und auf ein paar tödliche geistliche Giftwölkchen, die hier in Europa ihr Unwesen treiben.

AUFGEWACHSEN IN EINER POSTMODERNEN KULTUR, IN DER PERSÖNLICHE FREIHEIT GESELLSCHAFTLICH AN OBERSTER STELLE STEHT, MUSS ICH IN KOMBINATION MIT GNADE ALS CHRIST ÜBERHAUPT NICHTS MEHR.

Die Auswirkungen haben sich in den folgenden Monaten sanft abzuzeichnen begonnen. Ich habe eine Begeisterung dafür bekommen, mein Leben nicht einfach nur zu durchleben, sondern als „Botschafter der Versöhnung" in meinem Umfeld zu stehen. Ich liebe die Bibelstelle, in der es heißt: „Ja, in ‚der Person von' Christus hat Gott die Welt mit sich versöhnt, sodass er den Menschen ihre Verfehlungen nicht anrechnet; und uns hat er die Aufgabe anvertraut, diese Versöhnungsbotschaft zu verkünden. Deshalb treten wir im Auftrag von Christus als seine Gesandten auf" (2. Korinther 5,19-20). Ich möchte Jesus aktiv in das Leben meiner Mitmenschen hineintragen, und es ist unbezahlbar zu sehen, wie man mit einzelnen Personen unterwegs sein darf, näher zu ihm hin. Dabei ist meine Begeisterung, den Glauben ganzheitlich in Wort und Tat nach außen zu tragen, auf einer Skala von 0 bis 100 ganz nach oben geschnellt. Es geht nicht mehr nur um die abstrakte „Sündenvergebung", sondern um Versöhnung mit Gott – was einen Veränderungsprozess im Hier und Jetzt auslöst.

Gott begann, mein Herz aufzuweichen, sodass es viel stärker mit anderen mitfühlte, als ich es für möglich gehalten hätte. Es war ein unscheinbarer Tropfen der Betroffenheit, der in meinem Leben große Wellen ausgelöst hat. Genau dieselbe Art von Betroffenheit versetzte mich in Bewegung, als ich kurz nach meiner Äthiopienreise die Mail einer Mutter bekam, die sich bei mir für meinen Dienst in der Schweiz bedankte und mich ermutigte, dranzubleiben. Sie schrieb von ihrem fünfzehnjährigen Sohn Lukas, mit dem sie immer wieder meine Video-Blogs angeschaut hatte. Und dann: „Am Dienstag [also vor fünf Tagen] wurde Lukas aus diesem irdischen Leben gerissen." Verkehrsunfall. Es sei ihr und der ganzen Familie ein großer Trost, ihn bei Jesus zu wissen.

Ich weinte. Obwohl ich Lukas nie begegnet war. Mich bewegte zutiefst, dass mir aus der Mail keine Bitterkeit entgegenkam, sondern sie mich vielmehr noch ermutigte. Die tiefe Betroffenheit über das Schicksal dieser Familie veranlasste mich damals dazu, mich stark mit dem Thema Tod, aber eben auch mit der damit verbundenen Hoffnung auseinanderzusetzen und darüber zu schreiben und zu reden. Ich freue mich darauf, Lukas einmal zu begegnen. Er sieht schon jetzt, was ich erst glaube.

Bist du bereit dafür, dass Gott dein Herz ganz neu anrührt und aufweicht, sodass du dich mit den Fröhlichen freuen, aber auch mit den Weinenden weinen kannst?
(Römer 12,15).

Es ist die Betroffenheit über den Zustand unseres eigenen Herzens, wenn wir erkennen, wie hartherzig, lieblos oder beziehungsunfähig wir sind, die uns dazu bewegen kann, nach Veränderung zu streben. Und natürlich Gott selbst, der ganz sanft unser Herz berührt und unsere Herzensaugen für die Sachen öffnet, die uns vielleicht jahrelang verborgen gewesen sind, oder auch Bereiche, in denen er Neues wachsen lassen möchte.

Gottes Geist redet uns kein schlechtes Gewissen ein, damit wir irgendetwas ändern. Das ist nicht sein Stil. Aber er schenkt uns Betroffenheit über Missstände in unserem Leben und im Leben anderer. Das lässt uns unsere eigenen Bedürfnisse aus einem anderen Blickwinkel sehen – was wirklich nötig ist und auf was wir verzichten können. Wo wir aber auch helfend eingreifen können, um die Situation der Menschen um uns herum positiv zu verändern.

—

Was ist mit deinem Leben?
Was macht dich betroffen?
Wo solltest du mal aus dem Partyraum an
die frische Luft?

Ich hoffe fest, dass Gott Äthiopien in meinem Herzen nie
verblassen lässt.

2 DER ZWEIDRITTEL-JESUS

Seit dem Nathanael-Erlebnis ist der Glaube an Jesus für mich untrennbar verknüpft mit einer Nachfolge, die mit Hingabe und Verzicht zu tun hat. Das mag für manche Ohren vielleicht beschwerlich und anstrengend klingen, ich erlebe es aber primär als befreiend und tief. Ich kann Jesus nicht nachfolgen, wenn ich nicht bereit bin, das vermeintliche Recht auf mein Leben aufzugeben – und mich in völliger Hingabe seiner Herrschaft unterstelle. Das klingt unpopulär. Aber es ist die einzige angemessene Reaktion für den Anspruch, den Gott an mich hat – denn der Einzige, der überhaupt einen Anspruch auf mich und mein Leben hat, ist er. „Habt ihr denn vergessen, dass euer Körper ein Tempel des Heiligen Geistes ist? Der Geist, den Gott euch gegeben hat, wohnt in euch, und ihr gehört nicht mehr euch selbst. Gott hat euch als sein Eigentum erworben; denkt an den Preis, den er dafür gezahlt hat!" (1. Korinther 6,19-20).

Wenn einer meine Füße lenken und meinen Weg bestimmen darf, dann ist es der Himmlische – denn er hat für diese Füße mit seinem Leben bezahlt. Wenn jemand meine Hände einsetzen darf, um anderen Menschen Gutes zu tun und ihnen so seine Liebe zu zeigen, dann ist es er – denn sie gehören ihm. Mein Leben gehört ihm – ich gehöre ihm, mit Haut und Haar. Jesus hat dort am Kreuz nicht einfach nur meine Vergangenheit abbezahlt und sich meine Zukunft in der Ewigkeit gekauft, sondern auch mich in meinem Hier und Jetzt erworben. Wie könnte ich also diesem Anspruch besser begegnen, als mich mit meinem Leben, meinen Fähigkeiten und meiner Zeit an ihn zu verschenken? Alles gehört ihm; es kommt von ihm und es läuft unweigerlich auf ihn zu.

Nachfolgen an sich ist eigentlich relativ simpel. In der Schweizer Armee war ich bei der Lawineneinheit. Ihr hättet die Augen von all den Touristen sehen sollen, wenn wir mit dem Superpuma-Helikopter irgendeinen Berggipfel angesteuert haben, um dann in James-Bond-Manier aus dem Hubschrauber in den Schnee zu springen. Da endete die 007-Analogie aber bereits: Anstatt die Bretter unterzuschnallen, sich irgendwo halsbrecherisch einen Tiefschneehang runterzuwerfen und ein paar Lawinen zu sprengen, sind wir meistens direkt ab ins Bergrestaurant. Schließlich mussten wir die Funkverbindung in verschiedene Täler aufrechterhalten und dafür sorgen, dass das Gipfelrestaurant nicht dem Feind in die Hände fiel. Wer auch immer das hätte sein sollen.

Wenn wir jedoch mit den Fellen an den Skiern auf einer Tour waren, hat immer derjenige, der mit der Gegend am besten vertraut war, und nicht etwa derjenige mit dem höchsten Dienstgrad, vorneweg die Spur gezogen. Wir anderen aus der Einheit sind ihm in seiner Spur „nachgefolgt", vor allem dann, wenn wir uns durch heikles Gelände bewegten. Es war überlebenswichtig. Genauso heißt Jesus nachfolgen, sich an seine Fersen heften und in der Spur bleiben. Und deshalb ist die absolut zentrale Frage: Wer zieht vor dir die Spur? Was für einem Jesus folgst du nach? Es ist wichtig, dass du weißt, wem du nachläufst und warum!

Mir wurde bewusst, dass ich Jesus oft einfach durch meine persönliche Glaubensbrille betrachte und dabei am Ende nur zwei Drittel von ihm wahrnehme, aber nicht sein ganzes Wesen. Das führt dazu, dass mein Glaube leicht in Schräglage gerät. Ich sehe an ihm nur das, was ich vermute, dass er ist. Neues zu entdecken, ist ziemlich schwer, weil ich immer durch die Brille gucke, die geprägt ist von meiner Persönlichkeit, meiner Vergangenheit, meiner Kirchenzugehörigkeit, meinen Vorlieben und auch der Kultur, in der ich mich bewege. Doch Nachfolge ist nur kraftvoll, wenn ich dem ganzen Jesus nachfolge – und nicht nur meinem „Lieblings-Zweidrittel-Jesus"!

DER PROZENTGLAUBE

Wenn ich bei meinem Navi auch nur einen einzigen Buchstaben falsch eingebe, kann ich mein Ziel um Hunderte von Kilometern verfehlen, wenn nicht Tausende. So viele Menschen schießen aus einem ähnlichen Grund mit ihrem Glauben an der ursprünglichen Idee von Gott vorbei. Mahatma Gandhi, der Kopf der indischen Unabhängigkeitsbewegung, sagte: „Ich mag euren Christus, aber ich mag eure Christen nicht. Eure Christen sind Christus gar nicht ähnlich." Damit trifft er leider ins Schwarze, weil viele Menschen einem einseitigen Jesus nachfolgen.

An was für einen Jesus glaubst du? Ist dein Jesus völlig vermenschlicht und nur noch irgendein sozialer Birkenstock-schlurfender Philosoph, der mit verklärtem Lächeln ein paar süffig-triefende Lebensweisheiten von sich gibt? Ist er ein strenger, humorloser Polizist, der darauf achtet, dass dein Leben innerhalb der Anti-Spaß-Markierungen verläuft? Oder ein kleiner Che Guevara, der rebellisch die Mächtigen bekämpft und die Gesellschaft umstürzen will? Vielleicht auch ein gnadenüberschäumender Pazifist, der überall Blümchen und Peace-Parolen an die Häuser sprayt und jeden allversöhnerisch in den Himmel liebt? Möglicherweise fällt dein Jesus auch auf der anderen Seite vom Pferd und hat überhaupt nichts Menschliches mehr, weil er so göttlich ist? Oder ist dein Jesus ein süßes Christkind, das mit leuchtendem Gesicht nach wie vor in der Krippe liegt und nie erwachsen wird? Die einen machen ihn so heilig, dass er ein paar Meter über dem Boden schwebend nichts mehr mit ihrem Alltag zu tun hat – weit entfernt umkreist er ihr Leben wie ein Satellit die Erde. Er gleicht dann einem metrosexuellen Hollywood-Beau mit dauergewellter Pferdemähne, der beim Pupsen höchstens noch nach Vanille-Duftbäumchen

JESUS GLEICHT DANN EINEM METROSEXUELLEN HOLLYWOOD-BEAU MIT DAUERGEWELLTER PFERDEMÄHNE, DER BEIM PUPSEN HÖCHSTENS NOCH NACH VANILLE-DUFTBÄUMCHEN RIECHT.

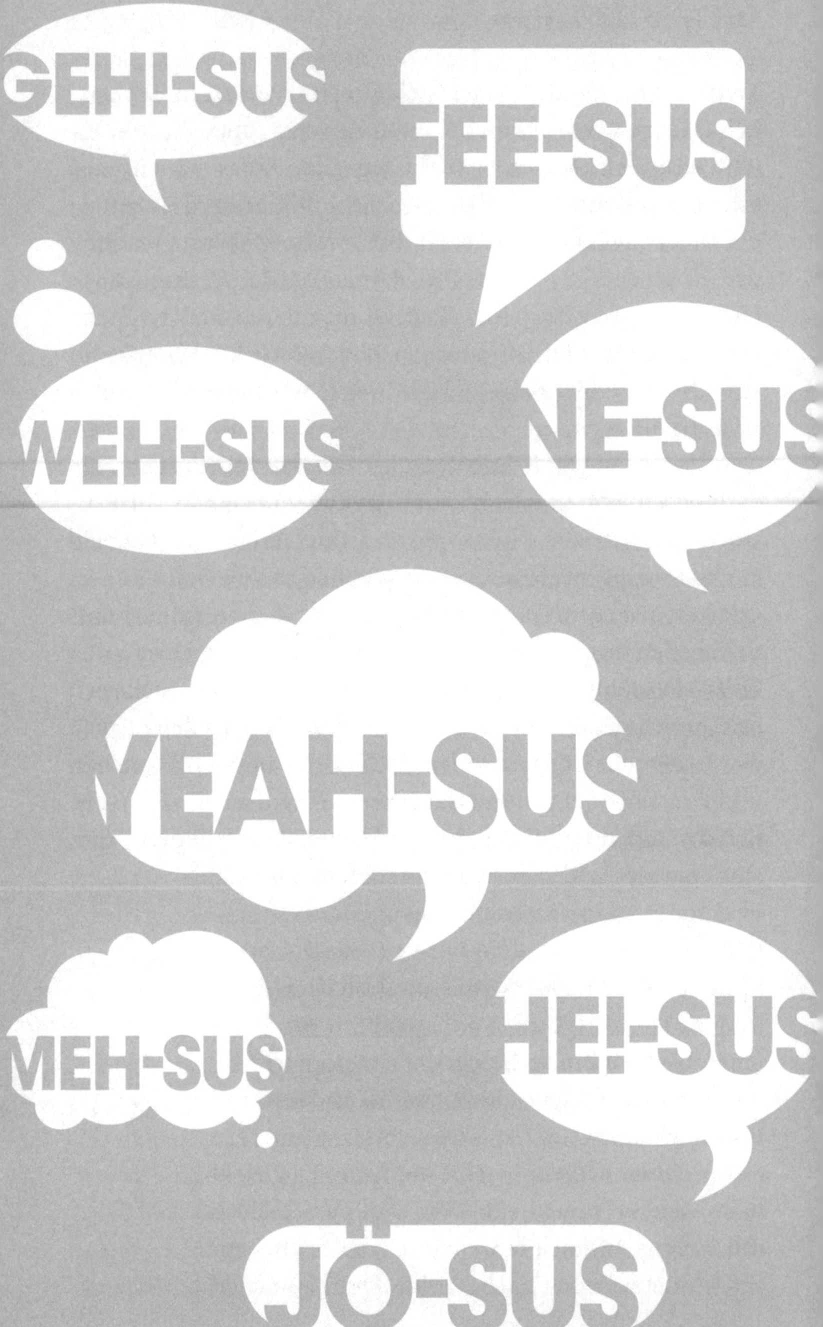
GEH!-SUS
FEE-SUS
WEH-SUS
NE-SUS
YEAH-SUS
MEH-SUS
HE!-SUS
JÖ-SUS

riecht. Die anderen entziehen ihm wie mit einer geistlichen Vakuumpumpe den letzten Hauch Göttlichkeit und haben dann einfach noch den philosophierenden, historisch flach gedrückten Jesus – als hätte man bei einer Zahnpasta-Tube den Inhalt rausgedrückt. Beides macht ihn für unser persönliches Leben gleichermaßen unbedeutend.

Oft sind unsere Jesus-Abweichungen auf den ersten Blick gar nicht so dramatisch. Man hat einfach Vorlieben für bestimmte Eigenschaften von ihm. Wenn man supertrendy drauf ist, glaubt man euphorisch an einen stylischen „Yeah-sus". Hat man eher einen Hang zur Gesetzlichkeit, zieht es einen zum strafenden „He!-sus". Überwiegt eine frustriert-depressive Seite, verbringt man Zeit mit dem alles verbietenden „Ne-sus". Märtyrerisch Veranlagte ergötzen sich am „Weh-sus". Leistungsorientierte folgen einem „Geh!-sus", der sie permanent zu irgendwelchen Aktivitäten auffordert. Wohlstandsmenschen haben ihren „Fee-sus", der ihnen immer wieder drei Wünsche erfüllt und das Erwünschte herbeizaubert. Der postmoderne Durchschnitts-Europäer genießt egoistisch seinen „Meh-sus" (Schweizerisch für: Mehr-sus). Und viele, denen die Gottesbeziehung zu nah ist, haben das kleine Jesus-Kind gar nie aus der Krippe rausgelassen und verbieten ihm, erwachsen zu werden – es ist und bleibt ein „Jö-sus" („Jö" sagt der Schweizer, wenn er etwas niedlich findet).

Manchmal ist unser Bild von Jesus tatsächlich schlicht falsch. Oft wahrscheinlich aber auch einfach nur einseitig – und wir haben uns in die Zweidrittel von Jesus verliebt, die uns von unserer Persönlichkeit und Geschichte her gerade am nächsten liegen. Wenn man an die „Ich peitsch alle aus dem Tempel raus, die diesen entweihen"-Aktion von Jesus denkt (Matthäus 21,12) und nur diese Seite von ihm betrachten würde, während man all die anderen Stellen ignoriert, in denen seine Liebe eimerweise aus jedem einzelnen Buchstaben trieft, könnte man der irrigen Meinung verfallen, Jesus sei nichts als ein wütender Rohling mit einer niedrigen Frustrationstoleranz. Ganz klar hat er diese zornig-aufräumende und konsequente Seite – aber sie kann nur verstanden werden, wenn man den ganzen Jesus sieht, denjenigen, der selbst für die Menschen am Kreuz gestorben ist, die ihn ans Holz genagelt haben.

Wir tun gut daran, wenn wir uns auf die Suche nach dem ganzen Jesus machen und uns nicht vorschnell mit unserem Zweidrittel-Lieblings-Jesus begnügen. Bis wir vor Jesus stehen, werden wir nie den ganzen Jesus sehen. Unser Glaube ist und bleibt unfertig. Umso mehr genieße ich das Abenteuer, Jesus immer besser kennenzulernen und mehr von ihm zu entdecken. Ich war beispielsweise viel zu lange völlig blind für die Seite von Jesus, die sich liebevoll und völlig praktisch um die Nöte der Mitmenschen gekümmert hat – bis zu meinem Point of no Return. Diese Blindheit kann ich gerade auch auf den Philippinen beobachten, wo ich mit meiner Familie einen Weiterbildungsurlaub genieße und dieses Buch schreibe. Wir leben unmittelbar neben einem Slum – und es gibt Christen vor Ort, die sich um diese Menschen kümmern, sie ganz praktisch unterstützen, indem sie die Kinder unterrichten usw. Gleichzeitig gibt es auch Christen hier, die nicht das Gefühl haben, diesen Menschen helfen zu müssen, da Armut ihrer Überzeugung nach oft einfach mit Faulheit zu tun hat. Ich will sie auf keinen Fall für ihre Meinung kritisieren oder gar über sie richten. Aber ich glaube, dass sie genau wie ich Jesus einfach nur zu zwei Dritteln wahrnehmen. Denn der hat selbst einen wie Judas, der ihn später verriet, in seinen engsten Freundeskreis aufgenommen und ihn gleichberechtigt mitlaufen lassen. Und ihm sogar die Kasse anvertraut, obwohl er von seiner Schwäche im Umgang mit Finanzen wusste. Während ich dem Kerl den Kopf gewaschen hätte, wusch Jesus ihm die Füße. Wir sind leider oft mehr von unserer Kultur, unserer Vergangenheit oder einfach einer bestimmten Kirchenkultur geprägt als

WIR TUN GUT DARAN, WENN WIR UNS AUF DIE SUCHE NACH DEM GANZEN JESUS MACHEN UND UNS NICHT VORSCHNELL MIT UNSEREM ZWEIDRITTEL-LIEBLINGS-JESUS BEGNÜGEN.

von der Kultur des Gottesreichs. Ich frage mich, ob dieser Jesus hier auf den Philippinen wirklich die Not ignorierend Sonntag für Sonntag in der ersten Reihe einer Kirche fröhlich seine Worship-Lieder schmettern würde oder ob er nicht vielleicht doch eher mitten im Slum anzutreffen wäre, wo er Menschen an Körper und Herzen heilt?

Für mich war es wunderbar befreiend zu erkennen, dass es darum geht, dem ganzen Jesus nachzufolgen – 100 Prozent von ihm. Und alle Seiten von ihm widerzuspiegeln. Auch wenn ich es nie perfekt hinkriegen werde und deshalb nur ein ungefähres Abbild von ihm hinbekomme. Viel zu lange habe ich mich einfach nur auf zwei, drei nette Lieblingsaspekte von meinem Jesus fokussiert. Ich habe mich zum Beispiel ganz gerne damit beschäftigt, dass Jesus mich trotz meiner Unfertigkeit liebt. Das habe ich irgendwann erkannt und in der mir maximal möglichen Dimension verinnerlicht. Dass er jedoch andere Menschen trotz ihrer Unfertigkeit mit derselben Intensität liebt und dass diese Liebe eine Sogwirkung hat, die mich auch mit einbezieht und zum konkreten Handeln bewegt, habe ich oft ausgeblendet. Ich bin und bleibe unfertig. Aber es gibt einen großen, entscheidenden Unterschied: Es geht nicht darum, mit 100 Prozent Perfektion einem Bruchteil von Jesus nachzufolgen. Der Schlüssel liegt vielmehr darin, mit 100 Prozent Hingabe dem ganzen Jesus zu folgen – ohne sich dabei von der eigenen Unfertigkeit irritieren zu lassen. Als Unfertiger Jesus hinterher.

ES GEHT NICHT DARUM, MIT 100 PROZENT PERFEKTION EINEM BRUCHTEIL VON JESUS NACHZUFOLGEN. DER SCHLÜSSEL LIEGT VIELMEHR DARIN, MIT 100 PROZENT HINGABE DEM GANZEN JESUS ZU FOLGEN.

Jesus selbst hat uns die Wahl zwischen verschiedenen halbherzigen und teilwahren „Jesuschen" nicht gelassen. Er war ganz Gott und ganz Mensch – eine Spannung, die sich weder aufheben lässt noch aufgehoben werden muss. Es ist absolut zentral, an was für einen Jesus du glaubst, welchem Jesus du nachfolgst. Einer weich gespülten Schmalspurversion? Oder dem kraftvollen Sohn Gottes, der die Macht hat, alles in deinem Leben und im Leben deiner Freunde positiv zu verändern?

DAS GOTTESBILD

Mein Gottesbild ist nicht einfach da und Punkt. Es ist entstanden. Durch ganz viele verschiedene Einflüsse. Deshalb unterscheidet es sich in seiner Gesamtheit immer auch ein wenig von deinem Gottesbild. Unsere persönliche Geschichte prägt das Bild, das wir von ihm haben. Ebenso der Lifestyle einer bestimmten Gemeinde oder Glaubensrichtung, der wir angehören. Genau deshalb ist es so wichtig, dem ganzen Jesus nachzuspüren und sich nicht mit einem Zweidrittel-Jesus abzugeben. Jesus selbst hat gesagt: „Wer mich gesehen hat, hat den Vater gesehen" (Johannes 14,9) – durch ihn ist Gott für uns Menschen im wahrsten Sinne des Wortes greifbar geworden.

Wenn wir persönlich aber auch als Kirche nicht in einem stetigen Prozess bleiben, den ganzen Jesus und das ganze Evangelium immer wieder neu für unsere Generation und die Kultur, in der wir leben, zu entdecken und zu entfalten, dann werden wir eines Tages aufwachen und merken, dass unser Jesus nicht mehr viel mit dem Jesus gemein hat, den wir in der Bibel finden. Da wundert es dann nicht mehr, dass wir plötzlich einen Jesus haben, der jahrelang mit und in uns neben Freunden lebt, die nicht an seinen Vater glauben, ohne dass es ihn drängt, ihnen von der himmlischen Ewigkeit zu erzählen. Oder einen Jesus, der einfach an den Nöten der Nachbarn vorbeischaut, ohne dass es ihm dabei vor Mitleid das Herz umdreht. Oder einen Jesus, der alle verurteilt und ausgrenzt, die nicht wirklich unseren christlichen Vorgaben entsprechen. Genau so einem einseitigen Jesus folgen wir ganz oft nach. Weil es sehr bequem ist und wir unser Leben nach eigenem Gutdünken leben können.

Du glaubst mir nicht? Gerne gebe ich ein kleines Beispiel anhand einer Umfrage, die ich ein paar Mal auf Veranstaltungen gemacht habe. Zugegeben ist sie ziemlich einseitig und die Fragen würden jedem Statistiker Würggeräusche entlocken – aber dennoch zeigt sie auf, dass eine große Diskrepanz zwischen dem Jesus besteht, an den wir glauben, und dem Jesus, dem wir nachfolgen.

Folgende Fragen habe ich rund 1000 Personen unterschiedlichen Alters gestellt, die an Gott glauben:

Glaubst du, ...

... dass Jesus Zeit mit Armen und Randständigen verbracht hat?

... dass er mit Ausgestoßenen geredet und gegessen hat?

... dass du das, was du den Geringsten tust, direkt Jesus tust?

... dass Jesus das Leben deiner Freunde positiv verändern kann?

100 Prozent der Anwesenden bejahten diese Fragen.
Dann fügte ich eine nächste an:

Und glaubst du, dass Jesus uns zur Nachfolge herausfordert?

Auch diese Frage wurde einstimmig bejaht. Deshalb nahm ich noch einmal die vier ersten Fragen auf und änderte sie nur leicht ab:

Hast du in den letzten Tagen ...

... Zeit mit Armen und Randständigen verbracht?
Rund 6 Prozent bejahten.

... mit Ausgestoßenen geredet und gegessen?
Weniger als 4 Prozent bejahten.

... einem „Geringsten" etwas Gutes getan?
Rund 9 Prozent bejahten.

... Jesus bewusst in das Leben deiner
Freunde hineingetragen?
Knapp über 14 Prozent sagten Ja.

Plötzlich waren nicht mehr viele Hände zu sehen. Man könnte die Fragen auch in andere Richtungen stellen – zum Beispiel anhand der Aufträge und Berufungen, die wir als Christen haben. Wie viele Male hast du in den letzten Tagen für Menschen gebetet, dass sie geheilt werden, und das nicht nur im geschützten Rahmen deiner Kirche? Wann hast du zuletzt bewusst auf eines deiner Rechte wegen Jesus verzichtet? Usw. Das Resultat wäre wohl immer wieder ähnlich – im einstelligen bzw. niedrigen zweistelligen Prozentbereich. Eine Prognose, für die ich mich nicht übermäßig aus dem Fenster lehnen muss.

Nimm dir einfach mal einen Jesus-Bericht, ein Evangelium, überflieg es an einem Abend, und schau, wer dieser Jesus wirklich war. Was hat er alles getan, mit wem hat er Zeit verbracht? ... Du wirst einen Sohn Gottes entdecken, der sich in die tiefsten Probleme der Menschen hineingekniet hat, der sie heilte, liebte, unterstützte. Er aß mit ihnen, erzählte ihnen von einem wunderbaren zukünftigen Reich, dessen wohltuender Geschmack bereits in unsere Gegenwart hineinweht. Er verbrachte viel Zeit mit Ausgestoßenen, Randständigen, Einsamen, denn, wie er es selbst ausdrückte (Matthäus 9,12): „Nicht die Gesunden brauchen den Arzt, sondern die Kranken."

Wenn du diesen Mann entdeckt hast, der sich nicht zu schade war, seinen Freunden die schmutzigen Füße zu waschen und für die Menschen sein Leben hinzugeben, die den Zimmermann höhnisch mit den „eigenen" Nägeln ans „eigene" Holz schlugen, dann hat der folgende Vers eine gewaltige Dynamik: „Wer von sich sagt, dass er zu Christus gehört, der soll auch so leben, wie Christus gelebt hat" (1. Johannes 2,6; HFA). Diese Bibelstelle fühlt sich für mich an, als hätten mich die Klitschko-Brüder gemeinsam mit einer Sandwich-Ohrfeige ausgeknockt. Wenn die Dimension dieser so harmlosen und unschuldig daherkommenden Aussage auf dem Grund deines Herzens aufschlägt, dann wird sie dich und dein Leben erschüttern. Mach hier mal einen Lese-Break, schreib den Satz auf das größte Blatt Papier, das du gerade zur Hand hast, und häng es dir vors Gesicht – und dann frag Gott ernsthaft, was er über dein Leben denkt und was dieser Vers für dich bedeutet.

Natürlich ist klar, dass wir uns fragen müssen, was von seinem Leben wir „nachleben" sollen. Nur weil er Zimmermann war, muss wohl nicht jeder Christ eine Zweitausbildung mit Holz machen. Dem Grundkonzept seiner „aufopfernden Liebe bis in den Tod" zu folgen, ist wohl aber schon sehr nah an der Idee von Nachfolge dran. Da schwingt jedoch noch sehr viel mehr mit – nämlich das begeisterte Reden über ein kommendes Reich, das Beten für Kranke, die grenzüberschreitenden Begegnungen mit und die Annahme von genau den Menschen, die im Moment in vielen unserer Kirchen, aber auch bei uns privat zu Hause nicht wirklich gern gesehen sind. Ich glaube, dass wir vom christlichen Glauben oft nur die Schokoladenseite ablecken – dort, wo es dann vielleicht zum staubig-trockenen Keks kommt, verlieren wir den Biss. Treffender, als Søren Kierkegaard es bereits vor mehr als anderthalb Jahrhunderten gesagt hat, kann man es kaum ausdrücken:

„Die Bibel ist sehr einfach zu verstehen. Aber wir Christen sind ein Haufen durchtriebener Schwindler. Wir tun so, als wären wir unfähig, sie zu verstehen, weil wir haargenau wissen, dass in dem Au-

DIESE BIBELSTELLE FÜHLT SICH FÜR MICH AN, ALS HÄTTEN MICH DIE KLITSCHKO-BRÜDER GEMEINSAM MIT EINER SANDWICH-OHRFEIGE AUSGEKNOCKT.

„WER VON
DASS ER Z
GEHÖRT, I
AUCH SO
CHRISTUS

SICH SAGT,
CHRISTUS'
R SOLL
BEN, WIE
ELEBT HAT."

genblick, in dem wir sie verstehen, wir dazu verpflichtet sind, entsprechend zu handeln. Nimm irgendein Wort im Neuen Testament und vergiss alles außer deiner Verpflichtung, ihm entsprechend zu handeln. Mein Gott, wirst du sagen. Wenn ich das tue, ruiniere ich damit mein ganzes Leben."

Richtig. Nachfolge kann dein Leben ruinieren. Zumindest dein egoistisch geplantes Leben. Aber geht es nicht genau darum? Jesus sagt: „Wem sein eigenes Leben über alles geht, der verliert es. Wer aber in dieser Welt sein Leben loslässt, der wird es für das ewige Leben in Sicherheit bringen" (Johannes 12,25).

Würdest du von dir sagen, dass du Christ bist? Dann solltest du auch so leben, wie Christus gelebt hat. Finde heraus und bete darüber, was das für dich persönlich bedeutet. Ich habe mich in und nach Äthiopien mit der Bibel hingesetzt und versucht, Jesus mit einer ganz neuen Brille zu entdecken, mein Gottesbild zu erweitern, indem ich nicht einfach nur hineinlese, was ich glaube, sondern auch zu glauben beginne, was ich lese. Wenn du das tust, wirst du dich unweigerlich an einem Point of no Return wiederfinden.

NACHFOLGE KANN DEIN LEBEN RUINIEREN.

Die Welt hat mehr als einen Zweidrittel-Jesus verdient. Unsere Freunde und Nachbarn sollten in uns den ganzen Jesus entdecken dürfen. Natürlich wird das Bild von Jesus, das wir selbst erkannt haben und dann auch widerspiegeln, nie wirklich komplett sein, sondern immer unfertig. Äthiopien hat mir nicht einfach den „Ganzen-Jesus-Blick" geschenkt, sondern lediglich mein Gottesbild um einen Aspekt erweitert, der bis dahin bei mir dramatisch inexistent gewesen ist. Wenn ich also vom „ganzen Jesus" spreche, dann heißt das vielmehr ein „vollständigerer Jesus". Und es ist ein wunderschönes Vorrecht, mein Gottesbild auf meiner Reise durchs Leben immer wieder durch Neuentdeckungen ergänzen und vervollständigen zu lassen. Am stärksten geschieht das durch das Frischhalten der persönlichen Beziehung zu Gott, indem ich gemeinsam mit Menschen unterwegs bin und ihm in unserem Leben und der

Bibel nachspüre. Auch hilft es mir, die eigene Komfortzone zu verlassen, weil man dann plötzlich eine ganz neue Perspektive auf bestimmte Dinge bekommt.

Für viele Raumfahrer, die den Planeten Erde zum ersten Mal aus dem Weltall sehen, ist das eine tief greifende emotionale Erfahrung. Das Phänomen wird „Overview Effect" genannt. Es verändert die Sicht auf die Menschheit, unser Leben und ist oft begleitet von einer tiefen Ehrfurcht, aber auch von Verantwortungsgefühlen und einem neuen Verständnis. Es ist der Blick von außen auf eine Lebenswelt, in der wir sonst mittendrin stecken. Die eigene Komfortzone zu verlassen, erzeugt genau diesen Overview Effect.

Im Ausland in fremde Kulturen einzutauchen, gerade in Entwicklungsländern, hat meine Sicht auf meine eigene Kultur und mein Leben völlig verändert. Mich mit Christen aus anderen Glaubensrichtungen über meine Liebe zu Jesus und den Glauben auszutauschen, miteinander um Verständnis zu ringen und zusammen zu beten, war für mich ein solcher Overview Effect und hat mir eine neue Sicht auf Jesus ermöglicht. Gerade diese Begegnungen mit Christen aus unterschiedlichen Kirchen sind für mich absolut heilsame und kraftvolle Jesusbild-Vervollständigungs-Katalysatoren. Das, was Unverständnis oder Verunsicherung auslöst und oft zu Abgrenzung führt, ist bei näherer Betrachtung nämlich oft ein Jesus-Aspekt, der bei einem selbst unterentwickelt ist, und es lohnt sich, im Gegenüber Jesus zu suchen. Man muss dabei weder alles gutheißen noch kopflos umarmen. Aber ganz oft bin ich durch solche Begegnungen mit einem ergänzten Gottesbild beschenkt worden. Und das ist absolut essenziell, denn unser Gottesbild prägt unseren Glauben und letztendlich jeden einzelnen Bereich unseres Lebens.

Zurzeit befinde ich mich im Broomhall House in Calapan auf den Philippinen, ein Haus der OMF, der ehemaligen China-Inland-Mission. Es ist die Organisation, die von Hudson Taylor ins Leben gerufen wurde, einem der ersten mutigen christlichen Missionare, die ins Innere von China vorgestoßen sind. Das Broomhall House gehörte dem gleichnamigen Missionar und Autor, dem Enkel der Schwester von Hudson Taylor. Es ist ein denkwürdiger Ort, um ein Buch über Nachfolge zu schreiben. Und es ist deshalb naheliegend, Hudson Taylor zu zitieren: „Die Widersprüchlichkeit von Christen, die einerseits bekennen, der Bibel zu glauben, andererseits jedoch leben, als gäbe es dieses Buch nicht, war eines der stärksten Argumente meiner ungläubigen Mitmenschen."

Traurig, wenn Menschen dieses Argument gegen den Glauben aufbringen können. Ich persönlich möchte sie mit meinem Leben in dieser Annahme nicht weiter bestärken, sondern ihnen die Möglichkeit geben, einen Christus zu entdecken, der mit ansteckender und unausweichlicher Liebe jedes einzelne Leben umarmt. Gerne ruiniere ich mein eigenes Leben dafür.

DAS GEHEIMNIS

Jesus Christus ist die zentrale Person der Evangelien. An ihm scheiden sich die Meinungen von Menschen und ganze Gesellschaften. Aber wir kommen nicht an ihm vorbei – diese Option hat er uns schlicht nicht gelassen. Mit Aussagen wie „Zum Vater kommt man nur durch mich!" (Johannes 14,6) hat er sich selbst ins Zentrum katapultiert. Unwiderruflich und unübersehbar.

Jesus stellt sich in den Evangelien in vielfältiger Weise vor. Diese verschiedenen Aspekte der Person Jesu müssen immer wieder „erforscht" und gelebt werden. Ein Evangelium ohne Jesus – oder mit einem schwächelnden und schmalbrüstigen Jesus – ist bloß eine traurige Religion, ohne wirkliche Hoffnung auf Versöhnung im Jetzt und ohne Perspektive auf eine wunderbare Zukunft.

Als Christen haben wir zwar den Namen von Christus angenommen, aber unser Leben wird diesem Namen leider manchmal in keiner Weise gerecht. Mir kommt es vor, als würden wir Jesus manchmal nicht ganz für voll nehmen. Früher haben wir bei manchen Partys das Strumpf-Spiel gespielt. Man stülpt dabei jemandem einen Strumpf über den Kopf und entstellt sein Gesicht dann zur Belustigung der unbestrumpft-voyeuristischen Zuschauer durch Ziehen am Strumpfende zu wunderbaren Grimassen. Mein Bild von Jesus hatte sich ebenfalls verzerrt, als ob ich ihm einen Strumpf über den Kopf gezogen und dann ganz nach meinen persönlichen Glaubensvorlieben ein wenig in die eine oder andere Richtung gezogen hätte. Ich hatte ihn auf einen „Ich bring Menschen in den Himmel"-Jesus verkürzt, indem ich ihm den Ewigkeitsstrumpf übergestülpt und dann heftig daran gezogen hatte, ohne zu merken, dass er auch eine ebenso starke transformatorische Dimension für das Hier und Jetzt bereithält. Kein Wunder, dass viele Menschen nichts mit diesem entstellten Jesus zu tun haben möchten, den wir manchmal präsentieren. Ich musste fast dreißig werden, bis Gott in einem Slum mein Herz korrigiert hat. Die Erkenntnis über mein oft klägliches Leben und mein einseitiges Christusbild brach wie eine Flutwelle in mein Leben herein und riss so einiges mit – aber statt Zerstörung machte sie Raum für ein neues, ganzheitlicheres Jesusbild.

Ich erschrecke, wie oft mein Gottesbild einfach bloß durch das geprägt ist, was ich glaube. Und nicht durch das, was Gott an Erkenntnis in mein Herz legen möchte. Dass ich durch meine Prägung oft völlig blinde Bereiche habe und mir selbst eine Brille aufsetze, die beim Beurteilen von Situationen oder auch beim Lesen der Bibel nur noch selektiv Wahrheiten durchsickern lässt. Ich habe so vieles schon in den Evangelien über Jesus gehört und gelesen. Aber ich habe darin nie wirklich diesen wunderbaren Rebellen entdeckt, der sich nicht um die Meinung der gesetzlich Frommen geschert hat und

EIN EVANGELIUM OHNE JESUS – ODER MIT EINEM SCHWÄCHELNDEN UND SCHMALBRÜSTIGEN JESUS – IST BLOSS EINE TRAURIGE RELIGION, OHNE WIRKLICHE HOFFNUNG AUF VERSÖHNUNG IM JETZT UND OHNE PERSPEKTIVE AUF EINE WUNDERBARE ZUKUNFT.

unbeirrt seinen Weg gegangen ist. Einen Weg, der gepflastert ist von Begegnungen mit den Ausgestoßenen, den Geringsten, den Unfähigen, den schlimmsten Sündern, den Einsamen und Isolierten. Und nie hat dieser Weg an diesen Menschen bloß vorbeigeführt. Immer ist Jesus mitten in ihr Leben hineingekommen, hat Dinge aufgedeckt und Leben verändert.

Sünde ist ein ganzheitliches Problem. Vergebung und Erlösung sind eine ganzheitliche Lösung. Das wird dir spätestens dann bewusst, wenn du mitten im Slum stehst und versuchst, etwas von Jesus zu erzählen, ohne dabei auch den Nöten der Menschen zu begegnen. Das geht einfach nicht. Im Slum von Addis Abeba entdeckte ich einen Jesus, der nicht nur Menschen in den Himmel bringt, sondern den Himmel auch zu den Menschen. Er hat uns genauso viel Gegenwärtiges zu bieten wie Zukünftiges – und er hat über das Hier und Jetzt genauso viel zu erzählen wie über das Bald-Einmal.

SÜNDE IST EIN GANZHEITLICHES PROBLEM. VERGEBUNG UND ERLÖSUNG SIND EINE GANZHEITLICHE LÖSUNG.

In all dem Leid lernte ich diesen Jesus, an den ich schon viele Jahre glaubte, ganz neu kennen. Viel greifbarer. Nahbarer. Einen Jesus, der sich nicht davor scheut, sich genau dort hineinzuknien, wo der Schlamm am tiefsten ist. Einen Jesus, der nicht davor zurückschreckt, Menschen zu begegnen und ihnen Zeit zu schenken, auch wenn andere – vorwiegend Fromme – hinter seinem Rücken oder öffentlich ihre Missgunst seinem Verhalten gegenüber kundtun. Ich entdeckte einen Jesus, der nicht nur vom kommenden Reich Gottes predigt, sondern die Menschen ganz praktisch auch eine überwältigende Liebe von Gott spüren lässt. Diese Liebe wummert und pulsiert in ihm; sie bleibt nicht abstrakt, sondern krempelt Leben um. Jesus ist immer noch derselbe und sein Evangelium hat nicht nur einen Mund, sondern auch Hand und Fuß.

Man könnte jetzt herauslesen, dass wir unser Jesusbild einfach nur um die Dimension der sozialen Gerechtigkeit erweitern müssen, um es vollständiger zu machen. Dies war bei mir persönlich der Fall und nach wie vor ist mein Jesusbild alles andere als komplett – bei dir fehlen vielleicht andere Aspekte. Das Leben ist und bleibt eine Entdeckungsreise, auf der wir immer wieder neue spannende Eigenschaften von Jesus kennenlernen dürfen. Womöglich bist du auf einem anderen Auge blind als ich. Vielleicht fehlt deiner Nachfolge der Bereich des Übernatürlichen? Vielleicht die Dimension, mit anderen unterwegs zu sein? Vielleicht die intime, persönliche Nähe zum himmlischen Vater, die man bei Jesus immer wieder deutlich sieht? Vielleicht der gesunde Umgang mit Materiellem und Geld? Oder der Blick auf das Zukünftige, das ewige Leben?

Vielleicht ist es aber auch der Bereich der Gnade? Ich nehme uns Christen und unsere Gemeinden, die von triefender Liebe und herzhafter Annahme nur so pulsieren sollten, leider sehr oft als richtend und ausgrenzend wahr. Wir haben sehr klare Vorstellungen, wie Menschen zu leben haben, was gut und recht wäre, und wenn etwas bei ihnen noch nicht ganz so stimmt, dann sollen sie das schleunigst beheben. Ist es möglich, dass uns mancherorts die überströmende Gnade abhandengekommen ist?

—

In welchem Bereich schwächelt deine Nachfolge?
Bist du bereit, dein vielleicht angeschlagenes Jesusbild
heilen zu lassen und ihm dorthin nachzufolgen, wo
er mit dir hinmöchte? Welches Drittel an Jesus ist dir
möglicherweise noch fremd, welcher Teil von Nachfolge
ist irgendwo verkümmert auf der Strecke geblieben? Was
sind die Nöte der Menschen in deinem Umfeld? Wie
sähe Gottes Reich in diesem Umfeld aus?

—

Es geht nicht mehr um die Frage, was ich gern will und was ich vielleicht soll – und all meine Ausreden, mit denen ich mich jahrelang erfolgreich gegen die sanfte Stimme in mir gewehrt habe, wie zum Beispiel: „Ich bin nicht sozial! Ich bin kein Evangelist!" Paulus schreibt in Kolosser 1,19: „Ja, Gott hat beschlossen, mit der ganzen Fülle seines Wesens in ihm zu wohnen." Und dann nur ein paar Verse weiter lüftet er das große „Geheimnis" des Glaubens (27): „Und wie lautet dieses Geheimnis? Christus in euch – die Hoffnung auf Gottes Herrlichkeit!" Gewaltig. Es klingt für mein mathematisch veranlagtes Ohr wie eine simple Rechnung: Weil Gottes ganzes Wesen in Christus ist und ich Christus aufgenommen habe, ist die ganze Fülle von Gottes Wesen auch in mir und mit mir. In mir pulsiert die Fülle des Wesens von Gott. Das ist tatsächlich eine gewaltige und immer wieder erstaunliche Erkenntnis. Und für mich das Geheimnis des Glaubens schlechthin, das prickelnde Unergründliche, das mich einerseits schlicht begeistert, aber in mir auch immer wieder eine tiefe Ehrfurcht auslöst. Ich habe nicht nur ein paar Gaben von ihm bekommen. Der Geber aller Gaben lebt in mir. Ich darf mich deshalb von falschen Minderwertigkeiten lösen. Ich kann nicht mehr sagen: „Ich bin kein Evangelist." Denn Gottes Geist in mir ist Evangelist. Ich habe höchstens noch verbogene Ansichten, wie ein Evangelist sein muss, und merke, dass ich meinen eigenen Ansichten nicht entspreche. Ich kann auch nicht mehr sagen, dass ich keine Energie für Sozialprojekte habe, da ich die Menschen zu wenig mag und deshalb die falsche Person für so etwas bin. Denn Gottes Geist in mir liebt Menschen und hat Energie im Überfluss. Die Liste könnte ich beliebig weiterführen – am Ende ist die Frage nicht, was ich bin oder nicht bin, und ebenso wenig, was ich will oder soll. Die Frage ist einzig und allein: Wie viel Raum gebe ich Gottes Geist in mir?

Ich bin die Hoffnung der Herrlichkeit für die Menschen um mich rum, weil Christus in mir lebt. Aber oft lebe ich nicht so, dass er stark zum Zug käme. Ich bin mit ein paar mickrigen Gaben unterwegs, anstatt den Geber aller Gaben in mir sichtbar werden zu lassen. Doch dazu ist es absolut unabdingbar, dass ich nicht ständig meine Träume und meine Wünsche promote, sondern nach dem strebe, was Gottes Träume mit mir und meinem Leben sind. Billy Graham hat gesagt: „Wir sind nicht dazu berufen, erfolgreich zu sein; wir sind dazu berufen, treu zu sein." Es geht darum, treu diese Träume von Gott zu suchen. Damit ist sogar eine Verheißung verbunden: „Es soll euch zuerst um Gottes Reich und Gottes Gerechtigkeit gehen, dann wird euch das Übrige alles dazugegeben" (Matthäus 6,33). Meistens laufe ich in meiner Unfertigkeit allerdings einfach drauflos und bete, dass Gott den Weg segnet, den ich gerade eingeschlagen habe. Anstatt Jesus nachzufolgen, möchte ich eigentlich oft vielmehr, dass er mir nachfolgt.

Mich fasziniert und bewegt das Gebet von Jesus, das er kurz vor seinem Tod am Kreuz gesprochen hat: „Vater, wenn du willst, lass diesen bitteren Kelch an mir vorübergehen. Aber nicht mein Wille soll geschehen, sondern deiner" (Lukas 22,42). Ich liebe genau diesen Zweiklang und habe ihn auch in mein persönliches Gebetsleben integriert – ich kann Gott absolut ehrlich sagen, was mein Bedürfnis ist, was ich gerne tun würde, was ich mir über alles wünsche. Er kann selbst meine negativsten Emotionen und mein verbalisiertes Unverständnis aushalten, wie es viele Psalmen von David zeigen – aber am Ende hänge ich sehr oft an, dass nicht mein Wille, sondern sein Wille geschehen soll. Er hat den Menschen immer wieder gegeben, was sie wollten, zum Beispiel dem Volk Israel einen König, als sie nach einem geschrien haben – aber es war nicht immer das Beste für sie. Mein Wunsch ist, dass Gottes Wille über mir und meinem Leben geschieht. Das ist sicher nicht immer die bequemste und auch nicht angenehmste Variante, aber immer die richtigste. Ich habe mein Gebets-Repertoire

ANSTATT JESUS NACHZU-FOLGEN, MÖCHTE ICH EIGENTLICH OFT VIELMEHR, DASS ER MIR NACHFOLGT.

um diese Art zu beten erweitert und mag sie sehr. Weil sie dem „In-mir-Gott" Raum gibt, mich zu leiten und das Beste aus meinem Leben zu machen.

3 DIE NACHFOLGE

Machen wir einen Sprung weg von Äthiopien und auch dem philippinischen Inselstaat und gehen für einen Moment nach Italien. Ich stehe mitten in Rom. Und plötzlich verstehe ich Asterix. Die spinnen, die Römer. Alles, was die gebaut haben, war hünenhaft übertrieben groß. Ganz Rom scheint übersät von irgendwelchen geschichtsträchtigen Bauwerken, wobei man bei den Italienern nie so richtig weiß, ob das Gebäude gerade erst gebaut wird, sich im Abrissstadium befindet oder eben eine historische Ruine ist. Trotzdem: Rom ist gigantisch. Unfertig, aber riesig. Vielleicht waren die Römer ja sehr viel größer gewachsen? Oder ihrem Größenwahnsinn nicht gewachsen? Vielleicht hatten sie aber auch einfach den Mumm, größer zu denken. Das wäre nicht das Einzige, was sie von der grundsätzlich eher bescheidenen schweizerischen Denkweise unterscheidet ...

Der klassische Römer ist „furbo", wie mir Einheimische erklären. Listig, clever, oberschlau, gerissen. Das ist nicht etwa mit bösartig zu verwechseln. Wer es hinkriegt, Geld zu machen, ohne einen Finger zu krümmen, hat Heldenstatus. Und eine schön schweizerische Einerkolonne vor einem Schalter sucht man in Rom vergebens. Man steht vielmehr als ganzes Rudel kegelförmig an. Dieses Phänomen wurde mir und meinem Begleiter beim Rückflug beinahe zum Verhängnis, da die Furbo-Flughafenangestellten wohl der Meinung waren, dass man nicht zwanzig Gepäckkontrollen öffnen muss, wenn auch fünf irgendwie gehen. Weshalb sich Hunderte von Abreisewilligen, teils schon Abreisewütigen oder in einzelnen Fällen Abreisepanischen beinahe pyramidenförmig vor den

Schaltern aufstapelten, was zur Folge hatte, dass wir als Nicht-furbo-Schweizer ständig überholt wurden und am Schluss unseren Abflug um zehn Minuten verzögerten. Die mordlüsternen Blicke der Furbo-Italiener bei unserem Einmarsch ins Flugzeug bleiben unvergessen in meinen Erinnerungen eingebrannt. Es waren einige bekannte Gesichter darunter, die mir bereits begegnet waren, als sie sich in der Schlange eine halbe Stunde zuvor an mir vorbeigedrängt hatten. Doch es gibt Zeitpunkte, in denen es nicht angebracht ist, über die Schuldfrage zu diskutieren. Dies war so einer.

Wenn ich Rom aber mit einem markanten Stichwort überschreiben müsste, dann wäre es unbestritten das Thema „Nachfolge". Was hat „sein Kreuz auf sich nehmen und Jesus nachfolgen" (Matthäus 16,24) schon mit meinem netten Leben zu tun? Ich kann friedlich am Mittelmeer sitzen und einen prächtigen frischen Fisch essen, während nur ein paar Hundert Kilometer weiter Menschen im selben Gewässer beim Versuch, durch eine Überfahrt in völlig überfüllten Schiffen ihr Leben zu retten, Horrorstunden und -tage durchleben oder gar ihr Leben lassen. Was kostet mich meine Nachfolge?

In Rom schwappte mir der Preis der Nachfolge in fast unerträglichen Wogen entgegen. In einer Katakomben-Anlage, die vierstöckig 20 Meter tief in die Erde gehauen und gegraben worden war, deren labyrinthartiges Gangnetz 20 Kilometer lang war und wo rund eine halbe Million Menschen begraben worden waren, ergriff mich eine tiefe Ehrfurcht vor den ersten Christen. Diese Grabanlagen wurden zwischen dem zweiten und vierten Jahrhundert gebaut, weil es den Christen nicht erlaubt war, Friedhöfe anzulegen. Im fünften bis neunten Jahrhundert wurden sie zu Pilgerstätten, bis Barbaren sie verwüsteten und schändeten, worauf sie bis zum 16. Jahrhundert in Vergessenheit gerieten. Während starker Verfolgungszeiten zogen sich die Christen hierhin zurück, um Gottesdienste zu halten. Viele Märtyrer liegen hier begraben.

Apropos Märtyrer: Bei diesem Stichwort kommt man auch um das im ersten Jahrhundert gebaute Kolosseum nicht herum. Das Amphitheater ist absolut beeindruckend und gilt als größtes geschlossenes Bauwerk der römischen Antike. Es dient noch heute als Vorlage für Stadions weltweit, da man die 50 000 Zuschauer in fünfzehn Minuten rein- und in fünf Minuten wieder rauskriegt. Vor der Unterkellerung konnte der Boden geflutet werden, um wuchtige Seeschlachten vorzuführen. Mithilfe von komplexen Aufzügen und Maschinerie konnten später Bühnenbilder und auch wilde Tiere in die Arena befördert werden. Doch dieses Theater beeindruckt nicht nur. Es macht auch tief betroffen. Zum Tode Verurteilte mussten zur Unterhaltung des Volkes gegeneinander antreten. Tiere wurden aufeinander oder auf Menschen losgelassen, um die Besucher, die sich an kostenlosen Eintritten erfreuten, bei Laune zu halten. Zur allgemeinen Unterhaltung wurden auch Christen angezündet und als lebende Fackeln vorgeführt oder gekreuzigt. Das sind Unmenschlichkeiten, die ich, genauso wie die abscheulichen Gräueltaten, die heute oft an Minderheiten verübt werden, allen voran aber den Christen, in ihrer ganzen Dimension gar nicht an mein Herz ranlassen kann. Ich kann es schlicht nicht fassen und oft nur schwer aushalten, wie böse das Böse tatsächlich ist, wenn es sich mit seiner ganzen Hässlichkeit zeigt. Die Tragik gipfelt darin, dass Menschen „Popcorn essend" in der Arena dabei zusehen.

Was mich an der Nachfolge dieser ersten Christen so stark beeindruckte, war die Tatsache, dass viele von ihnen die Geschichte von Jesus von ihren nächsten Ahnen überliefert bekommen hatten. Sie waren also total nah dran an den ersten Nachfolgern, hatten Augenzeugenberichte gehört – und anscheinend waren sie bereit, ihr Leben für diesen Glauben zu lassen. Genauso wie wahrscheinlich elf der zwölf engsten Freunde Jesu – eine Tatsache, die mich ehrfürchtig erschaudern lässt. Das waren die Menschen, die Jesus, sein Reden und sein

ICH KANN ES SCHLICHT NICHT FASSEN (…), WIE BÖSE DAS BÖSE TATSÄCHLICH IST, WENN ES SICH IN SEINER GANZEN HÄSSLICHKEIT ZEIGT.

Handeln sowie das, was es bewirkte, miterlebt hatten. Für sie war das offensichtlich so überzeugend, dass sie eine Nachfolge lebten, die bereit war, jeden Preis zu bezahlen. Selbst wenn es sie ihr Leben kostete.

Für mich gibt es fast nichts Überzeugenderes als den Glauben der Menschen aus der „ersten Reihe". Wenn ich mit ein paar Leuten reden könnte, die dabei waren, als Jesus das Essen für Tausende vermehrt hat, dann würde ich die Story nicht von den abgelenkten Spaßvögeln in der hintersten Reihe hören wollen. Die haben vermutlich nur am Rande mitbekommen, dass relativ wenig Essbares zu finden war und es dennoch irgendwie bis zu ihnen nach hinten gereicht hat. Irgendwie klingt das Wort „Wunder" aus ihrem Mund mehr nach: „Jesus hat wohl Petrus rasch noch in den McDonald's von Kapernaum geschickt, um beim Fischerboot-Drive-in ein paar Tausend Happy Meals und Fischburger zu organisieren." Nein, ich möchte diese Geschichte von den Jüngern hören – denen, die mit weit aufgerissenen Augen in die Körbe gestarrt haben, als sich das Essen dort unter ihren Händen vermehrte.

Und allen voran würde ich gerne mit diesem Jungen eine Schokolade trinken gehen, der seine fünf Brote und zwei Fische hergegeben hat. Ich würde – von ihm unbemerkt – seine Schokolade gleich auch noch mittrinken, weil er gar nicht zum Trinken käme, da er mit leuchtend strahlenden Augen erklärt, was Jesus mit seinem Pausenbrot gemacht hat. Kurz davor ist er wahrscheinlich von den Jüngern noch mitleidig belächelt worden und Andreas hat die Info vielleicht eher zynisch zur Aufheiterung der unangenehmen Stimmung an Jesus herangetragen: „Hier ist ein Junge, der hat fünf Gerstenbrote und zwei Fische. Aber was ist das schon für so viele Menschen?" (Johannes 6,9).

Ich kann mir gut vorstellen, dass dieses Wunder gar nicht den vielen Tausend Menschen gegolten hat, die es miterlebten – da viele es womöglich gar nicht wirklich miterlebten, oder eben

FÜR MICH GIBT ES FAST NICHTS ÜBERZEUGENDERES ALS DEN GLAUBEN DER MENSCHEN AUS DER „ERSTEN REIHE".

nur in der 57. Reihe und sich dann nie ganz so sicher waren, ob es wirklich so geschehen ist, wie man es ihnen erzählt hat. Ich glaube, dass Jesus dieses Wunder ganz speziell für Andreas und den kleinen Jungen gemacht hat. Stell dir vor, wie sich das Leben des Kleinen von heute auf morgen verändert hat! Sein mickriges Lunch-Paket war die foodlogistische Lösung eines Mega-Events, das sonst ziemliche Probleme bekommen hätte. Andreas wollte vielleicht mit bissiger Ironie die Spannung der Situation lösen, indem er einen Spruch losließ im Stil von: „Da steht einer mit fünf Broten und zwei Fischen und wäre bereit, das mit zwei bis drei anderen zu teilen – haha, aber was ist das denn schon für so viele? Niedlich, dass man doch so naiv sein kann, diesen Vorschlag überhaupt zu machen!" Ihm erstirbt sein letzter Lacher gurgelnd irgendwo links hinter dem Halszäpfchen, als Jesus vielleicht gerade deswegen entscheidet, seinen Speisungs-Trick mit den Esswaren des kleinen Jungen durchzuziehen. Er hätte diese ja nicht unbedingt gebraucht, schließlich hätte er auch einfach leere Körbe füllen oder den alten Manna-Trick von seinem Papa neu aufleben lassen können. Aber mindestens für Andreas und den Jungen hat er es getan. Für sie beide. Wahrscheinlich weil es ihm einen Riesenspaß gemacht hat (so wie es mir einen Riesenspaß machen würde), dabei ihre Gesichter zu sehen.

SEIN MICKRIGES LUNCH-PAKET WAR DIE FOODLOGISTISCHE LÖSUNG EINES MEGA-EVENTS, DAS SONST ZIEMLICHE PROBLEME BEKOMMEN HÄTTE.

Es sind die Menschen aus der ersten Reihe, die meinem Glauben Aufwind geben. Man denkt immer, dass man heute mehr weiß, aufgeklärter ist und deshalb besser beurteilen kann, was zu glauben richtig ist. Da ist natürlich etwas Wahres dran. Gleichzeitig aber gilt auch andersherum, dass die Menschen von damals diesen Aufbruch, dieses Neue, das Christus in die Welt hineingetragen hat, anfassen und einatmen konnten. Sie waren näher dran als wir alle ... und jeder, der nach uns kommt, wird noch eine Generation weiter wegrücken von diesem Anbruch des neuen Zeitalters, das Jesus eingeläutet hat. Wenn die Menschen also damals etwas gesehen, gespürt und gehört haben, das sie so sehr überzeugt hat, dass sie bereit waren, dafür ihr Leben zu lassen, dann überzeugten mich ihre Geschichte und ihr Glaubensmut. Sie sind für etwas Wahres gestorben. Und in uns pulsiert derselbe Glaube – mit derselben Glaubenskraft.

—

Wie weit geht deine Nachfolge? Wie weit bist du bereit, für ihn zu gehen?

—

DIE RICHTUNG

Ich hatte mal Latein. Leider ist nicht allzu viel davon hängen geblieben, was aber weniger an meinem Lehrer lag, sondern eher an der fehlenden Sprachpraxis – ist ja relativ schwer, ein lateinisch sprechendes Flecklein Erde zu finden, und ich ahne, dass Lateinamerika nicht wirklich gewinnbringend wäre. Geblieben sind einzelne Wortfetzen. „Appropinquare" (sich nähern), mein Lieblingswort. Ach ja ... Asterix und Obelix haben mir auch noch einige Sätze eingeprägt: „Alea iacta est" (der Würfel ist gefallen) oder „Morituri te salutant" (die Todgeweihten grüßen dich). Diese Sätze sichern bestimmt das Überleben, falls man sich mal in einem fremden Land verirren sollte, wo man Latein spricht. Und dann ist da eben noch dieses „Quo vadis?" – „Wohin gehst du?"

Bei einer kleinen Kapelle in Rom hörte ich zum ersten Mal von dieser Legende. Allerdings gefällt mir das Wort Legende nicht so richtig, denn es impliziert, dass man nur halbherzig zuhört, da die Geschichte ja sowieso nicht wahr ist. Nennen wir es deshalb eine Überlieferung, eine Geschichte aus der alten christlichen Tradition, deren Wahrheitsgehalt zwar nicht mehr überprüft werden kann, die aber unabhängig davon sehr zu mir gesprochen hat. Sie stammt aus der apokryphen Apostelgeschichte des Petrus, den sogenannten Petrusakten.

Es geht um den oft überaus motivierten und emotional engagierten Typen Petrus, einen der führenden Köpfe der ersten Kirche, der aber oft aus dem Bauch heraus reagierte. Die Persönlichkeit, die uns da in der Bibel präsentiert wird, weist offensichtlich ganz viele Unvollkommenheiten auf. Petrus ist für mich das klassische Bild eines Unfertigen, der sich trotz seiner Unvollkommenheit entschließt, diese Jesusnachfolge zu leben. Vermutlich hat dieser Petrus seine letzten Jahre in Rom verbracht. Möglicherweise war er gar Bischof von Rom, wie es einige Theologen vermuten. Man erzählt sich, dass Petrus 67/68 n.Chr. aus Rom geflüchtet ist, um der grausamen Welle der Christenverfolgung durch Nero zu entgehen. Er erlebte Verfolgung, wie momentan geschätzte 100 Millionen Christen weltweit oder auch Jesus selbst direkt nach seiner Geburt, und war auf der Flucht, als ihm plötzlich Jesus begegnete.

PETRUS IST FÜR MICH DAS KLASSISCHE BILD EINES UNFERTIGEN, DER SICH TROTZ SEINER UNVOLL-KOMMENHEIT ENTSCHLIESST, DIESE JESUS-NACHFOLGE ZU LEBEN.

Der überraschte Petrus fragte ihn: „Domine, quo vadis?" (Herr, wohin gehst du?) Jesus antwortete: „Ich gehe nach Rom, um mich an deiner Stelle nochmals kreuzigen zu lassen." Bäm. Das saß. Jesus musste anscheinend nach Rom, weil Petrus nicht da war, wo er eigentlich hätte sein sollen. Und Petrus begriff, dass er in Rom seinen Platz einnehmen musste, da ihm bereits in Johannes 21,19 der Märtyrertod vorausgesagt worden war. Er ging der Überlieferung nach zurück nach Rom und wurde dort tatsächlich gekreuzigt. Da er sich nicht als würdig genug empfand, auf die gleiche Weise zu sterben wie Jesus, ließ er sich jedoch kopfüber ans Kreuz schlagen.

Als ich diese Geschichte nahe der kleinen Kapelle an der Via Appia hörte, die an der Stelle stehen soll, wo diese Begegnung von Petrus und Jesus stattgefunden hat, hat es mich richtig getroffen. Was ist mein Rom? Wovor laufe ich weg? Ist es möglich, dass ich einen von Gott zugedachten Platz einnehmen müsste, aber davonlaufe? Was, wenn Jesus genau die andere Richtung einschlagen würde?

Und wo ist dein Rom? Vielleicht ist dein Platz bei deinen Arbeitskollegen oder in deiner Familie. Oder bei dem sanft distanzierten Nachbarn, den du immer mit einem knappen Nicken über den Gartenzaun „grüßt", aber mit dem du eigentlich noch nie richtig geredet hast. Du vermutest nur, dass er nicht wirklich nett sein kann und sicher kein Interesse daran hat, mit dir zu reden – aber was, wenn er einfach nur sein Gesicht nicht im Griff hat und Jesus in dir ganz gerne mit ihm ein paar Worte wechseln würde? Und plötzlich steht Jesus auf der anderen Seite des Zauns, und du fragst ihn überrascht, was er denn dort will. Er muss deinen Platz einnehmen, weil du davonläufst. Oder vorbeiläufst. Da bekommt die Aufforderung von Jesus in Lukas 9,23-26 urplötzlich einen starken Alltagsbezug. Wir sollen unser „Kreuz" auf uns nehmen. „Wenn jemand mein Jünger sein will, muss er sich selbst verleugnen, sein Kreuz täglich auf sich nehmen und mir nachfolgen. Denn wer sein Leben retten will, wird es verlieren; wer aber sein Leben um meinetwillen verliert, der wird es retten. Was nützt es einem Menschen, die ganze Welt zu gewinnen, wenn er dabei sich selbst ins Verderben stürzt oder unheilbar Schaden nimmt? Denn wer nicht zu mir und meinen Worten steht, zu dem wird auch der Menschensohn nicht stehen, wenn er in seiner Herrlichkeit und in der Herrlichkeit seines Vaters und der heiligen Engel kommt."

Unabhängig davon, wie groß der Wahrheitsgehalt dieser Petrus-Überlieferung ist – Jesus fordert uns auf, unser Kreuz auf uns zu nehmen, wie Petrus es auch getan hat. Das bedingt vielleicht, die Richtung zu ändern, in die du im Moment gerade unterwegs bist. Und gut möglich, dass es unangenehm wird. Aber echte Nachfolge ist mehr, als einfach nur ein bisschen an Gott zu glauben, damit es dir gut geht und du am Mittelmeer sitzen und Fischessend ein wenig über die richtige Flüchtlingspolitik sinnieren kannst. Jesus hat uns nicht nur herausgefordert, an ihn zu glauben. Er hat die Menschen herausgefordert, ihm nachzufolgen.

Das Leben von Petrus war richtiggehend „eingerahmt" von dieser Nachfolge. Die ersten Worte, die er von Jesus hörte, als er ihm zum ersten Mal am See Genezareth begegnete, waren „Kommt, folgt mir nach!" (Markus 1,17). Irgendetwas muss heftig in ihm und seinem Bruder Andreas angeklungen haben – wie anders ist es zu erklären, dass sie sofort alles stehen und liegen ließen und ihr altes Leben aufgaben? Dann folgte der ganze Entwicklungsprozess von Petrus, mit all seinen Glaubensschritten, den Erfolgen und Rückschlägen. Wenn wir das alles überspringen, landen wir plötzlich bei der dritten Begegnung von Jesus nach seinem Tod mit seinen Jüngern – und was Petrus da zu hören bekam, war ein eindringliches „Folge du mir nach!" (Johannes 21,22). Prägnanter kann man eine Lebensmessage nicht platzieren, als mit den letzten Worten die ersten zu wiederholen. Und Petrus hat es verstanden.

Diese Nachfolge hat nicht nur Petrus, sondern viele Menschen damals bis heute alles gekostet. Unzählige haben ihr Leben gelassen. Für andere hieß es, ihren eigenen Willen zurückzustellen oder auch eigene Träume aufzugeben und sich auf Jesus auszurichten. Viele waren allerdings auch nicht bereit, diesen Preis zu zahlen. Denn als Nachfolger kann man nicht mehr einfach bequem in der Kirche sitzen und zu einer Predigt wie ein Wackeldackel bestätigend nicken und nett grinsen. Es beginnt ein aktiver Prozess. Ein Weg, der vielleicht nach Rom zurückführt. Man kann den unbequemen Herausforderungen des Lebens weder ständig ausweichen noch einfach alles wegzubeten versuchen. Manchmal muss man ihnen ins Gesicht blicken und sie anpacken.

ALS NACHFOLGER KANN MAN NICHT MEHR EINFACH BEQUEM IN DER KIRCHE SITZEN UND ZU EINER PREDIGT WIE EIN WACKELDACKEL BESTÄTIGEND NICKEN UND NETT GRINSEN.

*Die Frage ist nicht, ob deine Füße gehen, die Frage ist
vielmehr, wohin sie gehen? Wohin bist du mit deinem
Leben unterwegs? Weg von deinem persönlichen Rom?*

DAS JA

Als Jesus sich eine wilde Truppe aus unfertigen Persönlichkeiten zusammensammelte, um eine Weltrevolution mit einem
Ausmaß zu starten, wie es die Welt noch nie gesehen hatte,
forderte er diese Menschen nicht bloß auf, an ihn zu „glauben". Er lief nicht an Petrus und Andreas vorbei und rief ihnen zu: „Hey Jungs, glaubt an mich!" Worauf sie ihre Köpfe
zu ihm drehten und zurückriefen: „Aber klar doch, das tun
wir! Müssen allerdings noch rasch 'ne Abwesenheitsnotiz bei
Outlook einrichten, 'ne Abschiedsparty feiern, einen Nach-
mieter für die Wohnung suchen, drei Jüngerschaftsschulen auf
verschiedenen Inselparadiesen absolvieren, um dann noch ein
deftiges theologisches Bibelstudium obendrauf zu packen ..."
(Halt! Bitte nicht etwas zwischen den Zeilen lesen, das hier
nicht steht! Ich finde Jüngerschaftsschulen sensationell und
habe selbst enorm von meinem theologischen Studium profi-
tiert! Nur scheint es mir viele junge Christen zu geben, die aus
einem abenteuerlichen Reise-Lernmodus fast nicht mehr in
einen fruchtbringenden Lebensmodus umschalten können.)
Und dann winkten die beiden Brüder Jesus nach, während
der fröhlich einen christlichen Superschlager pfeifend seines
Weges zog. Nein. Er forderte sie auf, ihm nachzufolgen. Das
bedeutete einen radikalen Lebenseinschnitt; er würde alles
bis ins Detail durchdringen, sie aus ihrem Job reißen, von den
meisten ihrer Freunde und Familienmitglieder trennen und
schließlich gar den bestialischen Tod als Märtyrer fordern.

Kann ich mir, in der idyllischen Bündner Landschaft auf meiner Terrasse sitzend, mit Blick auf den vor meiner Nase thronenden Hausberg Calanda, auch nur im Ansatz ausmalen, was dieses „Nachfolgen" für eine Bedeutung hat? Für das Leben eines Petrus? Aber auch für mein eigenes Leben? Denn dieses „Folge mir nach" klingt heute noch genauso bestimmt wie damals und verhallt leider viel zu oft unbeantwortet. Es ist eine Aufforderung, die nicht bloß mit einem friedlichen Sicherheitsglauben abgetan werden kann. Sie fordert Entscheidungen. Denn Gott hat seine Liebe in dermaßen gewaltigen Ausmaßen über mich ausgegossen, als er in Jesus am Kreuz starb, dass die einzig angemessene Reaktion eine Entscheidung ist. Man kann dieser Liebe nicht passiv neutral gegenüberstehen. Sie fordert ein Ja oder ein Nein.

MAN KANN DIESER LIEBE NICHT PASSIV NEUTRAL GEGENÜBERSTEHEN. SIE FORDERT EIN JA ODER EIN NEIN.

Als mich der Standesbeamte fragte, ob ich die hier anwesende Frau Tamara Gysel heiraten wolle, antwortete ich: „Natürlich!" Schließlich war ich ja deswegen gekommen. Er entgegnete jedoch irritiert: „Äh ... Sie, das gilt aber nicht. Sie müssen schon Ja sagen!" Also sagte ich: „Ja, natürlich!" Genauso müssen wir auch bei der Nachfolge bewusst „Ja" sagen – unser Ja soll ein Ja sein und unser Nein ein Nein, wie es in Matthäus 5,37 heißt. Obwohl Gott sicher weniger pingelig ist als unser Standesbeamte und ein „Natürlich" ebenfalls akzeptiert. Oder ein wortloses Nicken. Am Ende kommt es nicht auf das an, was wir sagen, sondern darauf, wie unser Herz auf das reagiert, was Jesus am Kreuz getan hat.

Manchmal hilft es allerdings durchaus, wenn wir unsere Entscheidungen aussprechen oder erneuern. Ein bewusstes Ja zur Nachfolge verändert unser Leben, prägt es zutiefst. Es durchdringt das Leben bis auf die Knochen. Unter Umständen tatsächlich auch mal unangenehm. Ich gehe zur Zahnreinigung, damit meine Beißerchen wieder glänzen, und ich weiß, dass das absolut gut ist und mir langfristig gesehen viele Stunden auf dem Zahnarztstuhl erspart. Gleichzeitig ist es aber auch immer ein bisschen schmerzhaft. Ich will Nachfolge nicht mit einem Zahnarztbesuch gleichsetzen, aber definitiv gehört auch diese herausfordernde Komponente dazu. Die Entscheidung zur Nachfolge ist nicht einfach bloß eine Entscheidung, die liebevollen göttlichen Umarmungen zu akzeptieren, sondern auch dazu, sein Kreuz auf sich zu nehmen. Und eine Entscheidung, sich von Gott zurechtschleifen zu lassen.

Tatsächlich gibt es sie, diese göttliche Umarmung – aber wir streben viel zu oft nur nach dieser sanften Seite des Glaubens. Manchmal geht ein Akt der Nachfolge voraus, der unbequemer sein mag. Oder in den Worten von C.S. Lewis, der es sogar noch heftiger zuspitzte: „Bis zur Auferstehung kommt für uns noch immer das Kreuz vor der Krone, und morgen ist Montag." Natürlich ist es richtig, dass wir bereits jetzt schon Miterben am Königreich sind – aber die Krone kann man nur tragen, wenn man erträgt, dass auch der Querbalken des Kreuzes noch am Hinterkopf kratzt.

Was ist mein Kreuz? Ich bin zwar als Mitarbeiter des Missionswerks Campus für Christus als „Missionar" in Europa unterwegs und lebe von einem Unterstützerkreis, aber kämpfe mich deswegen nicht wochenlang mit meiner Machete und chronischem Durchfall und siebzehn Blutegeln an den mit Kratzern übersäten und von der Hitze aufgedunsenen Beinen durch den Dschungel, um irgendein Buschdorf zu erreichen und den Pfeilen der Einwohner auszuweichen. Einmal bin ich bei der Anreise zu einer Veranstaltung mitten im Winter eine Haltestelle zu früh ausgestiegen und musste dann mein Rollköfferchen bei eisiger Kälte durch Schnee und Matsch ziehen. Da die Veranstaltung in einem Kongresszentrum stattfand, hatte ich absolut wetteruntaugliche Kleidung an. Murrend und schimpfend schleppte ich mich und mein doofes Köfferchen durch die unfreundliche Winterwüste, verglich mich mit Dschungelmissionaren und Indiana Jones, während

DIE KRONE KANN MAN NUR TRAGEN, WENN MAN ERTRÄGT, DASS AUCH DER QUERBALKEN DES KREUZES NOCH AM HINTERKOPF KRATZT.

mein geheiztes Zimmer und der Hotel-Wellnessbereich mit jedem Schritt näher kamen. Das ist so ziemlich das Höchste der Gefühle, wenn es um Missionsluft geht. Mein Kreuz scheint sehr viel weniger schwer als das von anderen. Ich verdiene vielleicht nur einen Bruchteil von dem, was ich eigentlich verdienen könnte. Ich bin oft für Projekte und Events unterwegs und so getrennt von Menschen, die ich liebe, allen voran meiner Familie und den Freunden, mit denen wir gemeinsam unser Leben teilen. Ich erlebe aufgrund meines Glaubens manchmal Widerstand in der Öffentlichkeit oder vielleicht sogar von nahestehenden Menschen. Trotzdem leide ich weder Hunger noch Verfolgung. Und oft weiche ich den Momenten, die für mich „leiden" bedeuten würden (wie zum Beispiel Freunde oder Menschen, denen ich begegne, mit der Wahrheit von Jesus zu konfrontieren oder aus Nächstenliebe irgendwo eine Extrameile zu gehen), sogar noch aus! Leiden beginnt für mich schon da, wo ich zwar nicht Gefahr laufe, mein Leben zu verlieren, aber vielleicht mein Gesicht. Oder wo ich meinen Willen dem seinen unterordnen muss.

LEIDEN BEGINNT FÜR MICH SCHON DA, WO ICH ZWAR NICHT GEFAHR LAUFE, MEIN LEBEN ZU VERLIEREN, ABER VIELLEICHT MEIN GESICHT.

Eine meiner Lieblingsgeschichten in der Bibel ist die eines Aussätzigen (Matthäus 8,1-4). Der Mann lebte völlig von der Gesellschaft isoliert, da man ihn aus der menschlichen Gemeinschaft ausgestoßen hatte. Er musste außerhalb der Stadtmauern leben und war laut Lukas, der ja Arzt war, voller Aussatz (Lukas 5,12), also wahrscheinlich ein lebender Toter, mit Lepra im Endstadium. Aussatz war die schlimmste in der Antike bekannte Krankheit, da die Menschen über Jahre Stück für Stück abstarben. Muskelschwund konnte die Hände wie Krallen aussehen lassen. Starre Augen, heisere Stimme und keuchender Atem, geistiger Verfall und abfaulende Körperteile verwandelten den Betroffenen in ein Furcht einflößendes Wrack. Man brachte ihm Essen an einen Platz, wo er es später abholen konnte – und wenn er den Menschen zu nahe kam, durfte man ihn zu Tode steinigen. Wenn der Wind aus der Richtung des Aussätzigen wehte, musste man einen Abstand von mindestens 200 Metern einhalten. Dieser einsame Mann, der wahrscheinlich schon monate- oder jahrelang nicht mehr von jemandem angesprochen oder berührt worden war, überwand in der Not seiner Krankheit und Isolation alle Richtlinien und Ängste und näherte sich Jesus. Er wollte aber nicht einfach nur geheilt, sondern „rein" werden. Denn da er als geistlich unrein galt, durfte er weder Kontakt mit anderen Menschen noch mit Gott haben. Es ging also nicht einfach nur um seine Krankheit, sondern auch um seinen geistlichen Zustand und das Getrenntsein von seinen Mitmenschen und Gott.

Das Wunderbare an dieser Geschichte, das mir all die Jahre vor Äthiopien nie aufgefallen ist: Jesus heilte den Mann nicht einfach aus der Distanz, wie er es in anderen Situationen schon gemacht hatte. Jesus streckte seine Hand aus und berührte ihn. Diese unscheinbare Geste wäre doch für den Sohn Gottes gar nicht nötig gewesen. Ein vollmächtiges Wort hätte gereicht, ein Zwinkern oder ein bisschen Spucke – und alles hätte sich verändert. Und es kommt noch heftiger: Was Luther emotionslos-pragmatisch mit „berühren" übersetzt, könnte auch heißen: „Jesus umarmte ihn." Lass dir das mal auf deiner Zunge zergehen. Was für eine Dimension! Mich hat es in Äthiopien am Anfang viel Überwindung gekostet, die schmutzigen Kinder zu umarmen. Aber die Liebe von Jesus ist größer und überwindet alles.

Stell dir vor, was das für eine Explosion im Herzen dieses seit Jahren Not leidenden Mannes ausgelöst haben muss. Er wird von Jesus in die Arme genommen, an seine Brust gezogen und spürt die unendliche Dimension dieser überfließenden Liebe, die ihn aus seiner größten Not herauszieht. Und auch bei mir hat das eine Menge ausgelöst. Ich habe Jesus mit neuen Augen gesehen, als hätte sich ein hartnäckiger Morgennebel urplötzlich verzogen. Und da stand er, wobei nein: Er stand nicht, er kniete. Er kniete sich in die tiefsten Nöte der

Menschen hinein, um sie zu lieben, zu heilen und zu trösten. Er begegnete mit dieser Umarmung, dieser Berührung der tiefsten Grundnot dieses Mannes – der Isolation von seinen Mitmenschen und Gott.

Diese simpel-wuchtige Erkenntnis war auch so ein Point of no Return für mich. Mir wurde klar: Wenn ich mich „Christ" nennen will und diesem Jesus nachfolge, dann muss ich seinem Beispiel nacheifern und mich neben ihn in die Schwierigkeiten der Menschen knien. Sehr gerne verwende ich hier das anstößige Wort „muss". Jesus selbst hat es verwendet, als er Zachäus auf seinem Baum sitzen sah: „Zachäus, komm schnell herunter! Ich muss heute in deinem Haus zu Gast sein" (Lukas 19,5). Er wusste genau, dass der Zöllner sich mit seinem Lebensstil mehr Feinde als Freunde gemacht hatte, und genau deshalb musste er bei ihm essen. Es steht da kein Wort von einer Moralpredigt, die Jesus ihm gehalten hätte – ich bin überzeugt, dass Zachäus einfach durch dieses Zeichen, dass Jesus genau mit ihm Zeit verbringen wollte, an seinem gebrochenen Herzen geheilt wurde. Denn Jesus bot ihm Freundschaft an, ihm, der gerade in diesem Bereich wohl die größte Not hatte. Und die Begegnung mit Jesus krempelte das gierige, aber auch einsame Zöllnerherz komplett um. Jesus musste mit Zachäus Zeit verbringen, weil diese Begegnung zu einem Point of no Return für Zachäus werden sollte. Und wie Jesus mit Zachäus essen musste, gibt es Dinge, die wir einfach tun müssen. Vor allem müssen wir diese Begegnung mit Gott suchen. Er ist ein Gott, der sich sehr gerne finden lässt. Nur die Begegnung mit ihm wird uns wirklich so verändern, dass wir gar nicht mehr anders können, als das zu tun, was er von uns will.

Solche einsamen Aussätzigen oder Zachäusse gibt es heute auch in Europa in Massen – isoliert und beziehungsunfähig. Wo sind die Nöte von Menschen in deinem Umfeld? Wo ist

WENN ICH MICH „CHRIST" NENNEN WILL UND DIESEM JESUS NACHFOLGE, DANN MUSS ICH SEINEM BEISPIEL NACHEIFERN UND MICH NEBEN IHN IN DIE SCHWIERIGKEITEN DER MENSCHEN KNIEN.

eine alleinerziehende Mutter am Anschlag und du könntest dich wie Jesus wohltuend in ihr Leben hineinknien? Wo ist ein Witwer überfordert mit seinem Alltag? Wo ist jemand in einer finanziell schwierigen Lage? Wo fehlt es jemandem ganz praktisch an Erfahrung oder Weisheit, um eine Situation zu meistern? Es ist Zeit, den „Schienbein-Dienst" zu starten und deine Knie dreckig zu machen. Und das ist keine Option, sondern ein Muss. Damit diese Handlungen aber nicht einer religiös-gesetzlichen Haltung entspringen und zu einem Krampf verkommen, brauchst du immer wieder eine Zachäus-Begegnung mit Jesus, in der er durch seine Nähe dein Herz verändern und umgestalten darf.

Jesus hat nach Menschen gesucht, die ihm nachfolgen, nichts weniger. Gottes Reich braucht keine Gläubigen, sondern Nachfolger. Gott hat seinen Weltbestseller darauf ausgerichtet, dein Leben zu inspirieren, zu infiltrieren, zu durchtränken, auf den Kopf zu stellen und was weiß ich noch nicht alles – um dich genau in diese Nachfolge hineinzuführen.

Jesus hat sein Leben für dich und mich hingegeben. Wie weit geht deine „Lebenshingabe" an ihn? Einfach nur fromm ein bisschen glauben ist noch kein Big Deal. In Jakobus 2,19 heißt es: „Du glaubst, dass es nur einen Gott gibt? Schön und gut! Aber auch die Dämonen glauben das – und zittern!" Wenn selbst die Dämonen das mit dem Glauben hinkriegen, wird Glaube an sich nicht wirklich das Ende der Fahnenstange sein. Es ist vielmehr die Frage, was dieser Glaube mit dir macht, wohin und wie er dich bewegt. Glaube allein ist nicht das, wozu Jesus die Menschen aufgerufen hat. Seine Forderung war (Matthäus 9,9): „Folge mir nach!" Und das geht nicht im Sitzen, dazu muss man aufstehen, sich in Bewegung setzen, vielleicht Dinge zurücklassen, die einem lieb geworden sind. Ist allerdings nicht so populär – heute will jeder nur noch ein bisschen was vom lieben Gott, ein gute Portion Gnade und Segen, und damit hat's sich. Jesus ging

GOTTES REICH BRAUCHT KEINE GLÄUBIGEN, SONDERN NACHFOLGER.

leidenschaftlich zu den Armen, Aussätzigen, Prostituierten, all den Sündern ... und wir, wir gehen brav in die Kirche.

—

Wohin geht dein Jesus?

—

Ich darf meine Nachfolge nicht mit der Nachfolge anderer vergleichen. Ich trage einfach mein persönliches Kreuz, egal wie groß, klein, schwer, breit, wuchtig oder unbedeutend es auch sein mag. Dennoch setzt Nachfolge für mich am selben Ort an wie bei unseren derzeitigen Nachbarn im Slum auf den Philippinen. Ihre Lebensumstände sind total anders als meine – sie leben mitten im Abfall. Viele sind arbeitslos und wohnen in Hüttchen, die gerade mal so groß sind wie unser Schlafzimmer in der Schweiz. Trotzdem gilt für sie wie auch für mich zum Thema Nachfolge: Wir übernehmen die Verantwortung für unser Leben und sagen Ja dazu, diesem Jesus nachzufolgen, wo auch immer er hingeht. Wir halten uns ihm hin, wenn er uns in unserer Unfertigkeit begegnet, uns verändert und bewegt. Hast du dazu Ja gesagt?

DIE BEZIEHUNG

Der Glaube und die Nachfolge, von denen Jesus spricht, beinhalten die zentrale Dimension einer Beziehung. Ohne sie sind all die Aufrufe zur radikalen Nachfolge ziemlich unerträglich. Dennoch blieb bei mir immer das große Fragezeichen, wie so etwas konkret leb- und umsetzbar war. Musste ich nun mein schweizerisches Wohlstandsleben mit einem permanent schlechten Gewissen durchleben? Das konnte es keineswegs sein. Ebenso wenig konnte es bedeuten, dass ich all unsere Versicherungen kündigte und mich mit meiner Familie enthaltsam und selbstversorgend in einem Zelt am schönen Rhein niederließe. Oder einfach meine ganze Einrichtung in einen Schiffscontainer packte und das Zeug in einem philippinischen Slum an die Leute verschenkte, um dann spartanisch in Selbstkasteiung das Essen auf dem kahlen Wohnzimmerboden einzunehmen. Natürlich: Falls du diesen Ruf klar und deutlich hörst – folge ihm und lass dich durch meine Zeilen auf keinen Fall davon abhalten, das Gute und Richtige zu entdecken, das Gott in deinem Leben tun will. Nachfolge ist nicht wie eine Keks-Form, durch die jeder Teig gedrückt werden muss. Deine Nachfolge sieht bestimmt anders aus als meine. Das allgemeingültige Grundprinzip ist, aus dieser Beziehung zu Christus heraus auf Gott zu hören und seiner Stimme zu folgen. Und genau das hat meiner Nachfolge den nötigen Schuss Radikalität gegeben, meinen Glauben abenteuerlich werden lassen und dem Alltag eine wohltuende unberechenbare Komponente hinzugefügt.

NACHFOLGE IST NICHT WIE EINE KEKS-FORM, DURCH DIE JEDER TEIG GEDRÜCKT WERDEN MUSS.

Als Jesus in Markus 3 seine zwölf Apostel berief, war das nicht einfach ein Sendungs-Aufruf, sondern gleichzeitig und zuerst ein Beziehungs-Aufruf. Schon in Vers 13 heißt es, dass er die zu sich rief, die er „bei sich haben wollte". Und als sie dann wahrscheinlich ehrfürchtig gespannt auf dem Berg vor ihm standen wie kleine Jungs, die gerade jemandem zuhören, der einen tollen Streich ausgeheckt hat, war das sein Auftrag: „Sie sollten ständig bei ihm sein, und er wollte sie aussenden, damit sie seine Botschaft verkündeten und in seiner Vollmacht die Dämonen austrieben." Aussendung, Botschaft verkünden, Dämonen austreiben – alles wuchtige Worte. Allem voran stellte er jedoch ganz bewusst dieses „ständig bei ihm sein".

Das zeigt mir: Nachfolge hat damit zu tun, nah bei Christus zu sein – da zu sein, wo er ist. Das zu tun, was er tut. Aber nicht einfach als Kopie, sondern aus dieser tiefen und innigen Liebesbeziehung heraus, die er uns anbietet. Deshalb ist der Schlüssel für jedes christliche Leben die persönliche und intime Beziehung zu Christus – wie auch immer du diese gestalten magst. Und ja, sie darf anders aussehen als bei den anderen. Hoffentlich sieht sie anders aus. Gott hat uns individuell geschaffen, also wird er auch individuelle Wege haben, um uns zu begegnen. Aber ohne diese Beziehung geht nichts, denn ohne diese Grundlage sind wir nicht fähig, Nachfolge zu leben.

Selbst Jesus hat aus dieser Beziehung zu seinem Vater heraus gehandelt. Sein vollmächtiges Wirken hat erst begonnen, als Gott seinen Geist bei der Taufe sichtbar auf seinen Sohn kommen ließ und sagte: „Dies ist mein geliebter Sohn, an ihm habe ich Freude" (Matthäus 3,17). Er hatte bis zu diesem Punkt noch nicht mal den Hauch eines Wunders getan, bei keinem Frühstücksmüsli die Milch geteilt, noch nicht mal ein paar Bonbons vermehrt ... aber diese Sohnschaft war die Grundlage, auf der durch Gottes Geist alles möglich wurde. Deshalb ist wichtig, dass wir unsere Identität in ihm klären, unsere Beziehung zu ihm.

Meine Identität setzt sich aus verschiedenen Bereichen zusammen, die Forderungen, Pflichten, aber natürlich auch Schönes mit sich bringen. Ich bin Ehemann einer wunderbaren Frau, Vater von vier Töchtern, in die ich vernarrt bin, Präsident eines Vereins (wovon es in der Schweiz ja fast mehr gibt als Einwohner), Autor und Prediger, Leiter einer großen Missions- und Schulungsbewegung, Leitungsmitglied einer Kirche, selbstdiplomierter Meister am Kugelgrill und vieles mehr. Aber zuallererst bin ich Sohn von Gott. Auf dem Fundament dieser Beziehung wird für mich alles andere erst gesund lebbar.

Diese tiefste und gleichzeitig wichtigste Ebene der Identität wurde mir bewusst, als ich auf einer Jugendstation ein paar Jugendliche mit Justizverweis als Lehrer unterrichtete. Ohne es zu bemerken, habe ich dort selbst ein paar Jahre die Schulbank gedrückt – bei Gott. Während ich an den Wochenenden nach Predigten sehr oft mit Applaus überschüttet wurde und direkt oder indirekt zu hören bekam, dass ich so etwas wie ein christlicher Held sei, schwenkte oft genau der Montag ins pure Gegenteil um. Mein „Ich schweb noch einen Meter über dem Boden"-Zustand wurde durch die Schwerkraft des Alltags brüsk aufgehoben, indem mich ein paar Jungs, die gerade wieder um ein paar negative Erfahrungen reicher aus dem Wochenende zurückgekehrt waren, unsanft auf den Boden der Realität holten. Nicht selten musste einer einfach mal „Dampf ablassen" und ich bekam während einer einzelnen Schulstunde gut und gerne ein paar Dutzend unschöne Titulierungen an den Kopf geworfen, von denen ich nicht einmal genau weiß, wie man sie schreibt. Vieles ließ sich mit der Strategie absorbieren, nicht die Problemjungs vor mir zu sehen, sondern die Probleme hinter diesen Jungs, das, was sie nicht verarbeiten konnten, die Verletzungen, mit denen sie leben mussten. Trotzdem ging das Ganze nicht spurlos an mir vorbei, und so fand ich mich im Zimmer auf den Knien mit der Frage an Gott wieder: „Wer bin ich? Menschen sagen, ich bin ein christlicher Held, andere, die mich ja auch sehr gut kennen, da sie mich täglich ein paar Stunden erleben, nennen mich im besten Falle ein christliches A***. Bin ich jetzt heldenhaft unterwegs oder eher komplett neben der Spur?"

Die Antwort von Gott war natürlich wunderbar weise und diplomatisch und ich hörte sie klar und deutlich in meinem Herzen: „Du bist weder noch! Hör nicht auf das, was Menschen über dich sagen. Hör einzig und allein auf das, was ich über dich denke!"

Das war eine starke Lektion und stieß einen heilsamen Prozess an, der mich hinein in diese Sohnschaft führte, die die Grundlage für alles ist. Es war der Moment, in dem ich meinen schweren Rucksack voller Menschenfurcht zu seinen Füßen ablegte und die leichte Tasche der Gottesfurcht schulterte. Menschenfurcht ist eine der wohl weitverbreitetsten Krankheiten überhaupt und lässt uns permanent Dinge tun, die nicht nötig wären und die vor allem nicht Gottes Wille sind. Die einzige Furcht, die es sich zu haben lohnt, ist Gottesfurcht. Mein Leben soll Gott gefallen, nicht den Menschen. Und das ist nur möglich, wenn ich nicht ständig die Gedanken im Hinterkopf bewege, was die anderen darüber denken, was ich gerade tue, und wie ich sie am besten glücklich machen kann. Es ist auf unerklärliche Art befreiend, nur noch abhängig von Gottes Meinung unterwegs zu sein.

Christsein ist nicht einfach ein statischer Zustand. Es ist eine Reise, ein Unterwegssein, ein Loslassen und Neuentdecken. Eine Beziehung. Als ich damals als Teenager erkannte, dass ich mit Jesus eine persönliche Beziehung und seine Vergebung täglich brauche, veränderte das einiges. Als ich einige Jahre später beim Lesen einer Biografie zum ersten Mal begriff, was Gottes Liebe wirklich ist und was dieser Jesus am Kreuz mit meinem Leben zu tun hat, lag ich weinend auf meinem Bett – und wieder hat sich etwas verändert. Die kurze Zeit im äthiopischen Slum hat mich und mein Leben, aber auch meinen Dienst wohl bislang am stärksten geprägt. Und davor, dazwischen und danach gab es ganz viele leisere, aber dennoch kräftige Begegnungen mit Gott. Sie alle waren total unterschiedlich, haben aber immer zum selben geführt: Meine Beziehung zu Christus wurde tiefer, intensiver, leidenschaftlicher.

MENSCHEN-FURCHT IST EINE DER WOHL WEITVERBREITETSTEN KRANKHEITEN ÜBERHAUPT.

„Wer in mir bleibt und ich in ihm, der bringt viel Frucht", sagt Jesus (Johannes 15), um dann anzufügen, dass ohne ihn keine bleibende Frucht möglich ist. Frucht ist die Auswirkung unseres „In-ihm-Seins". Sie wächst nicht aus unseren krampfhaften Bemühungen, der Welt irgendetwas Beständiges zu hinterlassen oder irgendwelche Menschen zufriedenzustellen. Frucht ist direkt und untrennbar verknüpft mit unserer Beziehung zu Jesus. Deshalb höre ich mich selbst nun genau denselben Satz sagen, den mir so viele weise Menschen in meinen Jugendjahren ans Herz gelegt haben und den ich immer ziemlich plump und kraftlos fand: „Das Wichtigste in deinem Leben ist, dass du ganz nah an Gottes Herz bleibst."

Doch das ist echt die Wahrheit, die Essenz schlechthin! Und ich wünsche mir, dass sich dieser Satz auch bei dir fest im Herz verankert – je schneller, desto besser.

Es geht dabei nicht darum, auf welche Weise genau du nah an Gottes Herz bleibst – manche verbringen regelmäßig Zeit für sich alleine in der Natur, andere wiederum leben das ganzheitlicher in den Alltag integriert. Finde heraus, wie du deine Beziehung mit Gott gestalten kannst. Mir sagt die Natur sehr selten wirklich viel – ich kann durch den Wald laufen und sehe nur Bäume, und selbst wenn ich einen davon umarme, empfinde ich nicht wirklich sehr viel Geistlich-Schöpferisches. Aber ich habe herausgefunden, dass meine besten Zeiten mit Gott im Auto sind, wenn nur ein kleiner Teil meiner Denkkapazität fürs Fahren benötigt wird. Deshalb habe ich begonnen, das Autoradio auszuschalten, und habe jetzt die besten Gespräche mit Gott. Auch lese ich regelmäßig die Bibel, was nicht immer ein Feuerwerk an neuen Eindrücken und Weisheiten mit sich bringt – aber irgendwie tut es mir gut, selbst wenn ich manchmal schon fünf Minuten später nicht mehr so richtig weiß, was ich gelesen habe. Es geht darum, Zeit mit Gott zu verbringen. In meine Beziehung zu ihm zu investieren. Ich rede ja auch nicht nur dann mit meiner Frau Tamara, wenn wir gerade hochspannende Beziehungs- oder Erziehungsfragen klären müssen.

Mein Gebetsleben gleicht oft sehr stark demjenigen von Nehemia, der als Mundschenk vor dem König stand und dann unerwartet von ihm gefragt wurde, was er eigentlich wolle. Nehemia hat sich daraufhin nicht stundenlang für ein klärendes Gespräch mit Gott in den Wald zurückgezogen, sondern mitten im Alltag gebetet und dann geredet (Nehemia 2,4-5). Mir persönlich entspricht das extrem – aber für dich mag eine andere Form perfekt sein.

Deine Nachfolge hat einen direkten Zusammenhang mit deiner Beziehung zu Jesus – ihn existenziell kennenzulernen,

DAS WICHTIGSTE IN DEINEM LEBEN IST, DASS DU GANZ NAH AN GOTTES HERZ BLEIBST.

ist das tragende Fundament für einen lebendigen Glauben. Wie sieht diese Beziehung aus?

—

Wie nah bist du ihm zurzeit?

—

Falls euer Verhältnis gerade nicht so emotional-überfliegend ist, ist das kein Problem. Die beste Ehe durchläuft verschiedene Jahreszeiten. Trotzdem ist und bleibt man verheiratet. Als Elia ein Tief hatte, obwohl er kurz zuvor gewaltige Sachen mit Gott erlebt hatte, lief er davon und legte sich unter einen Wacholder, um zu sterben (1. Könige 19). Manchmal fühlt sich unser Glaubensleben wahrscheinlich genauso an. Anstatt zu sterben, tat er aber das einzig Richtige: Er machte sich auf in Richtung Berg Horeb (vermutlich alternativer Name für Sinai), wo er eine starke Begegnung mit Gott hatte. Das war kein Zufall – es war der Ort, an dem Mose seine wegweisende Begegnung mit Gott gehabt hatte.

Für mich ist das ein geistliches Prinzip: Wenn du eine Wacholder-Phase hast, such den Ort auf, an dem du Gott schon einmal erlebt hast. Natürlich ist Gott ortsunabhängig – aber manchmal kann es helfen, wenn du dort anknüpfst, wo du innerlich stehen geblieben bist. Es kann dir helfen, einen Ort aufzusuchen, den du mit Gott verbindest, den Ort, an dem du zum letzten Mal seine Stimme gehört hast. Oder richte dir zu Hause irgendwo einen fixen Ort ein, den bequemsten Lieblingssitzsack oder die Bank auf der Terrasse, einen Platz, an dem du deine Dates mit Gott hast – es wird dein geistliches Liebesleben ganz bestimmt erfrischend aufpeppen und wunderbar beleben. Es muss aber auch nicht zwingend ein lokal existierender Ort sein, sondern kann ein Thema sein, auf das Gott dich angesprochen hat, du aber nicht reagiert hast.

WENN DU EINE WACHOLDER-PHASE HAST, SUCH DEN ORT AUF, AN DEM DU GOTT SCHON EINMAL ERLEBT HAST.

*Warum fängst du nicht an, mit Gott
darüber zu sprechen?*

*Die Lebendigkeit deines Glaubens steht in
direkter Abhängigkeit zu deiner Nähe zu Gott.
Wie sieht eure Beziehung aus?*

Mit welchen drei Wörtern würdest du sie beschreiben?

4 DAS PREISSCHILD

Ich mag Baumärkte. Meistens bin ich dort, wenn ich irgendein Projekt im oder ums Haus habe, das erledigt werden muss. Und da ich von meiner Persönlichkeit her gerne konkrete Ziele vor Augen habe, tauche ich mit Freude in diese einzigartige „Ich erledige etwas selbst"-Atmosphäre ein, die nur Baumärkte versprühen können. Die Ästhetik bleibt in diesen Kaufhäusern zwar meistens auf der Strecke, aber dafür bin ich sowieso nicht so empfänglich. Dieser Ziel-vor-Augen-Antrieb hat auch zur Folge, dass ich mich überhaupt nicht für Ausdauersportarten wie Joggen oder Schwimmen begeistern kann. Bereits nach ein paar Metern beginnt mein Hirn in einer Endlosschleife die Frage zu stellen, warum ich mich eigentlich abquäle. Ballsportarten hingegen überlisten mein simpel gestricktes Hirn ganz einfach, indem sie durch den Ball alle paar Sekunden ein neues Ziel ins System einstreuen, weshalb ich überhaupt nicht müde werde. Anstatt zu joggen, müsste ich wohl einfach ein paar Kilometer dribbeln gehen. Oder beim Joggen alle paar Meter ein M&M am Boden platzieren, damit ich vorankomme.

Das ist aber auch die große Schlagseite an Baumärkten: Sie üben auf mich etwa dieselbe Versuchung aus wie die Frucht im paradiesischen Garten auf Adam und Eva und die Süßigkeitenauslage an der Kasse auf meine Kinder. Jeder einzelne noch so kleine Gegenstand schreit förmlich: „Du brauchst mich, du willst mich!" Manchmal schaltet mein Hirn dann einfach ab und greift zu. Bei einer großen Wasserwaage trat genau dieser Effekt ein. Schließlich braucht man so etwas im Haus. Dummerweise hatte ich das Preisschild vom Artikel darüber angeschaut und war so vom günstigen Preis überrascht, dass ich am liebsten gleich dreißig Wasserwaagen eingepackt hätte.

Ich beherrschte mich und nahm nur eine. Eine, an der kein Preisschild klebte. An der Kasse kam dann der große Schock, ähnlich den nachweihnachtlichen Ernüchterungs-Momenten auf der Waage. Das Teil war um ein Vielfaches teurer als gedacht. Mein Kaufrausch war schlagartig verflogen und ich stand desillusioniert vor der Verkäuferin, durch die Schlange im Nacken zur Entscheidung gedrängt, was nicht gerade hilfreich war. Wie viel war mir diese Wasserwaage nun wirklich wert? Letztendlich wurde mir zum Verhängnis, dass das Preisschild verloren gegangen war. Ich habe geschluckt, mein linkes Augenlid hat zweimal gezuckt und ich habe sie gekauft.

DER KOSTENVORANSCHLAG

Beim Glauben an Jesus ist es genauso. Glaube hat einen Preis. Und wir tun gut daran, die Kosten zu überschlagen – auch wenn wir im Vorhinein nie so genau wissen können, wie hoch sie ausfallen werden. Jeder muss für sich persönlich abwägen, ob er bereit ist, den Preis zu zahlen. Richtig – einige mögen nun zu Recht empört anmerken, dass es die Gnade allein ist, die rettet, und einzig und allein der Glaube an Jesus zählt. Das unterschreibe ich. Dem widerspricht jedoch nicht die Tatsache, dass am Glauben ein Preisschild klebt. Nur wurde das an vielen Orten klammheimlich entfernt. Genau deshalb irritiert es uns, von den vielen Christen zu hören, die gefangen genommen, gefoltert oder umgebracht werden. Sie alle zahlen wie viele vor ihnen den Preis für ihren Glauben. Paulus ist sehr klar: „Im Übrigen sind Verfolgungen etwas, womit alle rechnen müssen, die zu Jesus Christus gehören und entschlossen sind, so zu leben, dass Gott geehrt wird" (2. Timotheus 3,12).

Dieselbe Irritation tritt bei vielen ein, wenn in ihrem Leben die Dinge nicht so kommen, wie sie es sich gewünscht oder erbeten haben. Oder wie sie es von einem liebenden Vater im

Himmel doch eigentlich erwartet hätten. Vergebung und die Ewigkeit bekommen wir umsonst – aber der Preis dafür ist, dass wir nicht mehr selbst unser Leben leben, sondern Christus in uns. Für mich bedeutet das in meinem Alltag nicht primär, dass ich mit Verfolgung, Folter und Tod konfrontiert bin. Sondern mit dem Aufgeben von egoistischen Wünschen und Träumen, sofern sie nicht mit den Träumen von Jesus im Einklang sind. Mein Preis ist auch, dass mein altes Ego, der unfertige Mensch in mir, sterben muss. Täglich. Ich würde oft gerne einfach herzhaft unfreundlich sein, wenn mir danach ist. Nicht nur einmal habe ich schon heftige Antwortmails auf ungerechte Aktionen geschrieben, um sie dann mit ein bisschen Abstand weise wieder zu löschen. Ich verspüre manchmal den Wunsch, Menschen Dinge an den Kopf zu werfen, die sie meiner Meinung nach verdient haben, Leute zu brüskieren und alle Regeln des Anstands zu vergessen. Ganz besonders und aktuell in den Nächten hier auf den Philippinen. Nebst dem einschläfernden Dauergeräusch der Grillen hört man aus dem Slum direkt hinter dem Gartenzaun permanent irgendwelche Hunde bellen. Zu Hause in der Schweiz hätte längst ein netter Nachbar die Polizei verständigt. Gleichzeitig hat irgendwo ein Hahn den Spleen, alle Stunde fröhlich ein herzhaftes Kikeriki in die Dunkelheit zu schmettern. Man kann dann die Sekunden zählen, bis irgendwo ein Dutzend seiner Kollegen antwortet. Natürlich kommt noch ein Froschorchester dazu, wenn es mal geregnet hat, und sowieso hört man ständig all die Tricycles, die Taxi-Motorräder, die mit röhrenden Motoren herumfahren und permanent hupen. Was dem Fass aber endgültig den Boden raushaut, sind die besoffenen Karaokesänger, die sich an alten westlichen Schlagern versuchen, deren Text sie nur halb können und bei deren Noten sie ganz versagen. Genau bei diesen Karaokesängern könnte ich kurz vor Mitternacht in meiner

> **VERGEBUNG UND DIE EWIGKEIT BEKOMMEN WIR UMSONST – ABER DER PREIS DAFÜR IST, DASS WIR NICHT MEHR SELBST UNSER LEBEN LEBEN, SONDERN CHRISTUS IN UNS.**

Kein-Schlaf-Verzweiflung alle gutbürgerlichen Werte vergessen. Liebend gerne würde ich mein Ja zu Christus für ein paar Minuten wie ein Paar Socken abstreifen, um mit einem Baseballschläger die Karaokemaschine zu zerschmettern und dem Sänger mit den Socken den Mund zu stopfen. Auf dem Rückweg würde ich mit den Hähnen so was wie Moorhuhnschießen „in echt" machen und die Hunde auf die Frösche hetzen.

Das sind so kurze gedankliche Sekundenausflüge, in denen ich bei meinem Glauben gerne mal kurz auf die Pausetaste drücken würde ... Aber ich habe mich entschieden, diesem Jesus in mir Raum zu geben. Und irgendwie hat er sehr viel mehr Liebe, Vergebung, Freundlichkeit und all die anderen netten Sachen parat als ich. Unendlich viel mehr. Mein Preis der Nachfolge sieht daher oft so aus, dass ich dieses alte Ego sterben und Jesus in mir handeln und zu Wort kommen lasse. Denn mir ist auch in meinen schwachen Momenten absolut klar, dass das Resultat mit ihm definitiv immer besser ist als ohne ihn.

Wir können nicht „Jünger" von Jesus sein, wenn wir nicht bereit sind, unser Kreuz zu tragen und ihm nachzufolgen, sagt Jesus selbst (Lukas 14,27) – um dann anzufügen: Wenn wir ein Haus oder einen Turm bauen wollen, müssen wir zuerst die Kosten überschlagen, ebenso wie wenn wir in einen Krieg ziehen. Wir müssen schauen, ob wir das packen, den Preis bezahlen können und wollen. Der Preis des Glaubens ist die Nachfolge – dass wir uns „lossagen" von allem, was wir haben, wie Luther es übersetzt hat (Lukas 14,33). Genau da stolpere ich immer wieder. Ich bin kein materialistisch veranlagter Mensch, ich habe weder das Bedürfnis, irgendein bestimmtes Auto zu fahren noch irgendwelche bestimmten Markenartikel oder Kleider zu kaufen. Aber trotzdem hängt auch mein Herz an vielen Sachen. Mehr, als mir lieb ist. Vor allem an meinem Recht, in manchen Situationen einfach so

LIEBEND GERNE WÜRDE ICH MEIN JA ZU CHRISTUS FÜR EIN PAAR MINUTEN WIE EIN PAAR SOCKEN ABSTREIFEN, UM MIT EINEM BASEBALLSCHLÄGER DIE KARAOKEMASCHINE ZU ZERSCHMETTERN.

zu reagieren, wie ich wohl natürlicherweise gerne würde – aber ich weiß, dass es schlicht nicht gut und richtig ist.

Ich möchte Nachfolge leben, wie Jesus sie sich nicht nur wünscht, sondern auch einfordert. Und das nicht, weil ich religiös korrekt leben möchte – sondern weil ich mit meinem Leben Gutes produzieren und Gott Freude machen will. Sich nicht immer der erstbesten und natürlich erscheinenden Emotion und Reaktion zu bedienen, heißt nicht, dass man sich verstellt, unecht wird oder irgendetwas heuchelt. Durch Christus habe ich etwas Neues geschenkt bekommen – einen Handlungs- und Emotionsspielraum. Je nachdem, wo ich mich darin bewege, überwiegt mein altes Ego oder das neue Ich – dazu noch mehr im Kapitel zum „Alter Boppi, Neuer Boppi"-Prinzip.

Als ein junger Typ (Markus 10,17-27) Jesus fragte, was er tun müsse, um ewiges Leben zu bekommen – eine der besten Fragen überhaupt, die man Jesus stellen konnte –, antwortete der, er solle die Gebote halten. Darauf entgegnete der Kerl, dass er das seit seiner Jugend schon mache. Er muss sich dabei gefühlt haben wie meine Kids, wenn ich ihnen vor dem Schlafengehen den Auftrag gebe, noch das Spielzimmer aufzuräumen und aufs Klo zu gehen, und sie mit einem Strahlen antworten: „Wir haben beides schon gemacht!" Aber statt dem überraschten „Wow!" und der spontan-freudigen Umarmung, die meine Töchter dann erhalten, bekam der Mann nicht mal ein Schulterklopfen von Jesus. Der legte vielmehr die Latte direkt noch höher, indem er ihn aufforderte, nach Hause zu gehen, all seinen Besitz zu verkaufen, das Geld den Armen zu schenken und ihm dann nachzufolgen.

DURCH CHRISTUS HABE ICH ETWAS NEUES GESCHENKT BEKOMMEN – EINEN HANDLUNGS- UND EMOTIONS-SPIELRAUM.

Dies war dem Mann dann doch deutlich zu viel. Er machte auf dem Absatz kehrt und lief traurig davon. Jesus wollte ihn keineswegs abwimmeln – es heißt, dass er ihn ansah und „lieb gewann". Dennoch ist er ihm nicht nachgelaufen und hat gesagt: „Ach komm, war nur ein Test – verkauf einfach die

Hälfte. Das ist dir immer noch zu viel? Dann gib zehn Prozent deines Geldes in deine Lieblingskirche und du bist mit dabei! Du hast keinen Bock auf Kirche? Ach, verstehe! Und das Konzept von Nachfolge ist dir zu anstrengend? Kein Problem – für Leute wie dich habe ich die Light-Variante: Bleib, wo du bist, und ich halte dich via unserem WhatsApp-Gruppenchat auf dem Laufenden, was an der Front so läuft."

Nein. Da gab es kein Feilschen um einen tieferen Preis. Er hat ihn einfach ziehen lassen, ganz bestimmt mit einem weinenden Herzen. Denn Nachfolge hat ein Preisschild. Lange habe ich mich gegen diesen Gedanken gewehrt, indem ich dem Typen, der als „reicher junger Mann" beschrieben wird, den Stempel „Geizhals" aufgedrückt habe. Erst in der Zeit nach Äthiopien wurde mir bewusst, dass diese Geschichte nicht einfach nur für irgendwelche superreichen und geizigen Überflieger geschrieben wurde. Als Schweizer gehöre ich jetzt schon zu den reichsten Menschen der Welt. Wem, wenn nicht mir, gilt also diese Geschichte? Was, wenn Jesus von mir fordern würde, alles zu verkaufen? Er hat es damals getan, und das bestimmt nicht nur, um ein Exempel zu statuieren – also wohl nicht zum letzten Mal in der Weltgeschichte. Hätte ich den Preis bezahlt, den Jesus so rasch auf das Schildchen geschrieben hat? Oder würde ich mich genauso wie der junge Mann zuerst damit brüsten, was ich schon alles Frommes geleistet habe, um dann bei der Forderung von Jesus auf dem Absatz kehrtzumachen und fluchtartig das Weite zu suchen? Ich hoffe Ersteres, bin mir da aber nicht ganz so sicher.

Ist es möglich, dass ich das Bild von Jesus und dem Glauben ein wenig verzerrt habe und dass mein Nachfolge-Preisschild in meinem christlichen Kuschelsofa irgendwo in eine Ritze gerutscht ist, direkt zwischen Chipsreste und ein paar Haargummis, die sowieso niemand vermisst, da es in meinem Vier-Töchter-Haushalt einen unendlichen Vorrat davon gibt?

Ohne Preisschild ist der Glaube völlig risikofrei. Und in einer risikofreien Zone braucht es keinen Glauben. „Wenn unser

Einsatz für Gott kein Risiko enthält, dann ist auch kein Glaube nötig", sagte Hudson Taylor.

—

Hast du die Kosten deines Glaubens einmal sauber durchgerechnet? Wie viel ist er dir wert?

—

DIE BILLIG-GNADE

Viele Christen, gerade in meiner Generation, haben sich in den letzten Jahrzehnten berechtigterweise von der gesetzlichen Umklammerung gelöst, die noch die Generation vor ihnen geprägt hat. Die hatte beispielsweise ein schlechtes Gewissen, wenn sie am Sonntag ausnahmsweise mal nicht in die Kirche ging, und war sich sicher, dass der Tag ein bisschen schlechter werden würde, wenn man am Morgen nicht in der Bibel gelesen hatte. Wobei vieles damals nicht einfach nur negativ war, sondern auch einem gesunden Gehorsam entsprang, der heute eher dünn gesät ist. Beim Versuch, einer sanften Schräglage entgegenzuwirken, ist das Pendel dann ein wenig zu sehr in die andere Richtung ausgeschlagen. Ich zähle mich zur Generation, die Gnade in einer neuen Dimension wiederentdeckt hat und mit ihr einen himmlischen Vater, der liebevoller ist als oft angenommen. Die Schattenseite dabei ist, dass Hingabe nichts mehr damit zu tun hat, dass man sich Gott hingibt, sondern damit, dass man einen Gott hat, der sich hingebungsvoll um einen selbst kümmert. Man fragt sich gar nicht mehr, was man für Gott tun soll, sondern primär, wie er die eigenen Bedürfnisse stillen kann.

Durch die wiederentdeckte Gnade muss man gar nichts mehr: weder in die Kirche gehen noch Bibel lesen noch liebevoll reagieren noch Menschen von Jesus erzählen und sie

einladen, diesen wunderbaren himmlischen Vater kennenzulernen ... Man muss nichts mehr, außer das im eigenen Leben
bereits angebrochene himmlische Reich zu genießen. Hingabe
an Gott hat keine wirklichen Folgen mehr – Gott meint es ja
so gut, dass er uns niemals aus unserem Job mit seinem sicheren Gehalt herausrufen oder aus der netten Nachbarschaft
herauslösen würde. Er würde nie etwas verlangen, das uns
widerstrebt. Gott meint mit Nachfolge doch sicher nicht, dass
wir uns bewegen müssten.

Bereits Bonhoeffer hat zu solch einem Denken bemerkt: „Billige Gnade ist Gnade ohne Nachfolge, Gnade ohne Kreuz, Gnade ohne den lebendigen, menschgewordenen Jesus Christus."[1]

Wir haben uns verrannt, haben uns mit einer Billig-Gna-
den-Decke wohlig zugedeckt. Aber auch im 21. Jahrhundert
sind wir Teil von Gottes großem Traum, und er weitet sein
Reich aus, indem er uns dafür einspannt. Nur sind wir sehr
gekonnt darin, die unbequemen Rufe nach Ninive so wie Jona
zu ignorieren, und haben uns eingeredet, dass alles okay ist,
unser Gewissen in den Schlaf gelullt.

Umso mehr sollten wir gut hinhören, wenn Paulus Timotheus schreibt: Halte am Glauben fest und bewahre ein reines
Gewissen. Denn „einige haben ihr Gewissen zum Schweigen
gebracht und haben dadurch in ihrem Glauben Schiffbruch
erlitten" (1. Timotheus 1,19). Vielleicht hast du dein Gewissen
schon lange zum Schweigen gebracht und bist als
Folge davon mit deinem Glauben auf einer Sand-
bank aufgelaufen – du sitzt glaubensmäßig auf
dem Trockenen. Unser Glaubensschiff mag wohl
manchmal auf Grund laufen – dennoch werden
wir erfahren, dass dieser Grund uns trägt. Denn
immer, wenn wir ganz unten aufschlagen, finden
wir uns bei Jesus wieder. „Einen andern Grund
kann niemand legen als den, der gelegt ist, welcher
ist Jesus Christus" (1. Korinther 3,11; LUT). Schiffbruch zu erleiden und mit dem Glauben am Boden

UNSER GLAU-
BENSSCHIFF
MAG WOHL
MANCHMAL
AUF GRUND
LAUFEN –
DENNOCH
WERDEN WIR
ERFAHREN,
DASS DIE-
SER GRUND
UNS TRÄGT.

aufzuschlagen, ist wohl unangenehm, aber auch immer eine Chance. Denn wenn wir ehrlich hinschauen, werden wir feststellen, dass sich dieser Grund, der auf den ersten Blick nach Scheitern, Versagen und Zerbrechen aussieht, bestens als Fundament eignet, um wieder etwas Solides darauf aufzubauen. Der Schlüssel dazu ist, einzugestehen, dass wir unten angekommen sind – denn solange wir uns und allen weismachen wollen, dass unser Glaubensschiff noch flott fährt, ignorieren wir die Tatsache, dass Jesus als Fundament unersetzbar ist.

Übrigens: Falls du ihm zwar deine kompromisslose Nachfolge versprochen hast, aber gleichzeitig schon länger sein Reden in deinem Leben ignorierst, nimm dich besser vor dem großen Fisch in Acht ... Denn Gott kommt – ganz nach dem Motto „Der Mensch denkt, Gott lenkt" – mit dir und mir dorthin, wo er mit uns hinwill. Daran besteht kein Zweifel. Die Frage ist nur: mit oder ohne Umweg im Fisch. Und da wir in unseren Breitengraden häufig der netten Theologie eines kuschligen Christseins anhängen, bei der eine bedingungslose Nachfolge etwa so viel zu suchen hat wie ein Nacktnasenwombat im Tiefkühlfach, muss Gott wohl öfter den großen Fisch auspacken, als ihm lieb ist. Den Umweg über einen übelst muffenden Fischmagen würde ich mir allerdings gerne ersparen, wenn irgendwie möglich.

Momentan wächst in Europa eine Gesellschaft heran, die nicht mehr bereit ist, für irgendetwas einen Preis zu zahlen oder etwas zu opfern. Ich nenne sie die „Fünfer-und-das-Weggli-Generation". Wir wollen den Fünfer und das Weggli (= Brötchen) gleichzeitig, wie der Schweizer sagt. Wir wollen umweltbewusst leben, aber nicht auf das Auto verzichten. Wir wollen Erfolg im Job, aber nicht die Freizeit dafür opfern. Wir wollen Karriere und möglichst große Unabhängigkeit, aber irgendwie doch auch Familie. Wir sind keine Generation, die die Welt retten will.

Genauso verhält es sich mit dem Glauben – man will zwar Gottes Stimme klar und deutlich hören, ist aber nicht bereit, sich hinzusetzen und die Bibel zu lesen, um mit Gott Zeit zu verbringen. Man will Wunder sehen, ist aber nicht bereit, immer wieder dafür mit Menschen zu beten. Man will Jesus nachfolgen, ist aber nicht bereit, die eigene Familie, Dinge, die einem lieb geworden sind, sowie die Annehmlichkeiten eines westlichen Lebensstils hinter sich zu lassen, falls das von Jesus gefordert werden sollte. In erster Linie ist es wichtig, dass es einem persönlich gut geht. Dann erst hat man die Kapazität, weiterzudenken ... Man will Erfolg, aber nicht um jeden Preis. Auch im Glauben. Denn als Konsequenz von echter Nachfolge das eigene Kreuz tragen zu müssen, ist irgendwie nicht wirklich sexy. Man könnte sich ja Rückenschmerzen dabei holen. Oder zumindest einen Splitter im Finger. Anstatt Jesus nachzufolgen, wohin er geht, laufen wir viel lieber einfach mal fröhlich drauflos und beten dann hinterher, dass Jesus den von uns eingeschlagenen Weg doch rasch segnen möge. Im Endeffekt leben wir, als ob er uns nachfolgen müsste, und nicht wir ihm.

Ein christlicher Glaube ohne das Preisschild der Nachfolge ist zwar zeitgemäß, bequem und angenehm, aber auch billig, unattraktiv und leblos. Kein Wunder, dass viele mit diesem Jesus, den wir da zeigen, nichts anfangen können. „Billige Gnade heißt Gnade als Schleuderware, verschleuderte Vergebung, verschleuderter Trost, verschleudertes Sakrament; Gnade als unerschöpfliche Vorratskammer der Kirche, aus der mit leichtfertigen Händen bedenkenlos und grenzenlos ausgeschüttet wird; Gnade ohne Preis, ohne Kosten", hat Bonhoeffer dazu gesagt.[2]

Jeder kann ein bisschen glauben – und Gott liebt und vergibt, weil Gnade und Vergebung in Hülle und Fülle vorhanden sind. Doch wer so denkt, steht mit einem Fuß im Schilf. Denn Glaube ist untrennbar mit Nachfolge verknüpft. Unbequem schön.

EIN CHRISTLICHER GLAUBE OHNE DAS PREISSCHILD DER NACHFOLGE IST ZWAR ZEITGEMÄSS, BEQUEM UND ANGENEHM, ABER AUCH BILLIG, UNATTRAKTIV UND LEBLOS.

DER GEWINN

Wenn du so veranlagt bist wie ich, hast du wahrscheinlich im Inhaltsverzeichnis nach diesem Unterkapitel gesucht und es zuerst gelesen. Schließlich willst du wissen, was beim Lesen dieses Buches für dich herausspringt. „Was habe ich davon, wenn ..." Ohne dass ich es eigentlich will, taucht bei mir diese Frage ganz oft unterschwellig im Alltag auf – auch wenn ich gerne selbstloser wäre.

Die Frage nach dem Gewinn der Nachfolge wird von vielen ganz automatisch gestellt. Die wenigsten wollen auf Dutzenden von Seiten in etwas hineingedrängt werden, was immer nur kostet und verlangt und fordert. Man hätte lieber ein ganzes Buch voll mit starken Argumenten und konkreten Gewinnaussichten, an die man sich klammern kann, um sich dann hingebungsvoll auf Jesus zu werfen – in der Hoffnung, dass der Nutzen den vielleicht unangenehmen Aufprall auf dem Boden der Nachfolge ein wenig mildert.

Genau so ging es auch den Jüngern – denn als sie dem jungen reichen Mann hinterherblickten, den Jesus davonzotteln ließ, weil ihm der Preis der Nachfolge zu hoch war, sprach Petrus aus, was wohl alle dachten: „Du weißt, wir haben alles zurückgelassen und sind dir nachgefolgt. Was werden wir dafür bekommen?" (Matthäus 19,27). Irgendwie muss ihm und den anderen bewusst geworden sein, dass der Preis ziemlich hoch ist, den sie bezahlt haben oder bezahlen werden. Petrus begriff, dass er einen anderen Weg gewählt hatte als dieser junge Mann, und wollte nun mal schwarz auf weiß haben, was er eigentlich davon hatte.

Jesus antwortete ihm und den anderen Jüngern: „Wenn der Menschensohn in der zukünftigen Welt auf dem Thron seiner Herrlichkeit sitzt, werdet auch ihr, die ihr mir nachgefolgt seid, auf zwölf Thronen sitzen und die zwölf Stämme Israels richten" (Matthäus 19,28). Das klingt vielleicht im Blick auf die Ewigkeit begeisternd, aber vielen mag das noch zu weit weg und deshalb zu abstrakt sein. Deshalb ist die natürliche Reaktion darauf die Frage: Aber was habe ich jetzt davon, wenn ich ihm nachfolge?

Jesus findet auch darauf eine klare Antwort – wie sie bei Markus in Kapitel 10,29-30 wiedergegeben wird: „Ich sage euch: Jeder, der um meinetwillen und um des Evangeliums willen Haus, Brüder, Schwestern, Mutter, Vater, Kinder oder Äcker zurücklässt, bekommt alles hundertfach wieder: jetzt, in dieser Zeit, Häuser, Brüder, Schwestern, Mütter, Kinder und Äcker – wenn auch unter Verfolgungen – und in der kommenden Welt das ewige Leben."

Mir tut es einfach gut zu hören, dass der ganze Gewinn sich nicht einfach nur auf die Ewigkeit erstreckt, sondern bestimmte Segnungen schon im Hier und Jetzt zu haben sind. Auch wenn Jesus dieses unbequeme „wenn auch unter Verfolgung" nicht zwingend hätte einschieben müssen. Tatsächlich erlebe ich genau diese Segnungen schon im Hier und Jetzt – zum Beispiel diese „neue Familie", die wir erhalten. Und das ist eines der wunderbarsten Phänomene überhaupt, dass ich – egal, wo ich hinkomme auf der Welt – bei Christen oft ein Wohlsein bis hin zu einer tiefen Verbundenheit spüre. Es ist die neue geschenkte Familie, eine Zugehörigkeit, die man nicht produzieren kann.

Mich motiviert zu wissen, dass ich bereits jetzt einen Nutzen von meiner Nachfolge habe. Und ich staune über einen Paulus, der Sachen sagen kann wie: „Denn der Inhalt meines Lebens ist Christus, und ‚deshalb‘ ist Sterben für mich ein Gewinn" (Philipper 1,21), oder: „Unsere ganze Sehnsucht gilt jener zukünftigen Stadt, ‚zu der wir unterwegs sind‘" (Hebräer 13,14).

Ich würde da gerne „Echo" spielen und das bestätigen. Verstehe dabei auch vom Kopf her, dass das Sterben für mich ein Gewinn sein wird. Aber es gibt so viele wunderbare Sehnsüchte und Wünsche, mit denen ich mich noch im Jetzt beschäftigen will – irgendwie stimmt mich da das reine Warten auf die

MICH MOTIVIERT ZU WISSEN, DASS ICH BEREITS JETZT EINEN NUTZEN VON MEINER NACHFOLGE HABE.

Ewigkeit noch nicht ganz glücklich. Doch Paulus scheint sich in dem Bereich irgendwie überhaupt nicht zu spüren – ausgepeitscht ist er noch voller Freude, dass Gott ihn für würdig erachtet, um des Namens Jesu willen Demütigung und Schande zu erleiden (Apostelgeschichte 5,40-41). Das zwickt unser Gottesbild ein wenig. Schließlich haben sich viele von uns in Europa einen Gott zurechtgeglaubt, der sie behütet und wie ein Schweizer Schneepflug vor ihnen herfährt, um alles, das sie glaubensmäßig von der Straße bringen könnte, einfach wegzuräumen. Tut er aber nicht. Da steht nämlich ein Schild: „Eingeschränkter Winterdienst". So wie in meinem Dorf, wo ich mit dem Auto einfach stecken bleibe, wenn ich nicht bei klirrender Kälte mit klammen Fingern die Schneeketten aufziehe. Was ich davon habe: Ich komme doch noch bis vor meine Haustür. Und genau deshalb ist es legitim, sich beim Thema Nachfolge auch mal die Nutzen-Frage zu stellen. Sie bringt uns nämlich ans Ziel – wenn auch nicht immer bequem und gemütlich.

Es ist wunderbar, nach vielen Jahren des Unterwegsseins mit meinem Jesus zu sehen, wie so vieles im Leben plötzlich einen Sinn ergibt. Da ist zum Beispiel der Traum, den ich als Teenager hatte, mal in großen Stadien vor Menschen zu stehen. Damals dachte ich, dass es einfach ein normal-übermütiger Teenager-Traum war, da doch jeder insgeheim gerne ein kleiner Star wäre. Doch über all die Jahre hinweg hat sich dieser Traum nicht verflüchtigt, sondern ist vielmehr klarer geworden. Denn irgendwann wurde mir bewusst, dass mein eigentlicher Traum ist, in Stadien Menschen zu sammeln, um ihnen von Jesus zu erzählen und gemeinsam Gott anzubeten.

In den letzten Jahren – rund zwei Jahrzehnte später – habe ich erlebt, wie dieser Traum Wirklichkeit wurde, als ich bei Veranstaltungen in der Schweiz und in Deutschland in Stadien zu über 20 000 Menschen sprechen durfte. Das zeigt allerdings nicht, dass ich ein frommer Held bin, denn das bin ich nicht. Diese Bühnen machen aus den Menschen, die auf ihnen stehen, fast immer etwas, das sie nicht sind. Denn wenn man ihre

Stufen erklimmt, umgibt einen plötzlich die glänzende Aura eines vorbildlichen Christen, obwohl alle unten am Bühnenrand und allen voran man selbst weiß, dass sich überhaupt nichts geändert hat und da oben derselbe Sünder steht wie vorher noch ein paar Stufen weiter unten. Für mich zeigt diese Stadien-Traum-Geschichte vielmehr eine gewaltige Portion von Gottes Treue. Er gelangt mit mir trotz meiner Unfertigkeit dorthin, wo er mit mir hinwill, wenn ich es zulasse.

Wie viele von meinen eigenen Ambitionen, die mich im Leben antreiben, dabei mitspielen und ob sie immer fromm und richtig sind, lässt sich dabei nicht mit Bestimmtheit herausfinden. Denn oft mischen sich in Gottes Träume auch die eigenen, persönlichen Träume mit rein. Aber das braucht uns nicht weiter zu besorgen. Mir gefällt die Geschichte, in der David mitten aus dem vor Furcht erstarrten Volk Israel aufsteht, um Goliat umzulegen. Es soll mir keiner erzählen, das wären alles „reine und heilige" Ambitionen gewesen. Als man ihm nämlich mitteilt, dass man für die Beseitigung Goliats reich wird, die Tochter des Königs heiraten kann und für die ganze Familie Steuerbefreiung erhält, sagt er nicht etwa: „Ich will all diese Dinge nicht, aber weil Gott mich drängt, werde ich diesen Goliat-Baum fällen!" Nein. Vielmehr fragt er noch einmal nach: „Was wird man dem geben, der diesen Philister erschlägt?" (1. Samuel 17,26), und die Männer zählen es noch einmal auf – worauf er noch einmal nachfragt. Er will anscheinend absolut sichergehen, dass er die Belohnung richtig verstanden hat. Bei Davids Entscheidung, dieses Selbstmordkommando anzunehmen, haben viel Eigennutz und die Aussicht auf Gewinn und Anerkennung mitgeschwungen. Aber Gott scheint das nicht wirklich gestört zu haben, sondern er war mit ihm und segnete, was er tat.

Was ich in all den Jahren gelernt habe: Gott kann es aushalten, dass unsere Motivationen nicht immer zu 100 Prozent rein sind – solange unser Herz nah bei ihm ist. Die wunderba-

GOTT KANN ES AUSHALTEN, DASS UNSERE MOTIVATIONEN NICHT IMMER ZU 100 PROZENT REIN SIND – SOLANGE UNSER HERZ NAH BEI IHM IST.

ren Geschichten, die er dann mit unserem Leben schreibt, sind eine direkte Reaktion auf unsere Nachfolge.

Wenn wir uns noch ein bisschen weiter am Nutzen-Seil entlanghangeln, dann stoßen wir nach ewigem Leben, verheißenem Segen, neuer Familienzugehörigkeit und Lebenssinn auf eines der gewaltigsten Wunder des Lebens mit Jesus: die transformatorische Wirkung, die Gottes Geist hat. Oder anders gesagt: die Aufhebung der Schwerkraft der Sünde. Wie wir im ersten Mosebuch lesen, hat Sünde alle von Gott geschaffenen Beziehungsebenen zerstört. Durch die Vergebung von Jesus kommt Heilung in diese Beziehungsebenen hinein, da er die Kraft der Sünde aufhebt. Obwohl in diesem Leben die Sünde noch wie ein Schatten an uns klebt, haben wir die Möglichkeit, im Licht zu laufen und der Aufforderung von Paulus – „Lebt als Kinder des Lichts!" (Epheser 5,8; LUT) – Folge zu leisten.

Mich begeistert deshalb die Veränderung von Menschen in meinem Umfeld. Da sind zum Beispiel Freunde, die Gottes Vergebung erlebt und nach vielen Jahren in einer Beziehung voller Schuldgefühle endlich befreit heiraten und Beziehung leben können. Oder da ist ein Drogendealer und Ex-Junkie, ein hoffnungsloser Fall, der zum leidenschaftlichen Nachfolger von Jesus und zum liebevollen Familienpapa wird. Mir fallen Unzählige ein, die die himmlische Herztransplantation erleben durften und nun mit „neuen Herzen" leben, wie es Hesekiel 36,26 beschreibt. Für mich steht deshalb außer Frage: Es lohnt sich heute nach wie vor, mit Jesus zu leben und ihm nachzufolgen. Der große Nutzen und der Gewinn sind veränderte Leben. Manchmal nur im Feinen und Unsichtbaren – manchmal auch wuchtig und unübersehbar. Aber immer sind es Veränderungen, die nur die Nachfolge mit sich bringt – denn erst das Unterwegssein mit Jesus führt uns in diese Christus-Ähnlichkeit hinein. Tamara und ich sind uns während unserer Ehe auch in einigen Bereichen ähnlich geworden, weil wir miteinander unterwegs sind. Oder in einzelnen Teams bei Campus für Christus haben sich bestimmte

Formulierungen eingeschlichen, weil Menschen viel Zeit miteinander verbringen. Selbst die Sprache hat sich also angeglichen. Wenn wir Christus ähnlicher werden wollen und unser Verhalten von Gottes Wesen geprägt sein soll, dann müssen wir mit Christus unterwegs sein – ihm nachfolgen.

Natürlich würde ich dich gern weiter zur Nachfolge motivieren, indem ich ihren Nutzen aufzähle – aber allein schon die Frage „Lohnt sich Nachfolge?" zeigt die wahre Problematik, die sich hinter der Frage versteckt: nämlich die Überlegung, was ich mit meinem Glauben für einen Gewinn erzielen kann. In unserer Zeit steht der persönliche Nutzen extrem stark im Vordergrund. Was habe ich davon, was ist mein Gewinn, wie geht es mir dabei, wie fühlt es sich für mich an? „Ich, mich, meiner, mir – Herr segne diese vier" ist das Motto. Natürlich ist es völlig okay, wenn ich mich frage, was ich davon habe, wenn ich zur Kirche gehe. Oder was ich von Gott bekomme, wenn ich mit ihm lebe und seinem Sohn ernsthaft nachfolge. Ich bin jedoch sehr froh, dass sich Jesus nicht die Frage gestellt hat, was er davon hat, wenn er am Kreuz stirbt. Ihm ist die Perspektive, Menschen wie mir eine Ewigkeit mit ihm zu ermöglichen, nicht zu abstrakt vorgekommen. Jesus hat sich selbstlos hingegeben und seine Bedürfnisse und seinen Gewinn zurückgestellt. Das bildet in einer von Individualismus geradezu triefenden Gesellschaft, die nur darauf aus ist, die eigenen Bedürfnisse befriedigt zu kriegen, einen unangenehm wohltuenden Gegenpol.

Christlicher Glaube verschenkt sich, wie Jesus es mit seiner völligen Hingabe demonstriert hat. Deshalb habe ich aufgehört, ständig zu fragen, was ich von der Kirche habe, wenn ich sie am Sonntag besuche – und begonnen, die Kirche als eine Gemeinschaft zu sehen, an die ich mich verschenken möchte. Meine primäre Frage ist nicht mehr: Was

WENN WIR CHRISTUS ÄHNLICHER WERDEN WOLLEN UND UNSER VERHALTEN VON GOTTES WESEN GEPRÄGT SEIN SOLL, DANN MÜSSEN WIR MIT CHRISTUS UNTERWEGS SEIN – IHM NACHFOLGEN.

habe ich von einem Gottesdienst?, sondern: Was habe ich zu bieten, was ist mein Beitrag? Was hat die Kirche davon, dass ich ein Teil von ihr bin? Genau wie die Ehe an zwei Egoisten zerbricht, die sich ständig fragen, welchen Gewinn sie von diesem Bund haben, welchen Nutzen von dem gemeinsam verbrachten Abend, dem Gespräch, dem gemeinsamen Sex, zerbrechen auch der Glaube und eine Kirche an Menschen, die sich nur mit der Frage beschäftigen, welche Vorteile sie daraus ziehen können. Als würde Gott, weil wir uns für ihn entschieden haben, in unserer Schuld stehen und jetzt irgendwas abliefern müssen.

Was hat Gott von dir? Was hat die Kirche davon, dass du ein Teil von ihr bist? Was ist dein persönlicher, einzigartiger Beitrag, den du der Welt geben kannst?

Ja – Nachfolge lohnt sich. Mehr als alles andere. Aber sie hat auch ein Preisschild. Ich weiß nicht, was du persönlich bezahlst, um mit Jesus unterwegs zu sein. Oder was du bereit bist zu zahlen. Für mich ist der Gewinn unbezahlbar und jeden Preis wert – so viel habe ich bis jetzt begriffen.

Anstatt zu fragen, was es bringt, Jesus nachzufolgen, könnte man wie Petrus antworten: „‚Herr, zu wem sollten wir gehen?‘ ... ‚Du hast Worte, die zum ewigen Leben führen, und wir glauben und haben erkannt, dass du der Heilige bist, den Gott gesandt hat‘ " (Johannes 6,68-69).

Wohin sollte ich sonst gehen, wenn nicht Jesus hinterher? Petrus dreht die Frage nach dem Nutzen einfach um: Was bringt es mir, nicht Jesus nachzufolgen? Das, was nach bequemem Glauben aussieht, entpuppt sich sehr schnell als leblose Hülse, Leere, Langeweile und Sinnlosigkeit – vor allem aber als ein Leben, das keine bleibende Frucht produziert, weil das ohne ihn nicht möglich ist (Johannes 15).

Nachfolge führt dich hinein in deine beste Performance, in deinen besten Modus, schält aus dir die beste Persönlichkeit heraus und erzeugt die besten Früchte in deinem Leben – einfach weil Jesus dich prägen und verwandeln kann. Sie führt dich immer direkt an den Ort, wo er ist und wo er dich haben will. Und ganz unabhängig von Nutzen und Gewinn gilt: Jesus nachfolgen fühlt sich einfach richtig an. Es ist bei uns wie bei einem Gegenstand, der jahrelang zweckentfremdet eingesetzt wurde und nun endlich für das gebraucht wird, für das er eigentlich geschaffen worden ist. Das Resultat ist stimmig. Es fühlt sich richtig an. Und das reicht.

5 DIE SPANNUNG

Direkt neben einem belebten Slum zu wohnen, machte die philippinischen Nächte fast „unschlafbar". In all den vielen Geräuschen gab es jedoch eines, das aus allen herausstach und mir jedes Mal einen wohligen Schauer über den Rücken jagte: das „ZSSSSCCCH" des Mückengrills, der im Wohnzimmer knapp unter der Decke baumelte. Immer wieder erhofften sich Moskitos von dem bläulich schimmernden Licht irgendwelche Glücksmomente. Jedes Mal jedoch verpufften ihre Träume schlagartig mit einem „ZSSSSCCCH". Als dem von mir und den Moskitos heiß geliebten Mückengrill einmal das Licht ausging, machte ich mich sofort daran, ihn zu reparieren. Bei den Testversuchen im Anschluss stellte ich mich allerdings etwas ungeschickt an, was zur Folge hatte, dass mein rechter Zeigefinger das abbekam, was sonst den Mücken vorbehalten war: die geballte Ladung Energie. Dieser Mückengrill stand unter Spannung – eine Erkenntnis, die mich wortwörtlich und äußerst schmerzhaft vom Finger bis zum Zeh durchzuckte. Von meiner Persönlichkeit her mag ich Spannungen nicht. Weder die Spannung eines Mückengrills noch die Spannung, die ein ungesicherter Zirkusartist auslöst, noch die Spannungen, die in Beziehungen entstehen können. Während andere aufleben, wenn es irgendwo brodelt, habe ich es gerne entspannt. Tatsächlich musste ich aber lernen, dass Spannungen zum Leben gehören. Vielmehr: dass sie zum Glauben gehören. Und dass der Glaube nur durch das Erhalten von gesunden Spannungen überhaupt lebendig bleibt. Wenn wir die von Gott erdachten Spannungen aufheben, dann bekommen wir Schieflage und Probleme. Genau deshalb war es so wichtig, dass Gott in Äthiopien meine Sicht für das Verhältnis von Wort und Tat wieder gesunden ließ. Und das ist nur eine Spannung unter vielen.

DAS ZWEI-BEINE-EVANGELIUM

In Slums wie dem von Addis Abeba in Äthiopien, im bitterarmen Norden von Uganda, wo ich vor ein paar Jahren mal einige Wochen verbrachte, oder auch hier im Slum auf den Philippinen, der direkt an das Grundstück angrenzt, wo ich diese Zeilen schreibe, sind die Nöte offensichtlich. Hunger, Kleidung, Armut, Korruption ... Bei uns in Europa drückt es an anderen Stellen. Genau wie bei dem Aussätzigen sind Isolation und Beziehungslosigkeit bzw. -unfähigkeit mit die größten Nöte im deutschsprachigen Raum. Als wir als Christen eine zweiwöchige Aktion starteten und den Menschen unserer Region anboten, ihnen gratis zu helfen, wo immer sie wollten, bekamen wir weit über hundert Anfragen. Oft von Menschen, die nebst praktischer Hilfe auch auf Begegnung und Gespräche aus waren. Da leben Leute mitten in einem Wohnblock, aber kennen weder den Namen der Nachbarn noch würden sie diese um Hilfe bitten – sehr viel lieber rufen sie eine anonyme Nummer an, um dort Unterstützung zu bekommen. Der typische Schweizer baut sein Häuschen, zieht einen Gartenzaun rund um sein Grundstück und hofft, dass niemand seine Idylle zerstört und ihm zu nahe kommt. Isolation pur. Genau so machen wir es oft auch mit unseren Herzen.

Nachfolge heißt, den ganzen Jesus zu kopieren und seine Glaubensvorgabe immer wieder neu in unsere Alltagswirklichkeit herunterzubrechen! Es ist eigentlich schon fast peinlich, dass wir Christen seit Jahrzehnten darüber diskutieren müssen, ob nun Wort oder Tat wichtiger sind und ob man als Christ Gutes tun soll oder ob das hinfällig ist, da es am Ende nur darum geht, wo die Menschen ihre Ewigkeit verbringen. Es gleicht dem Versuch, Jesus wie ein Mehrfamilienhaus in verschiedene Wohneinheiten aufzuteilen und dann nur die eine zu bewohnen. Jesus ist kein Mehrfamilienhaus! Und du bewohnst nicht ihn, sondern er bewohnt dich. Ganz.

ES GLEICHT DEM VERSUCH, JESUS WIE EIN MEHRFAMILIENHAUS IN VERSCHIEDENE WOHNEINHEITEN AUFZUTEILEN UND DANN NUR DIE EINE ZU BEWOHNEN. JESUS IST KEIN MEHRFAMILIENHAUS! UND DU BEWOHNST NICHT IHN, SONDERN ER BEWOHNT DICH.

Wenn du auf einem netten Ferientrip in der Wüste bist und dir jemand verdurstend entgegenkriecht und dich um Wasser bittet, musst du hoffentlich nicht lange überlegen, was du tust. Es ist definitiv unangebracht, wenn du dich dann zu einer Gebetsnacht mit integriertem Bibelverse-Roulette zurückziehst, um Gott zu fragen, ob du ihm einen Schluck aus deiner Flasche geben oder doch zuerst das „lebendige Wasser" anbieten sollst. Er wird deine Gebetsnacht nicht überleben.

Das Evangelium hat zwei Beine. Es steht auf dem Wort-Bein und dem Tat-Bein. Und dein Glaube sollte ebenso auf beiden stehen. Gerade weil wir als Kirche oft gewichtsmäßig nicht ausbalanciert auf beiden Beinen stehen, schwanken wir ein wenig. Wenn wir nur das eine Bein „ausleben" und trainieren, ist beim anderen Bein die Muskulatur sehr rasch weg. Bei meiner Kreuzband-Operation am linken Knie hatte meine Muskulatur schon nach wenigen Tagen stark und sogar optisch wahrnehmbar abgebaut – der Wiederaufbau hat mich Monate gekostet. Wenn wir nicht in beide Beine investieren, dann beginnen wir zu hinken. Das Evangelium hinkt. Die Kirche hinkt. Unser Glaube hinkt.

Das Tun steht dem Wort nicht etwa nach, wie manche meinen. Klar heißt es, dass Glaube aus dem Wort kommt (Römer 10,17). Und die deutliche Verkündigung einer himmlischen Zukunft durch die Annahme der Vergebung von Christus und die damit verbundene Umkehr ist und bleibt absolut zentral. Wir dürfen das Tat-Bein jedoch nicht dem Wort-Bein unterordnen oder das Tat-Bein missbrauchen, um dann mit dem Wort-Bein zuschlagen zu können. Wir dürfen die Spannung zwischen diesen beiden Begriffen nicht auflösen, nur weil sie für uns manchmal unerträglich scheint und wir stark von einem „Entweder-oder"-Denken geprägt sind. Sie bilden eine Einheit, und wir können in unserem Glauben nur gesund laufen, wenn beide miteinander harmonieren. Unsere Verkündigung wird nur dann beim Gegenüber ankommen, wenn sie durch tätige Liebe glaubwürdig wird. Entsprechend heißt es in Matthäus 5,16, dass wir unser Licht leuchten lassen sollen, damit die Menschen unsere guten Werke sehen und ihn anbeten!

Allein der Titusbrief ist voll mit Stellen, die zu guten Werken gegenüber Menschen aufrufen, die Jesus noch nicht persönlich kennen. Du kannst das gern mal schnell nachschlagen: Titus 1,16; 2,7.14; 3,1.8.14. Gute Werke bereiten den Boden vor, denn sie werden die Menschen, die gegen uns sind, zum Schweigen bringen, ihnen das Maul stopfen, um Luther zu zitieren, was ich hier sehr gerne mache (1. Petrus 2,15) – denn Maul stopfen klingt mal angenehm anders, irgendwie unfromm! Zumindest wenn man sich in der christlichen Klischee-Box bewegt.

„Unsere Liebe darf sich nicht in Worten und schönen Reden erschöpfen; sie muss sich durch unser Tun als echt und wahr erweisen", heißt es unmissverständlich in 1. Johannes 3,18. Gleichzeitig können wir auch das Reden nicht vernachlässigen – denn wenn wir nur noch gute und nette Dinge tun, unterscheidet uns nichts mehr von einem Baumarkt oder einer Supermarktkette, die auch Sozialprojekte unterstützen, weil das im Moment in der Gesellschaft sehr gut ankommt. Wir können und dürfen die beiden Beine nicht voneinander trennen, auch wenn sie situationsbedingt nicht immer gleichzeitig auftreten und gleich stark präsent sein müssen. Aber wir haben einen Christus, der mit beiden Beinen über unsere Erde gewandert ist. Er hat nicht nur gepredigt und die geliebt, die seine Verkündigung hören wollten, sondern hat die unermessliche Liebe seines Vaters über alle Menschen ausgegossen, unabhängig davon, ob sie ihn annehmen wollten oder nicht.

Einige Gemeinden täten sicher gut daran, Christus wieder als den zu verkündigen, der er ist: der Zum-Vater-Bringende, der Preisbezahler, der Sündenvergeber und Freimacher, der Herztransformierende, der auferstandene Gottessohn – derjenige, der Weg, Wahrheit und Leben zugleich ist. Christus im Zentrum bringt das Leben zurück in die Kirchen und in den Glauben der Menschen, die nach ihm suchen. Für mich war es aber genau das andere Bein, das ich vernachlässigt hatte – die gelebte Nächstenliebe. Worte können nur auf dem Nährboden der Liebe Frucht bringen; viel zu oft habe ich sie aber auf einen Boden gesät, der für sie überhaupt nicht vorbereitet war. Ich durfte lernen, dass Menschen Gott nicht deshalb anzubeten beginnen, weil die Lautstärke in meiner Gemeinde stimmt, weil unsere Performance beeindruckt oder weil die Predigt so knackig daherkommt. Menschen erkennen den Vater im Himmel und beten ihn an, weil sie die guten Werke seiner Nachfolger sehen.

Als wir mit der Aktion Gratishilfe Menschen in der Region ganz praktisch halfen, gab es mehr als einmal Tränen. Eine Kundin rief an und sagte: „Ihr seid ein Geschenk des Himmels!" Womit sie voll ins Schwarze getroffen hatte.

—

Welche Bereiche von Jesus hast du bis jetzt vielleicht bewusst ein wenig ignoriert? Auf welchem Bein hast du eine schwache Muskulatur? Wo solltest du dich für Neues öffnen? Wo lahmt und hinkt dein Glaube? Wenn du in deinen Entscheidungen ganz bewusst nach Gottes Willen fragst – ist das Warten auf seine Antwort dabei von Freude oder Angst geprägt?

—

Nimm dir Zeit, die Fragen betend zu bewegen. Irgendwo an einem bequemen Ort, an dem du für ein paar Minuten durch nichts abgelenkt bist. Und schau dir deine Beine dabei ruhig mal ganz genau an.

DAS ENTWICKLUNGSQUADRAT

Immer wieder habe ich in den letzten Jahren im christlichen Glauben Bereiche entdeckt, die sich in ständiger Spannung befinden und auch nur so überhaupt existieren können. Wort und Tat sind nur ein Beispiel unter vielen. Ich bin überzeugt, dass sie von Gott ganz bewusst in dieser bipolaren Abhängigkeit geschaffen wurden. Denn es gilt: Jeder Wert, jedes Leitprinzip, jedes Persönlichkeitsmerkmal kann nur dann eine positive Wirkung entfalten, wenn es sich in einer Spannung zu einem positiven Gegenwert befindet. Friedemann Schultz von Thun, der dieses Phänomen beschreibt[3], spricht dabei auch von Balance. Fällt diese Balance weg, wird ein Wert übertrieben, was sich negativ auswirkt.

Ein Beispiel, das Schultz von Thun aufführt, ist das von Sparsamkeit und Großzügigkeit. Sparsamkeit ist etwas Gutes. Zumindest für einen Schweizer oder einen Schwaben. Ein gesunder Gegenwert in diesem Zusammenhang wäre Großzügigkeit. Zusammen sorgen beide Eigenschaften für eine gute Balance. Fehlt in unserem Leben zum Beispiel die Großzügigkeit, dann übertreiben wir es mit der Sparsamkeit und werden geizig. Sind wir hingegen sehr großzügig, ohne dabei die Sparsamkeit zu berücksichtigen, dann sind wir schnell in der Gefahr, verschwenderisch zu leben. Eine gesunde Spannung ist wichtig, um nicht vom einen ins andere Extrem zu fallen.

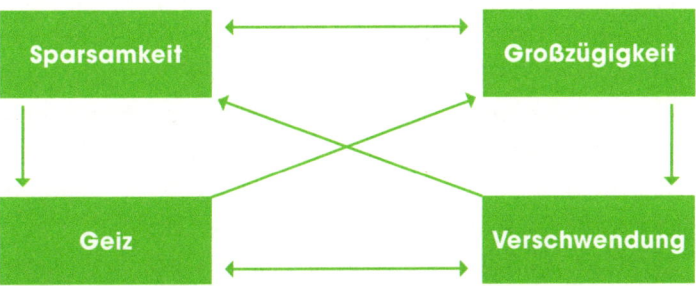

Was hat das Ganze aber nun mit dem Glauben zu tun? Ganz schnell kann es passieren, dass der christliche Glaube einseitig gelebt wird. Viele Menschen haben genau wie ich von Natur aus erstaunlicherweise einen starken Drang, Spannungen auszuweichen, und streben Ausgeglichenheit an. Deshalb werden Gemeinden manchmal einseitig. Die Unterschiedlichkeit der Menschen in der Kirche führt zu Spannungen, die leider oft nicht als Gewinn und Vielfalt angesehen werden, sondern als unbequemer Reibungsverlust. Und dann trennen sich die Hirten von den Evangelisten, die Lauten von den Leisen, die Denker von den Machern, die Propheten von den Bewahrern usw. Es werden wichtige, einander ergänzende Werte abgetrennt und die gesunde Spannung ist weg.

DIE UNTERSCHIEDLICHKEIT DER MENSCHEN IN DER KIRCHE FÜHRT ZU SPANNUNGEN, DIE LEIDER OFT NICHT ALS GEWINN UND VIELFALT ANGESEHEN WERDEN, SONDERN ALS UNBEQUEMER REIBUNGSVERLUST.

Im Gegensatz dazu finden sich aber in der Bibel überall Spannungspaare. Ein Beispiel sind Freiheit und Gehorsam. Man kann Dinge tun, weil man sie gerne macht und die Freiheit hat, sie zu tun, oder aber man tut sie, weil man weiß, dass Gott das möchte und es gut für einen selbst oder für jemand anderen ist. Letzteres wäre dann Gehorsam gegenüber Gott. Und beides ist absolut gut und richtig. Wenn du Sport treibst, weil du die Freiheit hast, dies zu tun, ist das super für deine Gesundheit. Wenn du als absoluter Fleischfanatiker Gemüse isst, obwohl dir dafür die Leidenschaft fast völlig fehlt und du es nur aus „Vernunft" machst, ist das ebenfalls super für deine Gesundheit. Triffst du in deinem Leben aber Entscheidungen nicht mehr in Freiheit, dann rutscht der Gehorsam sehr rasch in seine entwertete Übertreibung und kann zu einem extrem gesetzlichen Denken und Handeln führen. Beispielsweise verfällt man in eine Sportsucht und muss fast zwanghaft ständig in Bewegung sein, weil man sich sonst ungesund fühlt.

Fehlt umgekehrt der Gehorsam, dann werden wir zu einem Spielball unserer Triebe, weil wir leidenschaftlich nur noch dem nachrennen, worauf wir gerade Lust haben. Genau deshalb braucht es also eine Spannung zwischen beidem, die aber dynamisch sein muss, damit sie nicht statisch wird und letztlich blockierend wirkt. Dynamisch auch deshalb, weil wir uns manchmal mehr in die Richtung des einen Bereiches bewegen müssen, manchmal mehr in die Richtung des anderen, um unsere Einseitigkeit wieder auszugleichen.

Wenn wir in unserer Glaubenswelt den Freiheitsgedanken überbetonen, weil wir gerade einen Monat lang über den „Alles ist mir erlaubt"-Vers (1. Korinther 6,12) meditiert haben, dann kann der Trugschluss entstehen, wir könnten sündigen, wie wir wollen – schließlich ist uns alles erlaubt. Gesund wird diese Freiheit erst, wenn sie in der dynamischen Spannung steht mit dem Gehorsam, den Jesus anspricht: „Ihr seid meine Freunde, wenn ihr tut, was ich euch gebiete" (Johannes 15,14).

Das Auflösen dieser gesunden dynamischen Spannung in vielen Glaubensfeldern führt allerdings zu vielen Uneinigkeiten, mit denen wir heute in der Kirche und in theologischen Diskussionen zu tun haben. Und es lässt uns in unserem Glaubensleben oft sehr unausgewogen werden. Wir entdecken beispielsweise die Farbe Grün und sind so begeistert darüber, dass wir unser ganzes Leben grün anmalen. Irgendwann realisieren wir, dass wir dabei das tolle Rot und das ermutigende Gelb einfach überpinselt haben und unser Leben irgendwie „farblos" geworden ist. Oder zumindest eintönig. Dann entdeckt einer, dass sein Gebet erhört wurde, weil er in einer Alphütte sein Gebetsanliegen im Handstand drei Stunden lang auf Japanisch heruntergeleiert hat – auf einer grünen Gebetsmatte, versteht sich. Nachdem er das in einem Buch publik gemacht hat, steht die halbe Christenheit Kopf, verschafft dem Grüne-Matten-Händler einen Lieferengpass für die nächsten sechs Monate und alle verfügbaren Alphütten sind zweieinhalb Jahre im Voraus ausgebucht. Wenn wir in einer gesunden Balance lebten, würden wir uns in solchen

Situationen aufgrund der dynamischen Spannung einfach stärker auf den einen Pol zubewegen, aber nicht in ein ungesundes Extrem hineinkippen.

Beim Paar „Freiheit – Gehorsam" ist es total wichtig, dass beide Elemente miteinander in eine dynamische Spannung treten. Wie bereits erwähnt, hat die Generation vor mir oft zu wenig Augenmerk auf die Freiheit gelegt und den Gehorsam gegenüber Gott überbetont – dadurch ist vielerorts ein Glaube mit Tendenz zur Gesetzlichkeit entstanden. Meine Generation wollte das dann wohl oft unbewusst wieder ausgleichen, ist dabei aber manchmal über das Ziel hinausgeschossen. Man nennt das Überkompensation. Da uns der Gehorsam nicht mehr so präsent war, wurde aus dieser wunderbaren göttlichen Idee von Freiheit mancherorts ein teils schier unkontrollierbarer Lusttrieb – mach, was immer du willst, leb, was immer du willst, denn Gott liebt dich ja sowieso. Dasselbe Spiel können wir mit zig Paarungen machen, wie zum Beispiel mit Gnade und Gericht. Beides ist eine Realität. Wenn ich das Gericht jedoch ausblende, dann fällt die Gnade in das Extrem der Allversöhnung. Nehme ich wiederum die Gnade weg, dann wird aus dem Gericht ein unbarmherziges Vernichten.

Das sogenannte „Entwicklungsquadrat" lässt sich nun eben auch auf die seit langer Zeit schwelende, teils hitzige Diskussion über die Wichtigkeit von Wort und Tat, Verkündigung gegenüber sozialer Verantwortung, anwenden. Zwei Aspekte, die wohl beide zur Pflicht eines Christen gehören – nur was hat Priorität?

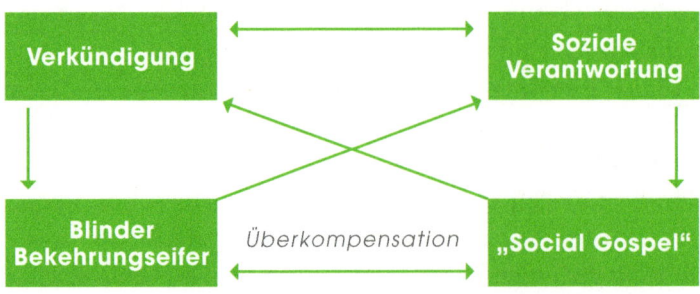

Wenn wir die gesunde schöpferische und dynamische Spannung zwischen diesen beiden Bereichen aufheben und die soziale Verantwortung ausblenden, dann ist die Chance groß, dass unser Auftrag, Menschen das Reich Gottes zu verkündigen und sie zu einer Umkehr herauszufordern, in einen blinden Bekehrungseifer ausartet, der nicht mehr den Menschen als Ganzen im Blick hat. Wenn wir jedoch die verbale Verkündigung außer Acht lassen, können unsere sozialen Aktivitäten und Projekte ein Ausmaß annehmen, das uns einfach noch „nett" sein, aber nicht wirklich Menschen für Jesus gewinnen lässt. In beiden Fällen fällt der Reiter auf einer Seite vom Pferd. Erst die dynamische Spannung zwischen den beiden Bereichen und das individuelle durch Gottes Geist geleitete Reagieren in verschiedenen Situationen und auf verschiedene Personen lässt uns die Kraft, die Gott in diese beiden Bereiche gelegt hat, in seiner Ganzheit ausschöpfen.

Spannend ist die Tatsache, dass der Mensch oft dazu neigt, zu polarisieren und sich in dieser dynamischen Spannung je nach Persönlichkeit stärker für den einen oder den anderen Wert einzusetzen. Sich selbst nimmt man dabei subjektiv als Wertverkörperung wahr, den Konfliktgegner jedoch als eine Verkörperung der „Fehlhaltung". Aus Sorgen erwachsen Vorwürfe, wie sie folgende Abbildung zeigt und wie sie durch die Geschichte bestätigt werden.

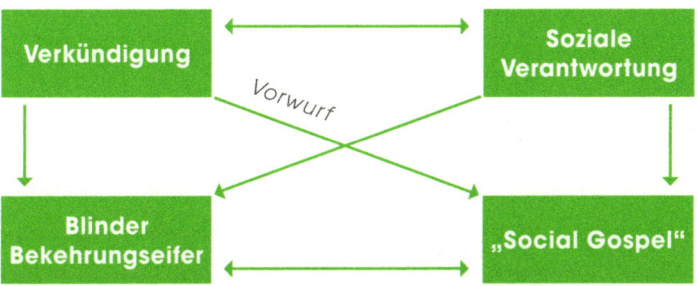

Zuerst ist es nötig, dass wir uns unserer eigenen Position, unserem eigenen möglichen Extrem bewusst werden. Und dann sollten wir versuchen, uns zurück in die schöpferische und dynamische Spannung hineinzuentwickeln. Nur so werden wir die Kraft, die Gott in diese beiden Bereiche gelegt hat, vollumfänglich zur Entfaltung bringen können. Die Angst, die viele Menschen haben, sie könnten dabei wieder auf der anderen Seite vom Pferd fallen, ist interessanterweise unbegründet. Wenn wir uns stark mit einem Extrem identifizieren und deshalb dessen positiven Wert stärker verkörpern, laufen wir weniger Gefahr, in das andere Extrem hineinzufallen. Da mir als Evangelist die Verkündigung ein starkes Anliegen ist, werde ich bei einer Betonung der sozialen Aktion nicht plötzlich meinen evangelistischen Herzschlag verlieren, sondern vielmehr in diese gesunde, dynamische Spannung hineinfinden. Die Entwicklungsrichtungen sehen dabei folgendermaßen aus:

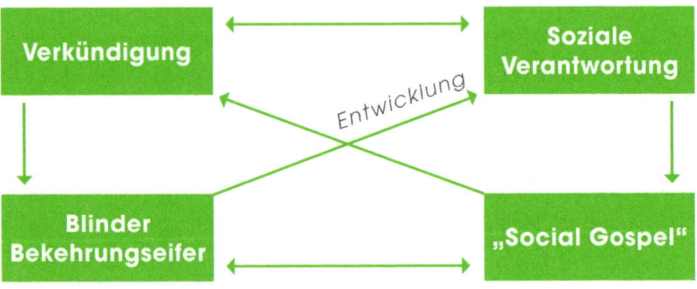

Genauso verhält es sich zum Beispiel auch bei der Paarung „Bedingungslose Gnade – Nachfolge, die kostet". Eine Spannung, die sich nicht einfach auflösen lässt und auch nicht aufgelöst werden darf. Sie muss ausgehalten werden. Versuchen wir, die Spannung rauszunehmen, rutschen wir unweigerlich in ein Extrem ab. Die Gnade wird „billig" oder die Nachfolge anstrengend. Wir müssen ganz bewusst die Spannung wahren und versuchen, „sowohl als auch" zu leben, denn Gott hat sie bewusst so kreiert. Wir können nur im Miteinander der beiden Werte gesund und ausgewogen mit Jesus unterwegs sein und Nachfolge leben.

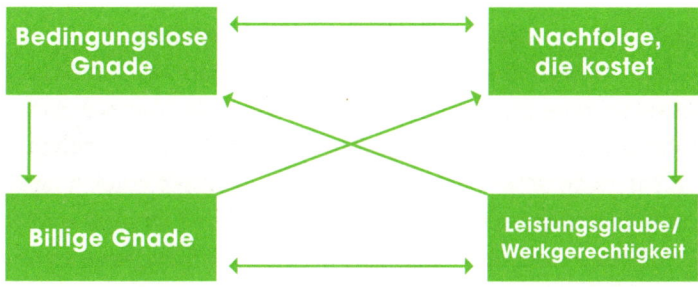

Welche Spannungen hast du in deinem Glaubensleben gekappt? Wo bist du in ein Extrem abgerutscht? Oder anders gefragt: Bei welchen Sachen, die andere Christen tun und denken, kommt dein Blut in Wallung, kannst du dich herzhaft aufregen? Ist es möglich, dass du bei ihnen ein Extrem wahrnimmst, weil du auf der gegenüberliegenden Seite im Extrem liegst? Welche konkreten Schritte könnten dir helfen, in dem spezifischen Bereich zurück in eine gesunde, dynamische Spannung hineinzufinden?

Ich lerne, die Spannungen des Lebens und Glaubens nicht als Anspannung zu sehen, sondern als etwas, was das Leben überhaupt erst spannend macht. Echt spannend.

DER ANTRIEB

Wenn man beim Thema Nachfolge die Gnade abkoppelt, ist man sofort in einem „Ich muss!"-Denken drin. Daraus entsteht ungesunder Druck und als entwertende Übertreibung Gesetzlichkeit und Leistungsdenken. Nachfolge ist deshalb überhaupt erst aus der Gnade heraus zu verstehen.

Wir müssen zuerst die Liebe des Vaters bis auf den Grund unseres Herzens sacken lassen, sonst wird der Ruf zur Nachfolge zu einer gesetzlichen Aktion, zum Zwang. Doch das ist gar nicht so einfach. Kürzlich habe ich mit einer jungen Frau gesprochen, die zwar an Gott glaubt, sich aber derart schmutzig und unwürdig fühlt, dass sie nicht akzeptieren kann, dass Jesus sich darum bereits am Kreuz gekümmert hat. Also bestraft sie sich selbst mit Selbsthass bis hin zu Selbstmordgedanken, Ritzen der Haut usw. Sie will niemandem zur Last fallen, schon gar nicht diesem heiligen Gott. Dass gerade das die gewaltige Idee von Gott ist, dass er für unsere Schuld bezahlt hat, damit wir es nicht mehr tun müssen, ist nicht immer ganz einfach zu verstehen. Und vor allem nicht einfach anzunehmen. Die Bibel zeigt uns oft unsere Begrenztheit auf – all die Bereiche, wo wir noch nicht genügen. Sie konfrontiert uns schlicht mit unserer Unfertigkeit. Doch das Kreuz Jesu ist nicht der Ort der Verdammnis, sondern der Ort der Versöhnung! Es ist nicht der Ort der Verurteilung, sondern der Ort der Vergebung! Das müssen wir ganz tief im Herzen verstanden haben, bevor wir auf den Ruf der Nachfolge reagieren.

> **WIR MÜSSEN ZUERST DIE LIEBE DES VATERS BIS AUF DEN GRUND UNSERES HERZENS SACKEN LASSEN, SONST WIRD DER RUF ZUR NACHFOLGE ZU EINER GESETZLICHEN AKTION, ZUM ZWANG.**

Falls du merkst, dass dir das noch nicht wirklich bis zuunterst auf den Herzensboden durchgerutscht ist, schließe doch jetzt einfach dieses Buch. Setz dich mit einem leeren Blatt Papier und einem Stift an den bequemsten Ort, der in sinnvoller Zeit erreichbar ist, und stell Gott nur die eine Frage: „Liebst du mich wirklich?" Dann hör gut hin und notier dir alle Gedanken und Emotionen, die dir während der nächsten Minuten durch Kopf und Herz gehen. Ganz bestimmt sind da einige von Gott dabei. Nimm dir bewusst Zeit, um über Gottes Liebe zu dir nachzudenken, lese entsprechende Bibelstellen, unterhalte dich mit anderen darüber, wie sie das erleben.

Wenn der Gehorsam der Nachfolge und die Freiheit, die Gnade mit sich bringt, in einer gesunden, dynamischen Spannung zueinander stehen, wird der Glaube kraftvoll. Ich lebe nicht mehr einfach aus mir heraus, sondern bin angetrieben von Gottes Geist in mir. Ich muss nicht mehr, ich will. Denn ich kann nicht anders. Es hat nicht im Entferntesten etwas mit Leistungsdenken zu tun, sondern ist ein gesunder Antrieb durch Christus in mir. Und es ist gleichzeitig total entspannend, dass ich nicht aus mir heraus irgendetwas hinkriegen und hinwürgen muss, sondern dass Gottes Geist in mir diese kleinen und großen Wunder der Veränderung vollbringt.

Das geschieht jedoch nicht einfach automatisch, nur weil ich Jesus aufgenommen habe, sondern ist ein Prozess, den ich bewusst zulassen muss. Eine Ehe bleibt ja auch nicht deshalb bis zur diamantenen Hochzeit und darüber hinaus bestehen, weil man vor sechs Jahrzehnten einmal Ja zum Traumpartner gesagt hat. Nein, Ehe hat mit Investition zu tun. Man tut sich nicht gegenseitig deshalb Gutes, weil man sich so liebt – sondern man findet immer wieder neu in diese Liebe hinein, weil man sich gegenseitig Gutes tut und immer wieder neu aufeinander zugeht und einander findet. Der hollywoodsche Trennungsgrund „Wir haben uns einfach auseinandergelebt" ist Quatsch. Eigentlich sagt er lediglich aus: „Wir haben nicht in unsere Ehe investiert, waren nicht bereit, immer wieder aufeinander zuzugehen und einander zu suchen."

Wir sind offen, wir investieren – doch Gott ist es, der die Veränderung schenkt, und sogar den

MAN TUT SICH NICHT GEGENSEITIG DESHALB GUTES, WEIL MAN SICH SO LIEBT – SONDERN MAN FINDET IMMER WIEDER NEU IN DIESE LIEBE HINEIN, WEIL MAN SICH GEGENSEITIG GUTES TUT.

Wunsch danach, wenn wir mal nicht wollen. „Gott selbst ist ja in euch am Werk und macht euch nicht nur bereit, sondern auch fähig, das zu tun, was ihm gefällt" (Philipper 2,13). Oder wie es Luther so schön übersetzt hat: Gott bewirkt in uns das „Wollen und das Vollbringen".

Der Glaube gründet sich nicht allein auf die eine Entscheidung bei unserer Bekehrung, die das Abenteuer ins Rollen bringt – er entfaltet sich, wenn wir mit Jesus unterwegs sind, in ihm bleiben, ihn immer wieder neu suchen, in die Beziehung mit ihm investieren … Nur so bleibt der Glaube lebendig. Paulus schreibt dazu etwas absolut Passendes: „Das Fundament ist bereits gelegt, und niemand kann je ein anderes legen. Dieses Fundament ist Jesus Christus. Wie nun aber jemand darauf weiterbaut – ob mit Gold, Silber, Edelsteinen, Holz, Schilfrohr oder Stroh –, das wird nicht verborgen bleiben; der Tag des Gerichts wird bei jedem ans Licht bringen, welches Material er verwendet hat. Denn im Feuer des Gerichts wird das Werk jedes Einzelnen auf seine Qualität geprüft werden. Wenn das, was jemand auf dem Fundament aufgebaut hat, die Feuerprobe besteht, wird Gott ihn belohnen. Wenn es jedoch verbrennt, wird er seinen Lohn verlieren. Er selbst wird zwar gerettet werden, aber nur wie einer, der im letzten Augenblick aus dem Feuer gerissen wird" (1. Korinther 3,11-15).

Sich zu entspannen und sich einfach auf Gottes Gnadenkissen auszuruhen, zielt am Sinn des Lebens vorbei. Die Beziehung zu Gott lebt dann nicht. Statt diese Beziehung einfach „auszuhalten" oder als anderes Extrem kurzerhand zu beenden, gilt es vielmehr, in sie zu investieren und sich das Leben und das Abenteuer zurückzuerkämpfen.

„Der Gott des Friedens […] möge euch die Kraft geben, all das Gute zu tun, das nach seinem Willen durch euch geschehen soll. Durch Jesus Christus möge er in unserem Leben das bewirken, woran er Freude hat. Ihm gebührt die Ehre für immer und ewig. Amen" (Hebräer 13,20.21).

Diese Zeilen habe ich in den letzten Monaten immer und immer wieder in meinem Herzen herumgewälzt und bewegt. Genau das ist einer der heftigsten Herzenswünsche für mein Leben. Dieser Christus in mir soll in meinem Leben das bewirken, woran er Freude hat! Was für ein wunderbarer Gedanke! Ich möchte, dass mein Leben aus Gottes Perspektive Frucht bringt, was auch immer das für ihn bedeutet. Und das ist laut Johannes 15 nur möglich, wenn ich die Kraft dafür aus ihm schöpfe und nicht aus meiner eigenen kläglichen Unfertigkeit zu löffeln versuche.

Die Frage ist, wie wir auf diesem Fundament der Gnade, von dem Paulus spricht, weiterbauen und was wir dabei für Material verwenden. Am Ende meines Lebens wird Jesus Christus vor mir stehen. Dann wird sich zeigen, wie groß der Schaden ist, den ich mit meinem Leben angerichtet habe. Und wie hoch der Preis ist, den er für mich zu bezahlen hatte, um das wieder hinzubiegen. Gleichzeitig wird sich auch zeigen, welche meiner „Bauwerke" im Feuer verbrennen – und wo Gott durch mich wirklich Dinge mit Ewigkeitswert hat entstehen lassen. Ich bin zuversichtlich, dass es irgendwo ein paar Dinge geben wird, die Bestand haben – die gute Frucht meines Lebens.

———

Welche Kartenhäuser solltest du bereits jetzt einreißen, damit es später beim großen Feuer nicht so heiß wird? Welche Tendenzen stellst du in deinem Leben fest? Kippst du stärker Richtung Leistungsdenken oder fühlst du dich sehr wohl im Bereich der Gnade, allerdings an der Grenze zur Billigkeit? Was könntest du konkret tun, um den gesunden Gegenwert zu deinem Lieblingswert zu stärken? Wie kannst du in eine dynamische Spannung hineinfinden, die dich gesund unterwegs sein lässt? Was treibt dich persönlich an, Jesus nachzufolgen?

6 DER GOTTESHORIZONT

Die klare Aufforderung zur Nachfolge, die eine ungehörige Portion an Radikalität in sich birgt, schmeißt mich persönlich mitten in ein gigantisches und unauflösbares Spannungsfeld. Es ist eine dieser Spannungen, wie ich sie im vorhergehenden Kapitel beschrieben habe. Ich bin aufgerufen, alles, was mir lieb geworden ist, hinter mir zu lassen und Jesus nachzulaufen – gleichzeitig hat mich Gott mit einer Familie und Menschen beschenkt, die ich über alles liebe und für die ich da sein soll, denn auch das ist ja ein Auftrag, den ich habe. Ich habe mit eigenen Augen die Nöte von Menschen in anderen Ländern erlebt und bin selbst gleichzeitig fest eingebunden in das Schweizer Wohlstandssystem. Ich will große Stricke zerreißen und die Welt verändern für Jesus – und bin oft durch meine Verantwortungen und meine eigenen Begrenzungen gebunden.

Nein, ich habe nicht das Gefühl, ich müsste meine Familie verlassen. Ich weiß, dass dies meine absolut primäre Aufgabe ist, eine wunderbare Verantwortung, an der ich immer wieder scheitere, aber an der ich dank Gott auch immer wieder wachsen kann. Wobei ich eigentlich nicht wirklich an „der Familie" scheitere, sondern schlicht an meiner eigenen Unfertigkeit, meiner Unfähigkeit, diesen mir von Gott anvertrauten Menschen so zu begegnen und sie so zu fördern, wie ich es eigentlich gerne möchte und wie sie es verdient haben. Gerade, während ich schreibe, ist meine Liebe für sie übersprudelnd, überfließend, ungebremst und unbegrenzt. Aber hättest du mich noch vor ein paar Stunden gefragt, wie's mir emotional so geht, als drei von vier meiner Mädels die Nacht schreiend zum Tag machten, hätte ich dir als Antwort eine reingedonnert. Wieso gibt es nur Geschichten, wo verzauberte Drachen zu Prinzessinnen werden? Ich kenne aus meinem Alltag mehrheitlich die andere Richtung: wunderhübsch-süße Prinzessinnen, die zu kleinen Drachen mutieren, die Feuer speiend meinen Nervenstrang durchsengen.

Eines habe ich auf jeden Fall gelernt: Leben, Glaube und Nachfolge haben mit Spannungen zu tun, die sich nicht einfach lösen lassen – so gern wir das auch hätten.

Für mich ist diese Wahrheit deshalb ein wichtiger Fixstern an meinem Glaubenshimmel: Gott ist größer. Egal mit welchen Spannungen ich zu kämpfen habe – bei ihm finde ich Entspannung. Er steht über allem. Egal, was unser Hirn sich ausmalen kann – die Farben, die er malt, sind wuchtiger. Egal, was wir sehen können – wir haben noch nicht einmal einen Bruchteil seiner Herrlichkeit gesehen. Das erkannte auch Jesaja, der einen Blick in den himmlischen Tempel werfen durfte: „In dem Jahr, als der König Usija starb, sah ich den Herrn sitzen auf einem hohen und erhabenen Thron und sein Saum füllte den Tempel" (Jesaja 6,1). Da darf er in die himmlische Dimension reingucken, und alles, was sein Hirn erfassen

LEBEN, GLAUBE UND NACHFOLGE HABEN MIT SPANNUNGEN ZU TUN, DIE SICH NICHT EINFACH LÖSEN LASSEN.

kann, ist der unterste Teil von Gottes Gewand. Es scheint, als sei Jesaja schlicht überfordert gewesen mit dem, was er von Gott da gesehen hat. Es ist, wie wenn ich meine Kinder zu einer Hochzeit mitnehme. Da läuft so viel mit Musik, Leuten, Essen, Beiträgen etc., dass sie, wenn ich am Abend frage, wie der Tag war, antworten: „Wir haben am Nachmittag einen Lolli gekriegt." Toll. Und dann erzählen sie vielleicht noch von einem weißen, schönen Kleid. Immerhin. Die vielen anderen wunderbaren Eindrücke waren für sie schlicht nicht fassbar und haben sie überfordert.

Genauso geht es uns mit Gott – er ist leuchtender und größer als alles, was wir uns vorstellen können. „Kein Auge hat je gesehen, kein Ohr hat je gehört, und kein Mensch konnte sich jemals auch nur vorstellen, was Gott für die bereithält, die ihn lieben" (1. Korinther 2,9). Für dieses Kapitel ist mir ganz wichtig, dass du nie diesen Grundgedanken aus den Augen verlierst: Gott ist größer!

DAS HELDEN-DILEMMA

Apropos Prinzessinnen und Drachen: Ich liebe Heldengeschichten. Am meisten solche, in denen der heroische Protagonist in einer absolut ausweglosen Situation dem Tode trotzt, die Gegenspieler alle umsäbelt (ich weiß, es ist unchristlich, aber trotzdem füttert es wohltuend meinen menschlichen Hunger nach Gerechtigkeit) und dann heldenhaft irgendjemanden rettet. Vorzugsweise ein hübsches Prinzesschen.

Hier auf den Philippinen ist mein Retterinstinkt hypersensibel. In der ersten Nacht irgendwo mitten in Manila, wo es wegen der Hitze keine Scheiben in den Fenstern gab, habe ich mich nur mit einem Mülleimer bewaffnet todesmutig auf eine riesige Kakerlake gestürzt. Sie hatte die Dimension eines ausgewachsenen Chihuahua – wobei es gut möglich ist, dass sie in meiner Erinnerung noch ein ganz klein wenig zugelegt hat – und ein fieses Grinsen über das ganze Gesicht, das mir unverkennbar signalisierte, dass ihre Mission darin bestand, eine meiner kleinen schlafenden Prinzessinnen zu verschleppen. Nach vier kräftigen Schlägen war das Grinsen aus dem Gesicht verschwunden und in meinem aufgetaucht. Und mein Puls auf 180 – keine Ahnung, ob aufgrund der Freude über den unerwarteten Sieg gegen diese Bestie oder ob mir noch immer der Schock des ersten Anblicks dieser Schabe in den Knochen saß. Nur zwei Tage später war es dann eine Turbo-Maus, die ich während einer halben Stunde durch Küche, Toilette und Schlafzimmer hetzte – wobei sie irgendwie die bessere Kondition zu haben schien –, bis es mir gelang, sie heimtückisch über ein mit Klebstoff bestrichenes Papier zu lotsen, wo sie dann tatsächlich rasant ausgebremst wurde und festsaß. Alles nur, damit meine Frauen sich vor irgendwelchen Knabberangriffen in Sicherheit wissen und ruhig schlafen konnten. Ich bin ein Held. Selbst den 3,5 Zentimeter kleinen Gecko habe ich für meine Kids aus dem Zimmer geschmissen, bis ich draußen seinen großen Bruder traf, der tatsächlich satte zehnmal größer war. Habe mich bei der ganzen Familie entschuldigt und sie offiziell als Haustiere wieder aufgenommen. Mit dem Kleinen wäre ich locker fertig geworden – aber der große Bruder sah so aus, als ob man es sich mit ihm nicht verscherzen sollte. Und solange sie in unseren Zimmern die Moskitos fressen, damit die uns nicht fressen, haben wir eine Win-win-Situation. In den Träumen der letzten Nächte habe ich die Jagdszenen wieder und wieder abgespielt – mit mir als furchtlosem Protagonisten. Wobei „furchtlos" eine nachträgliche Ausschmückung ist, denn die Kakerlake hatte bestimmt weniger Angst vor mir als ich vor ihr.

Schon in meiner Jugendzeit habe ich Nacht für Nacht damit verbracht, mich beim Einschlafen in irgendwelche Geschichten und Filme hineinzuschmuggeln und sie mit mir in der Hauptrolle zu Ende zu träumen. An meiner Affinität für Heldenepen hat sich bis heute nichts geändert. Sicher aber ist eine Sache anders: Anstatt mein Leben nur zu träumen, versuche ich, meinen Träumen Leben einzuhauchen. In mir pulsiert nicht etwa der Mut eines verzweifelt Weltfremden, sondern vielmehr die Sehnsucht eines mutig Glaubenden. Und so durchlebe ich gemeinsam mit Gott das von ihm geschenkte Abenteuer meines Lebens. Leider ist dabei mein geistlicher Body nicht durchtrainiert und gestählt wie bei den hollywoodschen Superhelden. Mein Instinkt verlässt mich oft in wichtigen Momenten und nach Weisheit suche ich meist täglich mit ungefähr derselben Intensität wie nach der richtigen Farbkombination meiner Kleider.

IN MIR PULSIERT NICHT ETWA DER MUT EINES VERZWEIFELT WELTFREMDEN, SONDERN VIELMEHR DIE SEHNSUCHT EINES MUTIG GLAUBENDEN.

(Diese Schwäche kann ich übrigens wunderbar vertuschen, indem Tamara mir vor mehrtätigen Events die besten Kleiderkombinationen auf mein Bett legt, ich sie abfotografiere und dann einfach nur noch in der richtigen Reihenfolge anziehe. Täte ich das nicht, endete ich immer nach der Hälfte der Tage mit einer Hose, die zu keinem der verbleibenden T-Shirts mehr passt. Ganz bestimmt wärst du nicht der Erste und auch nicht der Letzte, der dank diesem kleinen Exkurs ein ergreifendes Aha-Erlebnis hat und dessen Alltag schlagartig seine Komplexität verliert. Bitte, gern geschehen.)

Um es gleich vorwegzunehmen und wieder da zu landen, wo ich begonnen habe: Ich bin nicht der Stoff, aus dem die großen Helden gemacht sind. Während die aus dem richtigen Holz geschnitzt sind, habe ich eher mal ein Brett vor dem Kopf. Auch spulen sich meine Heldengeschichten auf den geistlichen Schlachtfeldern viel weniger heroisch ab, als ich es mir im Drehbuch zusammengebrütet hatte. Du glaubst mir nicht? Dann lass mich mal ein Beispiel erzählen ...

Einer der wunderbarsten Orte, an denen ich als Prediger dienen durfte, ist Aidlingen. Eine Schwesternschaft organisiert dort über Pfingsten seit Jahrzehnten eines der größten christlichen Jugendtreffen Deutschlands. Es gibt Orte, an denen der Himmel die Erde küsst. Und genau das ist in Aidlingen der Fall. Die Schwestern haben eine geerdete Natürlichkeit gepaart mit einem unbändigen Glauben an einen wunderbaren Gott, dem nichts unmöglich ist. So kämpfte ich bei einem Predigteinsatz in Aidlingen erfolglos gegen die Tränen an, als ich sah, dass sich im bis zum letzten Platz gefüllten Zelt 6000 Jugendliche ihre Hintern auf den Festbänken platt drückten, während draußen auf der Wiese und im gegenüberliegenden Waldstück noch einmal an die 4000 lagerten, um etwas von Jesus zu hören.

Doch genau an dem Ort erlebte ich, wie ein geistiger Höhenflug wohltuend auf die nackte Alltagsrealität prallen kann. So saß ich kurz vor einem Seminar mit rund 5000 Personen – ich weiß gar nicht, ob man so etwas überhaupt noch Seminar nennen darf – mit vor Freude übersprudelndem Herzen auf meinem Stuhl und konnte nicht mehr aufhören, Gott Danke zu sagen. In der Stunde vorher hatten sich gerade dreihundert Besucher in einen Seminarraum gequetscht, um zu hören, wie man Jesus ins Leben aufnehmen kann, und Dutzende von ihnen entschieden sich zum ersten Mal dafür. Während ich also geistlich knapp über dem Stuhl schwebend meine Dankesergüsse Richtung Himmel schickte, wurde ich plötzlich abrupt von einem Beitrag meines Predigt-Partners unterbrochen, der ins Zelt gestürmt kam und begeistert rief: „Boppi! Ich habe soeben geschafft, gleichzeitig zu duschen und zu pinkeln!"

Ja. Ich war genauso perplex wie du über diese unerwartete Unterbrechung meines Gebetslebens. Auch wenn ich gegenüber dir den kleinen Wissensvorsprung hatte, dass die Aussage sich auf unser Gesprächsthema vom Vortag bezog, dass nämlich Männer nicht zwei Dinge gleichzeitig tun können. So gesehen kam sein Erlebnis einem persönlichen Durchbruch gleich. Ich will Gottes Heiligkeit in keinster Weise schmälern noch ignorieren – aber ich liebe diese Momente, wo nicht immer alles so geistlich fromm riecht, sondern der Himmel auf die Erde prallt. Weil dasselbe eins zu eins auch in mir drin immer wieder geschieht. Da mischt sich das Heilige mit dem Profanen. Und Gott kann damit ganz gut umgehen. Dass er sich trotz seiner Heiligkeit entschieden hat, in mir drin zu wohnen, zeigt doch, dass er keine Berührungsängste hat mit meiner Unfertigkeit und all dem Dreck, der sich dadurch in meinem Herz ansammelt. Er kennt diese Spannung und bewegt sich darin – da er selbst als heiliger Gott den Himmel verließ und sich in einem normalen menschlichen Körper in unserer Welt bewegt hat. Aber er steht darüber, weil er als Gott einen viel größeren Horizont hat. Den Gotteshorizont.

Ich habe begonnen zu entdecken, dass ich nicht zwei Leben leben muss, eines für die geistlichen Höhenflüge und ein an-

ICH LIEBE DIESE MOMENTE, WO NICHT IMMER ALLES SO GEISTLICH FROMM RIECHT, SONDERN DER HIMMEL AUF DIE ERDE PRALLT.

deres für den normalen Alltag. Ein heiliges und ein normales. Nicht einen Wortschatz für die Kirche und einen für „draußen" brauche. Ich habe ein Leben, und alles ist da irgendwie miteinander verwoben. Deshalb kann es passieren, dass ich mit wehenden Fahnen von Projekten oder Events wie Aidlingen nach Hause komme und darauf warte, dass meine fünf Frauen (eine davon habe ich geheiratet, vier sind als Geschenke dazugekommen) schon dem heiligen Glanz auf meinem Gesichte entnehmen können, was Gott durch seinen Glaubenshelden Wunderbares gewirkt hat. Stattdessen wird mir mit einem knapp-vorwurfsvollen „Hallo, ich dachte, du seist schon eine Stunde früher zu Hause!" das kleinste Boppart'sche Familienmitglied in die Hand gedrückt. Allein schon der Geruch würde reichen, um den tollkühnsten Ritter ohne weitere Fremdeinwirkung von seinem Pferd zu holen und den feurigsten Drachen Rauchkringel röchelnd in die Flucht zu schlagen. Ich bin voll von Eindrücken. Die Windel der Kleinen ist auch eindrücklich voll. Von der Ferse bis zum Nacken. Wirklich beeindruckend, wie so viel Material in so ein kleines Wesen reinpasst und wie sie es geschafft hat, es derart großflächig zu verteilen. Dort am Wickeltisch wird mir unmissverständlich bewusst, dass die wirklich großen Schlachten nicht draußen im Rampenlicht geschlagen werden – sondern genau hier. Ich mit meiner Familie, ich mit mir, ich mit Gott.

Da am Wickeltisch schrumpfen meine Visionen rasch gesund. Ja, ich will die Welt bewegen, ich will etwas reißen, ich will sehen, wie Gottes Träume mit meinem Leben Wirklichkeit werden. Aber hier stehe ich vor diesem kleinen Bündel Mensch, das ich über alles liebe, das mich braucht und das im Moment alle meine großen Träume wieder auf den Boden der Realität zurückholt. Jetzt gerade geht es nur um uns zwei. Ich bewege die Stinkewindel vom Wickeltisch zum Windeleimer. Genau das ist auch das Geheimnis, um geistlich nicht abzuheben: diese Momente zu haben, die einem zeigen,

ICH BIN VOLL VON EINDRÜCKEN. DIE WINDEL DER KLEINEN IST AUCH EINDRÜCKLICH VOLL.

wofür man eigentlich lebt. Ich bin Weltbeweger und Windelwechsler zugleich. Eine Spannung, die sich nicht auflösen lässt. Und in beidem stehe ich gemeinsam mit meinem Gott – der mich in Zeiten des Windelwechselns nicht weniger ausfüllt als in Zeiten des Weltbewegens. Denn wie bereits im Abschnitt „Das Geheimnis" bemerkt, lebt Gott durch Christus in der ganzen Fülle seines Wesens in mir. Und das nicht nur an einem Sonntagmorgen im Lobpreis oder während irgendwelcher hoch emotionaler Sonnenuntergangerlebnisse, sondern auch wenn ich vor dem Wickeltisch stehe, die Spülmaschine ausräume oder wieder einmal schweißgebadet den ganzen Boppart'schen Fahrrad-Fuhrpark aufpumpe. Mir hilft zu wissen, dass Gott mittendrin ist und voll dabei, während er gleichzeitig über allem steht. Sein Gotteshorizont reicht vom Wickeltisch bis weit über den Bühnenrand hinaus.

Diese Spannung zwischen Weltbewegen und Windelwechseln ist gesund und Gott hat sie überall im Leben eingebaut. Jesus selbst hat mit dieser Spannung gelebt. Sein Auftrag war es, eine ganze Welt zu retten. Ziemlich heftig. Sein Wirkungskreis war aber auf ein kleines Gebiet am See Genezareth begrenzt. Er hat nie die Pyramiden von Gizeh gesehen, knusprige Krabben auf den Philippinen verspeist oder ein Selfie vor dem Matterhorn gemacht – wo er ja sicher noch mindestens einen Japaner draufgehabt hätte. Trotzdem erreichen sein Leben und seine Botschaft nun jeden Winkel der Erde. Und neben den Hammerwundermomenten hatte er mit Sicherheit genauso einen manchmal recht unspektakulären Alltag – vielleicht nicht mit Windelwechseln, aber bestimmt mit Werkstattaufräumen oder so.

JESUS HAT NIE DIE PYRAMIDEN VON GIZEH GESEHEN, KNUSPRIGE KRABBEN AUF DEN PHILIPPINEN VERSPEIST ODER EIN SELFIE VOR DEM MATTERHORN GEMACHT.

Es tut gut, ohne geistlichen Waschbrettbauch und ohne Heldenstatus mit Jesus unterwegs sein zu dürfen und zu lernen, nicht nur den eigenen begrenzten Horizont, sondern den alles umfassenden Gotteshorizont zu sehen.

DAS REBELLENHERZ

Ich bin kein guter „Für andere oder für Dinge"-Beter. Ich rede zwar täglich mit Gott, aber schaffe es nur ganz selten, an einem Thema wirklich hartnäckig dranzubleiben. Eines meiner konstantesten Gebete habe ich in meiner Teenagerzeit über viele Monate jeden einzelnen Abend mit aller Inbrunst in mein Kissen gedrückt: „Lieber Gott, mach bitte, dass ich nicht Missionar werden muss!" Gleichzeitig war es wohl auch mein erfolglosestes. Wahrscheinlich wurde die Abneigung gegenüber Mission dadurch gefördert, dass ich in meiner Jugendzeit immer wieder mit superlangweiligen Diavorträgen während gefühlter Stunden gefoltert wurde. (Richtig. Dias sind diese Lichtbilder, die man begleitet von lauten Klickgeräuschen mit einem Apparat an die Wand projizierte und von denen jedes fünfte stecken blieb und die Dauer des Vortrages endlos ausdehnte.) Aber das wirklich Schlimme an der Vorstellung eines Missionarslebens war, in einem Land, in dem ich nicht wusste, was ich essen konnte, ohne gleich wochenlang Durchfall zu haben, irgendwelchen Menschen von Jesus erzählen zu müssen.

Diese Reaktion war ganz natürlich, denn unser Herz rebelliert oft gegen Gott, wie wir in den beiden nächsten Kapiteln sehen werden. Spannend ist ja, dass wir uns tatsächlich häufig genau gegen das auflehnen, was Gott mit uns geplant hat. Wenn du also irgendwo in deinem Leben Spuren von Rebellion ausmachst, dann sei besser vorsichtig. Auch Festlegungen, die du in deinem Leben getroffen hast, können heikel sein. „Ich werde sicher nie Missionar!", „Nie im Leben gehe ich nach Afrika" sind nur zwei von mir. Jetzt leite ich das Missionswerk Campus für Christus Schweiz und Afrika ist als eines meiner einschneidendsten Erlebnisse unwiderruflich in meine persönlichen Annalen eingegangen. Das Wunderbare daran ist: Es ist nicht so, dass ich

> **SPANNEND IST, DASS WIR UNS TATSÄCHLICH HÄUFIG GENAU GEGEN DAS AUFLEHNEN, WAS GOTT MIT UNS GEPLANT HAT.**

unglücklich bin dabei, ganz im Gegenteil. Vielmehr merke ich, dass es nichts gäbe, was mich mehr erfüllen würde, als die Tatsache, als Missionar und Evangelist Gott zu dienen. Meinem Herzen war das damals einfach nicht bewusst.

Gleichzeitig rebellieren wir manchmal auch, indem wir Gottes weiten Horizont schmälern und ihn in unseren begrenzten eigenen Horizont hineinzuwürgen versuchen. Zum Beispiel fragen wir uns vielleicht, wie ein liebender Gott die Menschen verurteilen kann, die er selbst geschaffen hat. Was ist das für ein Gott, der sich so ein System ausdenkt? Es ist eine absolut schwierige Frage, die ungeklärt bleiben wird. All die Erklärungsversuche, dass Liebe einen freien Willen voraussetzt und dieser freie Wille bedingt, dass man sich für oder gegen Gott entscheiden kann, greifen irgendwie zu kurz. Und mir bleibt nichts anderes übrig, als zu akzeptieren, dass ich als Unfertiger niemals den ganzen Horizont begreifen kann, den Gott hat. Aber ich kann vertrauen – vertrauen, dass das gut und richtig und gerecht ist, was der Gott tut, der Liebe ist.

„Es gibt nur eins, was uns im Leben wichtig sein sollte, das ist Gott. Es gibt sonst nichts Großes und nichts Wichtiges. Nur Gott ist groß, und wir sollten ihm völlig vertrauen", hat Hudson Taylor gesagt. Eigentlich ist es doch erstaunlich, dass wir unseren Zweifeln manchmal mehr Glauben schenken als Gottes Gedanken. Vielleicht wäre es eine gesunde Strategie, einmal unsere eigenen Zweifel anzuzweifeln. Stattdessen zweifeln wir insgeheim an Gottes Aussagen. Auch das ist eine Auswirkung unseres rebellischen Herzens.

Ein Erlebnis während eines sechswöchigen Sprachaufenthalts in England war für mich in dieser Hinsicht augenöffnend. Unerwartet fand ich mich plötzlich in einem multilingualen, polykulturellen und dementsprechend auch religiös höchst unterschiedlichen Umfeld wieder. Erstaunlicherweise war dabei jedoch nichts von religiösen Differenzen zu spüren. Die zwischen dem Englischlernen stattfindenden gemeinsamen Aktivitäten wie Pingpongturniere, Fußballmatchs und Schlangestehen vor der Mikrowelle hatten auch sehr viel Verbindendes. Bereits in den ersten Tagen passierte es: Ali aus Saudi Arabien, verheiratet, Mitte zwanzig und leidenschaftlicher Moslem, setzte sich neben mich. Und wir verstanden uns auf Anhieb. Obwohl wir uns ja eigentlich nicht verstanden. Rein sprachlich. Aber er als Typ gefiel mir. Fröhlich blitzende dunkle Augen, die nicht wirklich auf mordlüsterne Absichten schließen ließen, wie es unsere medienverdorbene Gesellschaft ängstlich am liebsten allen Moslems in die Schuhe schieben würde. Schwarzes, krauses Haar, das sich nicht einfach nur auf die Kopfhaut beschränkte, sondern sich überall im Gesicht an die Oberfläche zu kämpfen versuchte. Außerdem war er ein trickreicher Fußballer, den man liebend gern in der eigenen Mannschaft wusste, und vor allem ein geistreicher und humorvoller Kumpane.

Was ich bei Ali und seinem tiefen Glauben entdeckte, faszinierte mich. Seine täglichen Gebete mit der rituellen Waschung auf der Toilette, während ich nur einen Meter davon entfernt das Pissoir benutzte, ließen zwar einiges an spiritueller Romantik missen, aber nichtsdestotrotz schwappte mir da, nebst dem Wasser der Toilettenspülung, diese beeindruckende Bereitschaft an Gehorsam und Treue entgegen, die ich in meinem eigenen Leben oft ein wenig vermisste. Mich berührte die Konstanz, mit der er seine fünf täglichen Gebete praktizierte und freitags die Moschee aufsuchte. Er wiederum war sichtlich von meiner Leidenschaft für meine Beziehung zu einem himmlischen und liebenden Vater angetan.

Ali lebte konsequent. Hatte eine klare Meinung zur kaputten christlichen Gesellschaft mit ihren Alkohol-, Beziehungs- und Gewaltproblemen. Insgeheim konnte ich mich des Gedankens nicht ganz erwehren, dass Ali einen besseren Christen abgegeben hätte als ich selbst. Obwohl er sich konsequent an seine Rituale hielt, wirkte er nicht gesetzlich oder unfrei. Und trotz unserer verschiedenen Ansichten verbanden sich unsere Herzen – vielleicht gerade weil wir beide im Gegenüber ein Stück von uns selbst wiederfanden. Ohne dass es mir wirklich bewusst gewesen wäre, rebellierte mein Herz plötzlich sanft gegen einen Gott, der meinen Freund Ali ausschloss. Bis dieser Gott deutlich zu mir sprach.

MANCHMAL BRAUCHT GOTT SEINE ZEIT, BIS ER AN MEIN HERZ VORDRINGT.

Manchmal braucht Gott seine Zeit, bis er an mein Herz vordringt. In England waren es rund vier Wochen. Ich lenkte mich mit allem Möglichen von seiner Stimme ab, dazu gehörten Englischlernen, Wii-Spiele, unzählige Variationen von Kochsendungen, Tischtennistourniere, das Entdecken von neuen Fertig-Nudel-Suppen-Geschmacksrichtungen, Starbucks-Besuche; ja, sogar Aktivitäten in einer nahe gelegenen Kirche standen zwischen ihm und mir. Ich war wie taub und realisierte erst nach vier Wochen, dass sich alles, was mir in irgendeiner Form in der Bibel oder einer Predigt begegnete, immer nur um das eine Thema drehte: Glaube. Darüber wollte Gott mit mir sprechen.

Einer der Verse, über die ich immer wieder stolperte, war Hebräer 11,1 (LUT): „Es ist aber der Glaube eine feste Zuversicht auf das, was man hofft, und ein Nichtzweifeln an dem, was man nicht sieht." Während ich eines Tages dösend auf meinem Bett lag, wurde mir schlagartig bewusst, dass ich den Glauben oft selbst verkompliziert hatte. Mich in Diskussionen über Nebensächlichkeiten verstrickt hatte. Mich zu den tiefsten Punkten des Glaubens durchzugraben versucht hatte, bis von mir gar nichts mehr sichtbar war und ich eher verwirrter war als vorher. Und ich merkte, dass Gott mein Herz liebevoll aufforderte: Glaube einfach nur an mich. Ich spürte plötzlich diese Sehnsucht, die der himmlische Vater nach jedem seiner Kinder, nach all seinen Geschöpfen hat. Auch nach mir. Und begann, mich zurück an die Oberfläche zu graben, zurück zu einem ganz schlichten Glauben an einen wunderbaren Gott.

Gerade während ich einmal mehr darüber sinnierte, warum das beste englische Essen indisch ist und wer auf die absolut stupide Idee gekommen war, die Badezimmer mit einem Langhaarteppich zu versehen (von den hässlichen Tapetenmustern an den Zimmerwänden ganz zu schweigen), überwältigte mich ein zweiter Gedanke: „Ich bin das Licht der Welt" (Johannes 8,12). Dieser kleine Satz, ausgesprochen von einem Zimmermann vor einigen Jahrhunderten, entfaltete zwischen meinen Tapeten mit einem Mal seine ganze Dynamik. Auf der einen Seite klingt er völlig banal und niedlich. Andererseits löst diese Aussage eine Erschütterung aus, die ihresgleichen suchen kann. Lieblich nett und doch so absolut. Es ist nicht einfach die Aussage eines nett lächelnden dickbäuchigen Buddha-Gottes, der alles und jeden stehen lässt und in seine zu kurz geratenen Arme schließt, sondern eines Gottes, der genau weiß, was er will. Er weiß, woher die Schöpfung kommt, weil er nicht nur dabei war, als der Prozess angestoßen wurde, sondern weil er von A bis Z die treibende Kraft dahinter war. Er allein hat Anspruch auf sie. Dieser Anspruch lädt zum Staunen wie zum Erschauern ein. Es ist eine der größten Lügen, dass es egal ist, an was man glaubt. Diese Option hat Gott selbst uns nicht gelassen. In Johannes 8,12 sagt Jesus: „Ich bin das Licht der Welt. Wer mir nachfolgt, wird nicht mehr in der Finsternis umherirren, sondern wird das Licht des Lebens haben." Er ist nicht bloß der Gott derer, die sich Christen nennen oder zufällig in einer christlich geprägten Region aufgewachsen sind – er ist das Licht der ganzen Welt. Er ist die Hoffnung aller Nationen. Das Tapetenmuster schien im Vergleich zu der Kraft dieser Aussage für kurze Zeit seine Farbe zu verlieren. Was nicht wirklich ein großer Verlust war. Ich habe mich damals in meinem kleinen Tapetenwandzimmerchen direkt unter dem Dach entschieden, meinen ganz simplen Glauben zu bewahren, vielmehr noch: darum zu kämpfen.

—

Wie ist das bei dir? Hast du diesen simplen Glauben an den wunderbaren, starken Gott entdeckt oder machst du dir alles kompliziert?

—

Gleichzeitig müssen wir uns irgendwann der Tatsache stellen, dass diese Wahrheit – Jesus, das Licht der Welt – nicht bloß für uns allein gilt. Auch nicht bloß für den frommen Westen oder ein paar hartnäckige Kirchgänger. Diese wunderbare Botschaft, dass es ein Licht gibt, das jede Dunkelheit durchdringt, besitzt globale Gültigkeit und macht weder halt vor dem Nachbarzaun oder der Trennwand zwischen deinem Arbeitsplatz und demjenigen des Kollegen von nebenan noch vor anderen Kulturen und Religionen. Wir sollten mit dieser unumstößlichen Wahrheit weniger egoistisch umgehen und sie selbstloser verschwenden.

Präg dir folgenden Satz gut ein: Dieser Jesus der Bibel hat tatsächlich etwas mit dem Leben deiner Freunde zu tun! Auch mit dem Leben von Ali. Denn es ist der einfache Glaube an einen gewaltig großen Gott, der uns rettet und unser Leben verändert – nichts anderes. Entweder ist Jesus Gottes Sohn und somit der einzige Weg – oder er ist es nicht. Entweder ist Jesus das Licht und die Hoffnung der ganzen Welt – oder er ist es nicht.

Falls du dabei innerlich stolperst, dann leg dieses Buch ruhig zur Seite und nimm die Bibel zur Hand. Schlag Johannes 14,6 auf, und lies erst weiter, wenn du die Dimension dieser Aussage, die Jesus selbst über sich gemacht hat, verinnerlicht hast.

———

Gegen welche Dinge rebelliert dein Herz? Was willst du lieber nicht glauben? Über welches Thema würdest du gerne mal mit Jesus im Starbucks sitzend so lange diskutieren, bis die Sache klar ist?

———

Hoffentlich entdeckt Ali diese Wahrheit irgendwann ... Dann hätten wir noch sehr viel Zeit im Himmel, um unsere Pingpongturniere weiterzuführen. Wenigstens kann ich jetzt auf Arabisch „Spielen wir Tischtennis?" und „Ja, die Mikrowelle ist frei" sagen.

DER „DAS VERÄNDERT ALLES"-MOMENT

Kürzlich hat mir Thomas, ein Freund aus Deutschland, die Geschichte seines Vaters erzählt, der 1944 mit fünfzehn Jahren als Flakhelfer in die deutsche Wehrmacht eingezogen wurde. Nur ein paar Tage vor Kriegsende 1945 stand er in Berlin an der Einfahrt zum Flughafen Gatow, um den deutschen Truppen die Richtung zu weisen, als er von den Russen überrascht wurde. Zwar konnte er sich hinter ein schützendes Schild retten, doch die Splitter einer knapp vor ihm detonierenden Handgranate brachten ihm starke Verletzungen an den Unterschenkeln bei. Rund drei Monate lag er im nächstgelegenen Lazarett, während sein Vater, der Großvater von Thomas, jeden Tag mehrere Kilometer zum Bahnhof zurücklegte, um auf seinen Sohn zu warten und sich dann wieder erfolglos und enttäuscht auf den Rückweg zu machen. Die amputationsfreudigen Ärzte nahmen ihm ziemlich schnell das eine Bein ab. Mit viel Willenskraft und indem er sich in die Arme biss und kniff, konnte er trotz Betäubungsmitteln verhindern, dass er komplett einschlief, und sich so lange wehren, bis das zweite Bein dranbleiben durfte und ihm so erhalten blieb.

Wenige Tage nach der Verletzung war der Krieg vorbei, aber Thomas' Vater musste noch viele Wochen warten, bis er mit zwei Krücken und nur einem Bein nach Hause entlassen wurde. Von dort schrieb er dann auch an seine Kameraden aus der Einheit, doch enttäuscht stellte er fest, dass keiner je einen Brief von ihm beantwortete. Er gründete eine Familie und lebte trotz der Behinderung couragiert mit nur einem Bein. Siebzig Jahre später, mit Mitte 80, bekam er ein Buch über die Ereignisse des Krieges in die Hände und las darin zum ersten Mal, was an jenem Tag wirklich geschehen war: Während er ein Leben lang gedacht hatte, seine Kameraden hätten seine nach dem Krieg abgeschickten Briefe nicht beantwortet, weil sie kein Interesse an ihm und seiner Freundschaft gehabt hatten, erfuhr er nun, dass die russischen Soldaten seine Kompanie damals komplett ausgelöscht hatten. Er war der einzige Überlebende seiner Truppe. Deshalb hatte nie jemand von seinen Kameraden geschrieben. Plötzlich veränderte sich seine Perspektive um 180 Grad: Er hatte an jenem Tag nicht sein Bein verloren – sondern vielmehr sein Leben gewonnen.

Gott sei Dank hat er auch ohne dieses Wissen ein dankbares, zufriedenes und glückliches Leben mit Gott gelebt. Dennoch zeigt diese Geschichte: Es lohnt sich nicht, aus unserem bescheidenen Horizont heraus zu leben. Wir wissen nicht, wie unser Leben verlaufen wäre, wenn sich Dinge in der Vergangenheit anders ergeben hätten, vielleicht so, wie wir es jetzt im Nachhinein lieber gehabt hätten. Und wir wissen auch nicht, vor was Gott uns schon alles bewahrt hat oder welche Dinge wozu dienen. Umso wichtiger ist es, nie die Perspektive zu verlieren, dass Gottes Horizont größer, weiter, klarer und sehr viel farbenfroher ist als unserer.

UMSO WICHTIGER IST ES, NIE DIE PERSPEKTIVE ZU VERLIEREN, DASS GOTTES HORIZONT GRÖSSER, WEITER, KLARER UND SEHR VIEL FARBENFROHER IST ALS UNSERER.

Auch der Diener von Elisa hatte einen Moment, wo ihm die Augen für den Gotteshorizont geöffnet wurden: Als sie in der Stadt Dotan übernachteten, wurden sie vom großen syrischen Kriegsheer umstellt und belagert. Am nächsten Morgen bekam der Diener beim Anblick des übermächtigen Heeres mit Ross und Wagen weiche Knie. Wahrscheinlich hörte er seinen Pulsschlag im Ohr, während er angsterfüllt zu Elisa sprintete. Er fragte ihn: „O weh, mein Herr! Was sollen wir nun tun? Er [Elisa] sprach: Fürchte dich nicht, denn derer sind mehr, die bei uns sind, als derer, die bei ihnen sind! Und Elisa betete und sprach: HERR, öffne ihm die Augen, dass er sehe! Da öffnete der HERR dem Diener die Augen und er sah, und siehe, da war der Berg voll feuriger Rosse und Wagen um Elisa her" (2. Könige 6,15-17). Wie so oft regelte Gott die Sache dann auf seine Art und löste das Problem.

Ich liebe diese Story. Wir sind als Menschen auf unseren eigenen Horizont begrenzt. Und auch ich hätte als erste Reaktion pure Panik empfunden. Wohl auch als zweite und dritte. Aber Gott kann uns – genauso wie Elisas Diener – die Augen öffnen, und mit einem Mal sieht alles anders aus. Unsere Perspektive kann sich schlagartig verändern. Oder ein Kräfteverhältnis kehrt sich um.

Lass dir nie den Glauben an die Größe Gottes rauben! Und falls er dir durch verschiedene Ereignisse irgendwo unterwegs in deinem Leben abhandengekommen ist, dann bete ein simples Gebet, nennen wir es einfach einmal das „Diener in Panik"-Gebet: „Herr, öffne mir die Augen, dass ich sehe!"

Wunderbar sind diese sanft ins Leben eingestreuten Momente, in denen unser begrenzter Horizont gesprengt wird und sich vor uns für kurze Zeit der Gotteshorizont auftut! Alles sieht anders aus, alles ist farbiger. Größer.

—

Welchen Horizont hast du vor Augen? Deinen oder den von Gott? Wie kriegst du es hin, dass die Freude an den Dingen, die noch vor dir liegen, die Wehmutsgefühle übersteigt hinsichtlich der Sachen, die du meinst, verpasst zu haben?

—

Es ist eine Frage des Perspektivwechsels – eine simple Entscheidung, ob wir den Hoffnungsträumen der Zukunft Raum geben oder dem Ausgeträumten der Vergangenheit.

Vor einigen Jahren rief ich meine Mutter an, um ihr zu erzählen, dass ich mich entschieden hatte, meinen Job als Lehrer an den Nagel zu hängen und vom Predigen zu leben. Wichtige Dinge bespricht man immer mit der Mutter. „Mama, setz dich hin, ich muss dir etwas sagen." Meine Mutter saß schon, also legte ich los: „Ich werde meine Stelle als Lehrer aufgeben und von jetzt an predigen." Auf alle möglichen Einwände ihrerseits war ich gefasst – nur nicht auf ihre tatsächliche Reaktion: „Das habe ich gewusst." Anstatt bei ihr die von mir erwartete Überraschung zu spüren, war ich nun derjenige, der ziemlich perplex war. Und meine Mutter begann mir eine Geschichte zu erzählen, die sie mir meine ganzen 24 Lebensjahre lang noch nie wirklich erzählt hatte.

„Als du auf die Welt kamst, fanden wir rasch heraus, dass bei dir etwas nicht in Ordnung war. Du hattest Bewegungsstörungen, bedingt durch eine Schädigung des Hirns aufgrund der schnellen Geburt, wie der Arzt annahm. Normale Reflexe haben bei dir nicht funktioniert, du konntest nichts greifen, und wenn man dich irgendwo hinlegte, konntest du dich nicht vom Rücken auf den Bauch drehen." Ich hatte aber noch weitere Schwierigkeiten. So bekam ich Schreikrämpfe, bei denen mir die Luft wegblieb, bis ich blau anlief, und nur das rasche Eingreifen meiner Eltern verhinderte Schlimmeres. Oft hatten sie das Gefühl, mir jetzt endgültig nicht mehr helfen zu können. Aber sie beteten für mich, und als ich etwa ein Jahr alt war, luden sie ein Ehepaar aus der Kirchenleitung ein, für meine Heilung zu beten und mich mit Öl zu salben, wie es in der Bibel vorgeschlagen wird (Jakobus 5,14). Meine Mutter betete damals: „Lieber Gott, wenn du meinen Sohn nicht gesund machst, dann werde ich das akzeptieren. Wenn du ihn aber heilst, dann soll sein ganzes Leben dir gehören."

In den Monaten und Jahren darauf verschwanden meine Einschränkungen. In den ersten Schuljahren zeigte sich, dass auch im Gehirn wieder alles völlig normal funktionierte. „Und deshalb", beendete meine Mutter hörbar bewegt ihre Ausführungen, „habe ich gewusst, dass es so kommen wird – weil Gott mein Gebet ernst genommen hat."

Nach Worten ringend und mit Tränen in den Augen umklammerte ich den Hörer. Dieses eine Gebet hat mein Leben zutiefst geprägt. Gott ist größer. Komisch, dass wir diesen großen Gotteshorizont im-

GOTT IST GRÖSSER. KOMISCH, DASS WIR DIESEN GROSSEN GOTTESHORIZONT IMMER WIEDER ANZWEIFELN.

mer wieder anzuzweifeln. Bei der Sonne machen wir das ja auch nicht – die verschwindet manchmal für Tage oder gar Wochen, je nachdem, in welchen geografischen Regionen man lebt. Man spürt überhaupt nichts mehr von ihrer wärmenden Strahlung. Aber trotzdem kommt niemand auf die Idee zu glauben, dass sie vielleicht gar nicht mehr existiert. Bei Gottes Größe ist das anders. Da gibt es doch immer wieder große Zweifel, wenn man glaubensmäßig durch den Nebel läuft.

Ich bin meinen Eltern unendlich dankbar für alle Gebete und den Glauben an diesen größeren Gott. Es hat mir ein normales Leben ermöglicht – vom Studium über ganz viel Sport und Musik bis hin zur eigenen Familie. Nach mehr als 30 Jahren hatte ich den bereits pensionierten Kinderarzt am Telefon, der mich damals untersucht hatte. Ganze dreimal fragte er verwundert nach, ob jetzt wirklich alles funktioniere bei mir, ich Sport machen könne und die Schule normal durchlaufen habe. Als ich ihm von meiner Leidenschaft für Volleyball und meinem Lehramts- und dem anschließenden Theologiestudium erzählte, meinte er sichtlich bewegt: „Da haben Sie großes Glück gehabt."

Ich weiß, dass es mehr ist als einfach nur „Glück". Da steckt ein Gott dahinter, der es liebt, Leben zu schenken und Menschen aus ihren Begrenzungen herauszuführen – hinein in seinen unbegrenzten Gotteshorizont. Das Problem ist, dass wir uns oft sehr stark nach solchen Heilungswundern ausstrecken – langfristig verändern sie dann aber erfahrungsgemäß nicht viel. Genau wie beim Volk Israel, das in der Wüste die spektakulärsten Rettungen erlebte, um sich dann kurz darauf doch wieder von Gott abzuwenden und ihn anzuzweifeln. Manche Menschen wünschen sich heftige Transformationserlebnisse in ihrem Leben und denken, dass ihr Glaube dadurch stärker oder intensiver werden würde. Die Erfahrung zeigt allerdings, dass das nichts an der Tatsache ändert, dass wir immer wieder neu glauben müssen.

DAS PROBLEM IST, DASS WIR UNS OFT SEHR STARK NACH SOLCHEN HEILUNGSWUNDERN AUSSTRECKEN – LANGFRISTIG VERÄNDERN SIE DANN ABER ERFAHRUNGSGEMÄSS NICHT VIEL.

Auch ich laufe trotz meiner Begegnungen mit Gott in der Vergangenheit nicht automatisch „rund" in meiner Nachfolge. Ich bin weder angst- noch zweifelsfrei unterwegs. Immer wieder muss ich mich wie Elia neu entscheiden, ob ich mein Leben bestimmen will oder ob Gott es bestimmen darf. Immer wieder muss ich ihm neu mein Vertrauen schenken. Aber definitiv weiß ich, dass Gott die Macht hat, alles zu verändern. Denn er ist größer. Größer als mein begrenzter Horizont. Deshalb liebe ich es auch, wenn man sich in Situationen befindet, die so überfordernd sind, dass sie desaströs enden, wenn Gott nicht mit einem ist. Das sind Momente, in denen man sich voll und ganz auf Gott verlassen muss – und genau da beginnt der Glaube in einem ungeahnten Maß zu wachsen und das eigene Ego schrumpft sich gesund.

„Wir brauchen keinen großen Glauben, nur einen Glauben an einen großen Herrn", hat bereits Hudson Taylor bemerkt. Es ist dabei nicht entscheidend, wie wir glauben und beten – es ist entscheidend, an wen wir glauben und zu wem wir beten! Das richtet den Blick wohltuend weg von mir, meiner Unfertigkeit und meinen Handlungen hin auf Gott. Er handelt nicht wegen mir, sondern trotz mir.

Gott ist größer – lass mich das noch mal wiederholen. Egal wie groß oder klein du dich fühlen magst – Gott ist beträchtlich größer.

Vertraust du ihm? Kennst du den Gotteshorizont?

Mit seiner Perspektive ist es dir möglich,
über deine eigenen Grenzen hinwegzusehen,
Vorurteile hinter dir zu lassen, eingebaute
Selbstschutzmechanismen zu umgehen.

Wo in deinem Leben begrenzt du Gott, hältst ihn klein
und stehst in der Gefahr, kleinkariert zu werden?

Lass deinen Horizont von ihm erweitern. Gib ihm freie
Hand, dich herauszufordern, und lass dich überraschen!
Schreib doch in die Wolke hier deine Selbstschutzme-
chanismen auf, benenn Ängste und Festlegungen – und
dann geh damit zu Gott, um sie bei ihm zurückzulassen.
Denn Gott ist größer.

7 DER UNFERTIGE I

Ich bin ein Lügner. Das Schockierende daran ist allerdings, dass ich nicht vorhabe, mich zu ändern. Ich lüge, weil es alle tun. Ich weiß nicht, ob dich mehr entsetzt, dass ich lüge oder dass ich nicht vorhabe, mich zu ändern. Natürlich lüge ich nicht offensichtlich und schon gar nicht Leuten direkt ins Gesicht. Ich bin vielmehr sogar ein leidenschaftlich glühender Verfechter von Ehrlichkeit. Eine Eigenschaft, die man vermutlich jedem Christen attestieren würde. Aber tatsächlich hat sich in unserer christlichen Kultur großflächig unbemerkt oder vielmehr gesellschaftlich akzeptiert Unehrlichkeit breitgemacht.

Vielleicht sagst du mir jetzt, dass du nicht lügst. Sehr gut. Was ist aber zum Beispiel mit der größten Lüge der modernen Gesellschaft, der sich sicherlich die meisten schon mal bedient haben? Bei jedem Einkauf im Internet oder auch beim Download von Programmen muss man mit einem Klick bestätigen: „Ja, ich habe die Geschäftsbedingungen gelesen und akzeptiere sie." Ich habe schon sehr viel online eingekauft, und jedes Mal habe ich ohne den Hauch eines schlechten Gewissens auf diesen virtuellen Knopf geklickt, obwohl ich in meinem ganzen Leben noch nie je eine dieser Geschäftsbedingungen gelesen habe. Ich hatte mal angefangen, bin dann aber nicht weit gekommen. Selbst wenn sie auf Deutsch verfasst sind, verstehe ich etwa so viel wie von einem Rezept in einem macanesischen Kochbuch. Also gehe ich jedes Mal das Risiko ein, dass etwas drinsteht, was ich eigentlich gar nicht will – zum Beispiel, dass ich mit dem Bestätigungsklick dem Anbieter mein Auto, meine Kreditkarte und meine Kinder überlasse. Und ich lüge. Ohne einen Funken von einem schlechten Gewissen und ohne die Absicht, etwas daran zu ändern. Natürlich bin ich in anderen Lebensbereichen ehrlich – aber wenn wir schon online so unbedarft lügen, muss man sich doch fragen, wo sich überall sonst solche „akzeptierten Unehrlichkeiten" eingeschlichen haben könnten.

Was keine Lüge ist, sondern die reinste Wahrheit: Du bist soeben beim Herzstück dieses Buches angelangt. Dürfte ich dir nur zwei Kapitel zum Lesen vorlegen, dann wären es dieses und das nächste Kapitel. Ich habe mit vielen christlichen Freunden mitgelitten, die das Gefühl hatten, den frommen Erwartungen nicht gerecht werden zu können. Viele haben sich in christlichen Kreisen permanent ungenügend, sündig und schlecht gefühlt – zumindest im Vergleich mit all den anderen um sie herum. Die Folge war, dass nicht wenige der Kirche den Rücken zugewandt haben. Enttäuscht von sich selbst und enttäuscht von der Kirche. Gleichzeitig habe ich Menschen getroffen, die keine persönliche Beziehung zu Jesus haben, aber es auch auf gar keinen Fall ausprobieren möchten, da sie glauben, sich dann einem bestimmten Lebensstil verpflichten zu müssen – dem sie nicht entsprechen wollen, von dem sie aber auch ahnen, dass sie ihm gar nicht entsprechen können. Hängt man dann auch noch das runtergefallene Preisschild wieder an die Nachfolge dran, drehen viele lieber gleich um, anstatt es wenigstens zu versuchen. Die „Ich genüge nicht"-Gedanken sind zu blockierend.

DU BIST SOEBEN BEIM HERZSTÜCK DIESES BUCHES ANGELANGT.

Für mich ist es eines der wunderbarsten Geheimnisse des Glaubens, dass ich Jesus als Unfertiger nachfolgen darf. Als ganz Normaler. Ich muss nicht vollendet sein, besser, schöner, frommer, weiser und was nicht noch alles. An meinem Rücken hängt ein Schild: „In Bearbeitung". Jesus ist mit mir dran, aber mein Jetzt-Zustand genügt schon! Er hat nicht erst in ein paar Jahren oder Jahrzehnten endlich Freude an mir – dann nämlich, wenn er mich ans Ziel gebracht hat. Nein, er wird nie mehr Freude an mir haben als genau jetzt in diesem Augenblick. Ich darf ihm als Unfertiger nachfolgen. Diese Erkenntnis ist absolut heilsam.

DIE FROMM-VERKLÄRUNG

Für meine Frau und mich ist klar, dass wir einander in unserer Ehe immer alles sagen wollen. Es ist ein Beziehungsraum, in dem kein Platz für Unehrlichkeiten und Lügen ist. Trotzdem haben wir uns beide schon dabei ertappt, dass wir bei heiklen Themen plötzlich zu rechnen begannen. Sollen wir an unserem Vorhaben festhalten, oder wäre es nicht doch angenehmer, nicht ganz die Wahrheit zu sagen – um des lieben Friedens willen? Oder weil es einfach weniger anstrengend ist?

Tamara hat die Begabung, Strafzettel zu sammeln. Ist ja auch fies, dass die Lehrerparkplätze vor ihrem Schulhaus eine Parkuhr haben – und man natürlich nicht immer das passende Kleingeld dabeihat. Aber der Herr, der diese Uhren täglich checkt, ist gnadenlos. Deshalb hat es sie regelmäßig erwischt, bis ich ihr zum Geburtstag ein mit Münzen gefülltes Etui geschenkt habe. Da ich mich bei uns um die Rechnungen kümmere, geht jeder Strafzettel automatisch über meinen Schreibtisch. Ich war nicht etwa wütend oder so, aber hatte sie schon zwei-, dreimal darauf hingewiesen, dass ich das Geld an anderen Orten sinnvoller investiert fände. Als dann unglücklicherweise auch noch ein paar Geschwindigkeitsüberschreitungen dazukamen, gestand sie mir im Nachhinein, dass sie sich kurz überlegt hatte, die Rechnungen einfach heimlich selbst zu bezahlen, damit ich es nicht bemerkte.

Mir ging es ähnlich, als sie mich darauf aufmerksam machte, dass ein Kollege kürzlich wohl ein paar Sprüche von mir sehr persönlich genommen hatte, obwohl ich damit überhaupt nicht in seine Richtung gezielt hatte. Ich wollte vielmehr die Stimmung einer 4,5-stündigen Museumsführung ein wenig aufpeppen, bei der der Leiter pausenlos monologisierte. Also widersprach ich ihr vehement, da ich meinen Kollegen besser zu kennen meinte. Ein paar Tage später saßen er und ich zusammen im Bus, als er mich zu meiner Verblüffung mit der Tatsache konfrontierte, dass er mit mir noch „ein Hühnchen zu rupfen habe" – wegen meiner Sprüche bei der Führung, die er ziemlich unangebracht gefunden hatte. Ich war völlig verdutzt, konnte ihm aber erklären, dass ich das auf keinen Fall so gemeint hatte, und so endete die Busfahrt eine Viertelstunde später sehr versöhnlich. Nur: Ich überlegte mir daraufhin ernsthaft, Tamara einfach nichts von dieser Begegnung zu erzählen. Ich war ja überhaupt nicht dazu verpflichtet. Vor allem aber wollte ich mir die Schmach eines „Ich hab's dir ja gesagt!"-Kommentars ersparen. Letztlich hat es sich dann aber doch richtiger angefühlt, ihr zu sagen, dass sie recht hatte. Auch wenn das ein wenig unbequem für mich war. Und auch wenn es in der Ehe nicht um Richtig oder Falsch gehen darf. Denn damit verliert man auf lange Sicht immer. Du kannst dich immer entscheiden: Willst du recht haben oder einen schönen Tag?

DU KANNST DICH IMMER ENTSCHEIDEN: WILLST DU RECHT HABEN ODER EINEN SCHÖNEN TAG?

Man kann sich natürlich gute Begründungen dafür zurechtlegen, etwas lieber zu verschweigen: „Ich sag es ihr lieber nicht, da sie sich sonst unnötig aufregt ... Ist ja eigentlich keine große Sache ... Wir wollten doch heute noch einen schönen Filmabend haben, den will ich mir nicht ruinieren ..." Nicht jedes Mal haben wir es geschafft, unseren Vorsatz auch zu leben – obwohl Ehrlichkeit ein absoluter Top-Wert in unserer Beziehung ist. Dennoch halten wir an diesem Wert fest.

Erst kürzlich hat mich ein älterer Herr mit ziemlicher Fahne im Zug angesprochen, ob ich nicht auch mal gerne was mit der hübschen Bedienung im Speisewagen hätte. Ich wollte nicht. Erstens hatte er sie sich bloß hübsch getrunken und zweitens: nein, aus Prinzip nicht. Auf meine Antwort hin, dass ich bereits verheiratet sei, entgegnete er bloß: „Ah, das bin ich ja auch! Aber was sie nicht weiß, macht sie nicht heiß!"

Der Punkt ist: Genau bei diesen Heimlichkeiten, egal ob es sich um große oder kleine handelt, bekommt die Beziehung Schwachstellen. Wer beginnt, in sein Beziehungsgebäude Lügen-Risse einzubauen, wird mit großer Wahrscheinlichkeit genau an diesen Stellen irgendwann Brüche erleben. Und im Nachhinein lassen sie sich kaum mehr reparieren. Der Drops ist dann gelutscht. Es beginnt mit Dingen, die man nicht sagt, weil auch niemand es von uns erwartet. Das ist eine sanfte Form von Verheimlichung. Aber es dauert dann nicht lange und man ist beim aktiven „Ich sage etwas nicht, selbst wenn ich danach gefragt werde". Man sagt nicht nur Dinge nicht, sondern falsche. Und landet bei der Lüge.

Beziehungen mit Lügen zu versetzen, ist energieraubend und zerstört sie auf Dauer. Denn man muss immer mehr Kraft investieren, um das Lügengebäude aufrechtzuerhalten – egal wie unscheinbar klein es auch sein mag. Nur die Wahrheit schafft den nötigen Raum, in dem Vertrauen wachsen kann und genug Luft zum Atmen bleibt. Nur die Wahrheit schenkt befreite Beziehungen, weil man sonst permanent aufpassen muss, dass man am richtigen Ort das Richtige sagt.

NUR DIE WAHRHEIT SCHAFFT DEN NÖTIGEN RAUM, IN DEM VERTRAUEN WACHSEN KANN UND GENUG LUFT ZUM ATMEN BLEIBT.

Vielleicht fragst du dich jetzt, was das alles mit unserem Thema zu tun hat. Unehrlichkeit ist einfach ein Punkt, wieso Nachfolge oft nicht funktioniert. Wir versuchen die Unfertigkeit unseres Charakters und unserer Persönlichkeit auszublenden. Um die eigene unfertige Persönlichkeit zu schützen, ist man versucht, den Erwartungen der anderen oder sogar den eigenen zu entsprechen – und Spielchen zu spielen. Gerade wir Christen sind Meister darin, wenn es darum geht, nicht nur den unfertigen Charakter, sondern auch die Unfertigkeit unseres Glaubens zu verstecken. Schon einige Male habe ich in Gottesdiensten das wunderschöne Lied von Bonhoeffer gesungen: „Und reichst du uns den schweren Kelch, den bittern des Leids, gefüllt bis an den höchsten Rand, so nehmen wir ihn dankbar ohne Zittern aus deiner guten und geliebten Hand." Neben mir singen alle inbrünstig mit, sanft betört von der lieblichen Melodie. Nur ich scheine irgendwie zu stolpern und reiche den mit Leid randvollen Kelch innerlich möglichst rasch an den Nachbarn neben mir weiter, der ihn scheinbar so gerne trinkt. Wobei spätestens bei meinem Nachbarn das Prädikat randgefüllt nicht mehr zutrifft, da ich beim Weiterreichen so gezittert habe, dass knapp die Hälfte des Leides irgendwo auf meiner Hose und den Schuhen verteilt ist.

Genau da beginnt aber die Unehrlichkeit – weil alle ergriffen mitsingen, kann es für Einzelne schwer sein, dies nicht zu tun und ehrlich zu sein, dass es für sie einfach nicht geht zu diesem Zeitpunkt. Doch weil man nicht auffallen will, spielt man lieber mit und singt. Selbst in sehr entspannten Kirchenumfeldern gibt es diesen frommen Gruppendruck.

Doch was kann man dagegen machen? Vielen tut es gut, irgendwann noch einmal über ihre „Glaubensbücher" zu gehen.

———

Welche Dinge hast du begonnen, dem Frieden oder auch einfach dem Umfeld zuliebe mitzuleben oder zu glauben – bewusst oder unbewusst? Welche Meinungen solltest du revidieren, weil du sie einfach übernommen hast, ohne sie zu hinterfragen?

———

Es gibt fast überall bestimmte Themen, die wie heilige Kühe sind – man darf sie nicht schlachten. Und deswegen hast du vielleicht Glaubensgrundsätze einfach übernommen, ohne dich bewusst dafür entscheiden zu können. Es ist, als hättest du auf den Knopf „Ja, ich habe die Gebrauchsanweisung ‚So funktioniert der christliche Glaube' gelesen und akzeptiere die Nutzungsbedingungen" geklickt, weil du es wirklich aus tiefstem Herzen wolltest – aber eigentlich hast du gar nie sauber gelesen, was das alles mit einschließt.

Ob dieser Gott wirklich persönlich an dir interessiert ist? Das hast du vielleicht immer gehört, aber nie wirklich persönlich durchdacht. Oder: Liebt Gott dich wirklich bedingungslos oder macht er vielleicht doch immer wieder Liebesprozent-Abstriche, weil du vieles nicht so auf die Reihe kriegst, wie du es solltest? Auch da bist du dir, wenn du ganz ehrlich bist, nicht ganz so sicher.

Wir haben im Laufe des Lebens nur zwei Möglichkeiten, unsere Glaubensgeschichte weiterzuentwickeln – entweder wir gehen in eine verteidigende Haltung gegenüber allem, was wir irgendwo mitbekommen haben, oder wir beginnen die Unehrlichkeiten in unserem Glauben offenzulegen und uns mit ihnen auseinanderzusetzen. Und entscheiden uns dann neu und bewusst dafür, was wir wirklich von Herzen glauben können und wollen und worüber wir mit Gott mal noch ein paar ernsthafte tiefere Gespräche führen müssen.

Es ist wie ein Legohaus, das instabil gebaut wird, weil einzelne Steine nicht sauber ins Fundament gesetzt wurden, sondern von anderen einfach aufgepfropft wurden – kein Wunder, dass es irgendwann in der Mitte des Lebens zusammenkracht, wenn man einfach auf dem Wackelfundament weiterbaut. Die einzige Chance ist, dass man es selbst mutig auseinanderbaut und dann Stein für Stein neu setzt. Man kann dazu mit den ganz simplen „Steinen" des Glaubens starten: Ja, ich glaube an einen Gott. Ja, ich glaube, dass er der Schöpfer ist. Ich glaube, dass sein Sohn mich frei macht von aller Schuld. Ich glaube, dass die Gemeinschaft mit anderen Christen eine Dimension ist, die ein besonderes Geschenk von Gott ist. Ich glaube, dass er auch mich liebt. Ich glaube, dass er mir alles vergeben kann und will etc. Das macht man so lange, bis man auf einen Stein stößt, mit dem man echte Probleme hat. Zum Beispiel, dass „Kirche Gottes Idee ist". Den darf man erst mal liegen lassen. Man spricht mit Gott darüber und bewegt ihn vor ihm.

—

Für welche Steine in deinem Glaubensgebäude hast du dich gar nie bewusst entschieden, weil du die „Gebrauchsanweisung" nicht gelesen hast? Welche wurden dir einfach draufgesetzt? Wo sind Steine, die sich in dein Glaubensgebäude eingeschlichen haben und die du gar nicht wirklich glaubst? Wankt dein Glaubensturm manchmal, und wenn ja, in welchen Situationen spürst du das?

———

Es ist hilfreich zu akzeptieren, dass auch der Glaube nicht einfach fertig ist, sondern sich im Lauf des Lebens weiterentwickelt. Dazu muss man ihm die Unfertigkeit aber auch zugestehen. In vielen Dingen entspreche ich nicht dem Bild, das ich selbst von einem Christen habe – so wie es mir jahrelang vor Augen gemalt wurde, manchmal unterschwellig, oft aber auch sehr unmissverständlich und direkt. Es gibt Dinge, die müssen scheinbar einfach so sein, wie sie sein müssen. Aber bei mir sind sie es nicht. Ich verspüre nach Predigten oft keinen großen Drang, noch stundenlang für zig Menschen zu beten, und in zwei von drei Anbetungszeiten während eines Gottesdienstes kreisen meine Gedanken viel mehr um mich als um Gott.

Ein anderes Beispiel: Wenn jemand öffentlich kundtut, dass er eigentlich gar keinen Bock drauf hat, so schnell wie möglich in den Himmel zu kommen, sondern lieber noch hier auf der Erde das Leben genießen will, wird ihm angelastet, dass er die wunderbare Dimension des Himmels noch nicht ganz erfasst hat. Oder nicht richtig glaubt. Und wenn jemand zugibt, dass er Angst hat, kommt das auch oft nicht so gut. Angst ist irgendwie kein akzeptierter Begleiter eines frommen Menschen, da die vollkommene Liebe doch alle Angst austreibt. Wo die Liebe ist – und Gott ist die Liebe –, hat Furcht keinen Platz mehr. Das ist alles absolut korrekt – nur ignoriert es die Tatsache, dass irgendwo in unserem Leben noch dieses alte Ego hockt, das dazwischenfunkt. Dass wir Unfertige sind, auf der Reise zu unserem himmlischen Vater.

Oft habe ich mich gerade in Bezug auf meine unfertige Persönlichkeit gefragt, was denn bei mir eigentlich falsch läuft. Da lese ich von der transformatorischen Kraft von Jesus, habe sie in meinem Leben auch immer wieder erlebt – und gleichzeitig ändert sich in bestimmten Bereichen nicht wirklich viel bis eigentlich gar nichts. Da sitzt in mir drin immer noch derselbe manchmal lieblose, egoistische Narzisst. Weder die Missionsleitung von Campus für Christus Schweiz noch mein jahrelanges Engagement in der Gemeinde oder die vielen Predigteinsätze in verschiedenen Ländern machen mich zu einem besseren Christen. Nach wie vor kann ich mich in gewissen Situationen unchristlich über Leute ärgern und würde gerne Dinge mit ihnen tun, die eher alttestamentlich anmuten (such in der Bibel mal nach „Jaël" und „Pflock"). Auch dass ich mit meiner absoluten Traumfrau verheiratet bin, einer Person, die ich über alles liebe – meistens zumindest –, und total vernarrt in unsere gemeinsamen vier Töchter bin, hat nicht dazu geführt, dass ich in Bezug auf andere Frauen mit totaler Blindheit geschlagen bin. Es bleibt bei Gedankenspielereien – nie im Leben würde ich wirklich zur Tat schreiten. Aber diese Gedanken sind da. Das ist nicht etwa ein Outing, sondern schlicht und einfach die Realität. Und sie gilt für jeden von uns: Wir sind Unfertige.

Es hat Jahre gedauert, bis ich begriffen habe, dass das Problem nicht die Unfertigkeit ist, sondern die Tatsache, dass wir sie ausblenden und oft so tun, als wären wir bereits im Himmel. Weil dort alles perfekt sein wird, haben wir hier und jetzt Probleme mit der Unfertigkeit, die dieser Welt anhaftet. Wir tun uns schwer damit, wenn etwas an unserem Körper nicht funktioniert oder wenn etwas an unserem Charakter auch nach Jahren noch schiefhängt – trotz viel Gebet – oder wenn wir uns im Glauben weiterhin mit Zweifeln herumschlagen. Das eigentliche Problem ist, dass wir die Unfertigkeit nicht akzeptieren. Aber sie klebt an uns. Und mit uns sitzt sie in unserer Kirche.

Viele Christen erleben genau diese Unfähigkeiten, Unzulänglichkeiten und Missstände in ihrem Leben und vergleichen sie dann mit dem verklärt-frommen Bild der Christen,

DA SITZT IN MIR DRIN IMMER NOCH DERSELBE MANCHMAL LIEBLOSE, EGOISTISCHE NARZISST.

die sie auf Bühnen bei Kongressen oder auf den Kanzeln in ihren Kirchen sehen. Sie schwanken bei all den tollen Erfolgsstorys, die da zuweilen erzählt werden, zwischen Bewunderung und Misstrauen und landen am Ende immer wieder in der eigenen Misere. Kein Wunder, dass viele frustriert aufgeben, ihre Beziehung zu Gott verkümmern lassen und nicht daran glauben, dass Gott auch für sie gute Werke vorbereitet hat, in denen sie laufen könnten (Epheser 2,10).

Begriffen habe ich eines: Jeder hat irgendwo seine Bereiche, in denen er immer und immer wieder versagt. Jeder ist unfertig. Wir dürfen nicht über diese Tatsache hinwegschauen. Deine Unfertigkeit ist das stärkste Zeichen dafür, dass du normal bist.

DIE FLUGBEGLEITERINNEN

Meine internationalen Reisen klingen für die Ohren meiner Freunde oft spannend – aber die Realität ist in der Regel sehr viel ernüchternder: Ich sehe meistens nur Hotel, Konferenzraum und Flughafen. Und schlage mich dabei auf den wegen der Familie immer kurz gehaltenen Reisen mit Jetlag und Durchfall rum. Beides ist absolut uncool bei einem mehrstündigen Nachtflug und einem Mittelsitz – wie zum Beispiel auf dem Rückflug von einem Meeting in Vancouver. Unglücklicherweise hatte auch die Toilette so etwas wie technischen Durchfall, was sie dazu veranlasste, genau in dem Moment, als ich mich darauf erleichterte, einen unüberhörbaren Alarm loszulassen. Innerlich leicht panisch klammerte ich mich an die eher unappetitliche Toilettenschüssel und versuchte erfolglos, zu einem Ende zu kommen, als die Tür aufgerissen wurde und zwei Stewardessen mich anschnauzten, ob ich etwa rauchen würde. Mit farblosem Gesicht stammelte ich ein gehauchtes Nein und versuch-

DEINE UNFERTIGKEIT IST DAS STÄRKSTE ZEICHEN DAFÜR, DASS DU NORMAL BIST.

te gleichzeitig den Reflex zu unterdrücken, all den wütenden Gesichtern meiner Mitflugreisenden im Hintergrund queenmäßig von meinem Toilettensitz aus zuzuwinken. Der positive Nebeneffekt des unangenehmen Intermezzos: Für ein paar Minuten litt ich an Verstopfung. Bis der nächste Alarm losging und ich wieder in den Genuss einer Überbetreuung der Flugbegleitung kam, für die Sicherheit anscheinend klar vor Privatsphäre kam. Also ein für alle Mal: nein. Geschäftsreisen haben nicht den Hauch des Exotischen, sondern sind oft einfach nur uncool und erschöpfend.

Manchmal sind sie jedoch äußerst lehrreich. Nachdem ich mich bei einer Konferenz im spanischen Malaga an der beinahe schon dekadenten Auslage des Hotelbuffets sattgesehen und gegessen hatte, verzog ich mich auf mein Zimmer, um in Ruhe die Nachrichten im Internet zu lesen. Schließlich muss man wissen, ob es die Schweiz noch gibt, wenn man dann wieder zurückfliegt. Während ich also die immer gleichen unpersönlichen Dramen und voyeuristischen Storys überflog, streifte mein Blick gelangweilt und zur großen Irritation meiner Augäpfel über einen Beitrag mit zugehöriger Bildserie von – sagen wir einmal – „partiell spärlich bekleideten Frauen".

NEUGIERDE UND LANGWEILE RANGEN NACH EIN PAAR SEKUNDEN MEINE VERNUNFT UND MEIN GEWISSEN ZU BODEN.

Neugierde und Langweile rangen nach ein paar Sekunden meine Vernunft und mein Gewissen zu Boden, also klickte ich drauf. Nun kam mir der Umstand der höheren Hotel-Macht zu Hilfe: Die Internet-Verbindung war aufgrund der hohen Distanz meines Schlafgemachs zur Rezeption etwa gleich dürftig wie das Englisch meines Taxifahrers. Also fast inexistent. Von den Bildern hatte sich selbst nach einer Minute nur der Rahmen aufgebaut und mit einem erleichterten Seufzer versetzte ich mein iPad in den Tiefschlafmodus.

Das wäre jetzt natürlich eine nette Erfolgsstory, gäbe es da nicht Teil 2 ... Eine Viertelstunde später saß ich nämlich neben meinem Freund Mike im Konferenzsaal, der noch für seinen

Rückflug einchecken musste. „Kann ich dazu rasch dein iPad benutzen?", lautete seine harmlose Frage. Ich hatte natürlich nichts dagegen. Und genau – du ahnst es schon: Im Gegensatz zu meinem Hotelzimmer war im Konferenzraum die Internetverbindung hervorragend, was zur Folge hatte, dass Mike, als er den Internet-Browser öffnete, statt Flugzeugen eine reichhaltige Auswahl von halb nackten „Flugbegleiterinnen" vorfand. Ich hätte in dem Moment „Pfui, Mike" rufen können, um mich kläglich aus der Misere zu ziehen, aber irgendwie fühlte sich das nicht richtig an.

Mike warf mit einer übertrieben abwehrenden Armbewegung, als würde er von einem Bienenschwarm angegriffen, seine Hand vor den Bildschirm und klickte die Seite weg. Ich sank neben ihm innerlich auf meinem Stuhl zusammen, ertappt und mit demselben Gefühl wie damals, als ich auf einer CVJM-Freizeit aus Jux in der Dusche alle Warm- und Heißwasser-Drehknöpfe miteinander vertauscht hatte und vor allen versammelten Teilnehmern und Leitern zu Kreuze kriechen musste. Damals konnte ich das Malheur mit Töpfe-Schrubben in der Küche wieder hinbiegen. Bei der iPad-Story überwog aber sehr rasch die Erleichterung – denn schließlich war es ja „nur" mein Freund Mike, der mich erwischt hatte.

Man stelle sich mal die Aufregung vor, wenn ich via iPad enthusiastisch-naiv eine Präsentation vor der Versammlung gehalten hätte. Von Mike erwischt zu werden, war dagegen unangenehm befreiend. Denn da, wo Dinge ans Licht kommen, verlieren sie ihre Kraft. Wieso verstecke ich meine Unfertigkeit eigentlich ständig, anstatt sie ans Licht zu tragen und ihr damit die Kraft zu nehmen? Und damit gleichzeitig der Selbstanklage und der Stimme des Teufels?

Leider ist dieses Verstecken, das Verheimlichen bis hin zu dem Punkt, wo wir Dinge vielleicht sogar Lüge nennen würden, weit verbreitet auch in

LEIDER IST DIESES VERSTECKEN, DAS VERHEIMLICHEN BIS HIN ZU DEM PUNKT, WO WIR DINGE VIELLEICHT SOGAR LÜGE NENNEN WÜRDEN, WEIT VERBREITET AUCH IN CHRISTLICHEN KREISEN.

christlichen Kreisen. Primär, weil wir das Gefühl haben, es sei nicht angebracht, unsere Unfertigkeit zu zeigen. Kürzlich habe ich bei einem christlichen Männertag mit rund 300 Teilnehmern drei Thesen aufgestellt, über die sie anonym abstimmen konnten. Die erste These war: „Ich fühle mich manchmal gebremst oder blockiert in meiner Nachfolge. Ich habe das Gefühl, meine Beziehung zu Gott hat nicht die Qualität, die sie haben könnte." Rund 300 von 300 Männern gaben an, dass es ihnen so gehe – was vielleicht nicht weiter überraschend ist.

Die zweite Aussage war: „In meinem Leben gibt es Dinge (Verhalten, Gedanken etc.), die ich nicht auf dieser Leinwand veröffentlicht haben möchte." Wieder stimmten fast alle zu. Da hat doch manch einer überrascht zum Nachbarn geschielt. Und sich wahrscheinlich auszumalen versucht, um was für Gedanken und was für ein Verhalten es sich da wohl handeln könnte.

Die dritte Aussage war dann ziemlich direkt: „Im Umgang mit meinen sexuellen Bedürfnissen bin ich eher schlechter als der Durchschnitt der Christen." Das Resultat ließ ein anhaltendes Raunen durch die Reihen gehen: Rund 300 von 300 Männern gaben ihre Stimme ab. Jeder einzelne von diesen guten, christlichen Männern hatte also das Gefühl, dass er irgendwie schlechter als die anderen war, oder zumindest gleich schlecht, wenn es darum geht, einem bestimmten Ideal zu entsprechen. Paulus kommt dem sehr nahe, wenn er sagt: „Ja, Jesus Christus ist in die Welt gekommen, um Sünder zu retten. Auf dieses Wort ist Verlass; es ist eine Botschaft, die vollstes Vertrauen verdient. Und einen größeren Sünder als mich gibt es nicht!" (1. Timotheus 1,15). Oder, wie es die „Hoffnung für alle"-Übersetzung ausdrückt: „Ich selbst bin der Schlimmste!"

Genau mit dem Gefühl, der Schlimmste von allen zu sein, laufen ganze Massen von Menschen in unseren Kirchen herum und beginnen heuchlerische Fassaden hochzuziehen, weil sie denken, ihre Unfertigkeit würde nicht akzeptiert. Das Schlimme ist: Vielleicht liegen sie mit diesem Gedanken sogar richtig, und es ist in ihrer Kirche tatsächlich absolut unangebracht, so zu sein wie sie. Dabei sollte doch genau das der Ort sein, wo jeder so kommen kann, wie er ist, weil Jesus ihn annimmt!

Und genau da liegt das Problem. Wir schaffen eine fromme Kultur, manchmal bewusst, oft auch unterschwellig und unbewusst, die den Leuten vermittelt, „wie ein Christ zu leben hat". Und viele scheitern dann an diesen hohen idealistischen Vorgaben, weil sie ihren alten Menschen im Schlepptau haben, mit dem sich oft nicht gerade große Sprünge machen lässt. Was bleibt, sind letztlich drei Möglichkeiten: Entweder ich entferne mich wieder aus diesem christlichen Milieu, damit ich nicht ständig mit meiner Unfähigkeit konfrontiert werde. Und genau das erlebe ich immer wieder. Oder ich laufe irgendwie mit und versuche, unter dem Radar zu bleiben. Die Folge ist ein höchst langweiliges Glaubensleben. Und drittens kann ich auch einfach wie im Wilden Westen eine schöne Fassade hochziehen, damit niemand das klägliche Häuschen dahinter zu Gesicht bekommt. Aber mit allen Strategien blockiere ich mich selbst. Und genau deshalb gibt es in unseren Kirchen so viele Christen, die keine Energie haben und deren Glaubensleben keine Power hat. Nicht etwa, weil Gott mit seiner Kraft in ihnen nicht wirken würde, sondern weil sie sich unwürdig fühlen im Vergleich zu all den anderen, die ihr frommes Leben viel besser hinzukriegen scheinen, oder weil sie selbst alle Energie für das Aufrechterhalten ihrer Fassade aufwenden müssen.

Die Sünden selbst richten oft weniger direkten Schaden an als die ganze Heuchelei, zu der sich viele Menschen gezwungen sehen, um sie zu vertuschen. Oft werden in Gemeinden offensichtliche Sünden hart angegangen und nicht toleriert, während jeder mit seinen versteckten Sünden wie Egoismus, Geiz, heimlichem Pornokonsum etc. akzeptiert weiter seine Aufgaben erfüllen darf. Auch das ist eine Form von Heuchelei,

MIT DEM GEFÜHL, DER SCHLIMMSTE VON ALLEN ZU SEIN, LAUFEN GANZE MASSEN VON MENSCHEN IN UNSEREN KIRCHEN HERUM UND BEGINNEN HEUCHLERISCHE FASSADEN HOCHZUZIEHEN, WEIL SIE DENKEN, IHRE UNFERTIGKEIT WÜRDE NICHT AKZEPTIERT.

allerdings nicht des Einzelnen, sondern von unserer christlichen Gemeinschaft. Und diese Heuchelei – die persönliche wie die gemeinschaftliche – richtet wie gesagt oft mehr Schaden an als die Sünde selbst. Ich weiß, das ist eine gewagte Aussage. Auf keinen Fall will ich Sünde bagatellisieren. Sünde ist und bleibt Sünde und wir sollten uns nicht einfach an sie gewöhnen. Aber wir müssen uns damit arrangieren, dass wir immer wieder sündigen werden, und dürfen diese Tatsache nicht wegreden. Und wir sollten die Sünde unseres Lebens ins rechte Licht rücken. Oder überhaupt ans Licht bringen.

Das ist überhaupt die einzige Chance, aus dem heuchlerischen Spiel auszusteigen: mutig beginnen, die eigene Unfertigkeit ans Licht zu tragen. In Epheser 5,11-14 heißt es, dass wir uns nicht an den unfruchtbaren Werken der Finsternis beteiligen, sondern sie vielmehr aufdecken sollen. Denn alles, was aufgedeckt wird, wird vom Licht durchleuchtet und wird selbst Licht werden. Wenn wir unsere Unfertigkeiten vor Gottes Thron bringen – selbst wenn wir es jeden Tag von Neuem tun müssen –, dann verlieren sie die Macht des Verborgenen.

Der Teufel ist ein Meister im Anklagen – von ihm werden wir immer wieder hören, was wir alles falsch machen, und das seit Jahren. Er wird uns den Finger in die Seite bohren und uns einreden, dass Gottes Gnadentank nun langsam endgültig leer ist. Doch wie die Stimme auch klingen mag, die wir da hören – es ist nicht die Stimme von Gott! Es sind immer nur wir selbst, die mit dem Teufel ein Anklageduett singen. Gottes Geist wird uns nicht anklagen, sondern uns immer in Richtung Befreiung und Leben bewegen.

Schließ dein Versagen nicht heimlich weg. Wenn du dich für eine „faule Kartoffel" in deinem Leben schämst und sie deshalb einfach tief unter den anderen Sachen deines Lebens versteckst, wird schnell noch mehr faul, und es beginnt heftig zu stinken. Heimlichkeiten zerfressen das Herz. Ein Leben, in dem nichts verborgen wird, ist dagegen befreiend und kraftvoll – weil keine Energie für das Vertuschen eingesetzt werden muss. Keine Energie dafür, ständig die Fassade des netten Christen neu weiß anmalen zu müssen. Genau dieses Fassadenmalen ist es übrigens auch, das Jesus heftig angreift. Die Schriftgelehrten und Pharisäer warnt er mit: „Wehe euch, ihr Schriftgelehrten und Pharisäer, ihr Heuchler! Ihr seid wie weißgetünchte Gräber: Von außen sehen sie schön aus, innen aber sind sie voll von Totengebeinen und von Unreinheit aller Art" (Matthäus 23,27). Er wirft ihnen auch vor, dass sie ihre Becher nur außen schön putzen, obwohl der ganze Dreck innen drin ist – dass sie sich ein frommes Verhalten zulegen, obwohl ihr Herz noch voll ist mit Schlechtem, dem sie sich überhaupt nicht stellen wollen. Es ist gut, wenn wir nicht demselben Trugschluss verfallen, nach außen hin irgendetwas darstellen zu müssen. Das ist nur anstrengend und führt am Ende nicht zu Frucht im Leben, sondern produziert lediglich toten Glauben. Wir sollten unsere Energie nicht dafür aufwenden, vor andern unsere Sünde zu verstecken, sondern andern den Vater zu zeigen!

———

Was versteckst du? Ist es nicht schräg, dass du Dinge vor Menschen verborgen hältst, aber Gott sowieso bei allem ungeniert zuschauen kann? Was hindert dich daran, Gott auch „offiziell" in diesen Bereich hineinzulassen und ihm deine faule Kartoffel zu geben?

———

Es ist ganz normal, dass wir solche faulen Kartoffeln haben. Es sind Sehnsüchte, die wir am falschen Ort stillen. Denn unser Herz ist geschaffen für die Ewigkeit mit Gott, hat also Platz für ein Liebesvolumen, das sich nie ganz füllen lässt, solange wir nicht völlig in der Gegenwart Gottes sind. Die Bibel sagt, dass er uns „die Ewigkeit ins Herz gelegt" hat (Prediger 3,11). Unser Herz sucht also permanent nach diesem Gefülltsein, nach dem Ort, wo es hingehört, wo Gott ist. Solange wir noch nicht bei ihm sind, wird es sich nach irgendwelchen Ersatz-Göttern verzehren, um diesen Raum auszufüllen. Und aus diesem Sehnen nach Dingen können richtige Süchte werden, Sehn-Süchte. Durch nichts werden sie sich je stillen lassen. Aber wir können diese Sehnsüchte, die mit der Zeit faulig vor sich hin modern, bei Gott gegen seine Liebe austauschen. „Wenn wir in uns selbst ein Bedürfnis entdecken, das durch nichts in dieser Welt gestillt werden kann, dann können wir daraus schließen, dass wir für eine andere Welt erschaffen sind", hat C.S. Lewis treffend bemerkt.

Mich bewegt die Story von Lazarus, der tot ins Grab gelegt wurde. Jesus kommt zu spät und kann seinen Tod nicht mehr verhindern, wie es die Schwestern gehofft hatten. Ich kenne dieses Gefühl, dass Gott in meinem Leben nicht rechtzeitig einzugreifen scheint. Aber dann stellt sich Jesus vor das Grab und ruft Lazarus zu, er solle herauskommen. Und dieser Lazarus, der im Grab doch schon ziemlich gestunken haben muss, steht auf und läuft aus diesem Ort der Fäulnis und des Todes. Genauso ruft auch Gott deine toten Lazarus-Kartoffel-Bereiche zurück ins Leben, diejenigen, die du sorgfältig eingewickelt und mehr oder weniger liebevoll in deinem Herzen irgendwo in einer Ecke verstaut hast.

—

Darf Gott den Stein deines Herzens wegrollen und diese Lazarusse herausrufen, damit er sie neu zum Leben erwecken kann? Deine faule Vorstellung von Sexualität? Deinen kaputten Selbstwert? Deinen Neid? Deinen Egoismus? Deine Unehrlichkeiten? Auch wenn es dabei vielleicht für kurze Zeit mal ein bisschen unangenehm riecht?

—

Spannend ist, dass ich oft gerade dann, wenn ich mich eigentlich auf einem geistlichen Höhenflug befinde, am stärksten mit meinem Versagen konfrontiert werde. Eigentlich ist das logisch – denn wenn wir im Licht sind, dann ist die Chance auch groß, dass irgendwo ein Schatten fällt. So sind wir zum Beispiel in unserer Ehe sehr sensibel, wenn ich von Events zurückkomme und irgendwas mit Gott erlebt habe – denn obwohl wir uns aufeinander freuen, brechen wir oft erst einmal einen beeindruckenden Streit vom Zaun. Dort, wo Licht ist, entsteht auch Schatten. Dasselbe erleben wir kurz vor meinen Predigteinsätzen oder auch, wenn wir als Familie am Morgen in die Kirche hetzen. Es ist normal, dass es stressig wird, wenn man vier kleine Kinder morgens für einen bestimmten Zeitpunkt fertig machen will. Denn bis man der Dritten die Schuhe zugemacht hat, hat sich die Zweite bereits schon wieder zur Hälfte ausgezogen, die Vierte sich die Hose vollgemacht und die Erste sich mit den Haaren im Reißverschluss der Zweiten verheddert – während man erfolglos nach dem Schnuller der Vierten sucht, der am Mittag dann im Schuh der Dritten zum Vorschein kommt und erklärt, warum sie den ganzen Morgen gejammert hat. Vieles davon gehört einfach zum Leben dazu und ist ganz normal. Trotzdem sollten wir nicht naiv sein, wenn wir im Licht leben wollen, und müssen bewusst immer wieder einen aktiven Schritt hinein ins Licht machen, wenn wir merken, dass wir uns irgendwie hinausmanövriert haben.

„Früher habt auch ihr in Dunkelheit gelebt; aber heute ist das anders: Durch den Herrn seid ihr im Licht. Darum lebt nun auch wie Kinder des Lichts!" (Epheser 5,8; HFA). Wo Licht ist, ist auch der Schatten nicht weit. Die Frage ist nur, in welche Richtung wir blicken – zum Schatten hin oder zur Quelle des Lichts, Jesus selbst.

Was könntest du heute in den Lichtstrahl hineintragen?

DAS WAHRWERDEN

Der erste wichtige Schritt ins Licht hinein ist das Akzeptieren der eigenen Unfertigkeit. Viele Menschen liegen im Krieg mit ihren eigenen Begrenzungen – und damit meine ich jetzt nicht Sünde, sondern einfach die Bereiche, für die wir kein Talent haben, die uns nicht geschenkt sind usw. Dort, wo mein persönliches Boppi-Land eine Grenze hat, beginnt für mich Neuland. Manches davon lässt sich im Laufe des Lebens erobern – vieles wird aber auch einfach fremdes Land bleiben, das nicht für mich bestimmt ist. Der Schlüssel liegt darin, nicht an diesen Grenzen den Unzufriedenheits-Krieg zu beginnen. Wir haben Begrenzungen in Hinblick auf bestimmte Fähigkeiten, charakterlich, materiell und finanziell – und wenn sich Neuland nicht erobern lässt, sollten wir Zufriedenheit einüben.

In Psalm 147,14 heißt es über Gott: „Er schafft deinen Grenzen Frieden" (LUT). Es gibt nichts Wohltuenderes, als im eigenen Boppi-Land diesen Frieden zu erleben. Waffenstillstand zu schließen mit dem eigenen Lieblingsfeind, gegen den man schon so lange erbittert und ohne Raumgewinn einen Schützengrabenkrieg ausgefochten hat und nur Verluste zu vermelden hatte. Erst wenn ich ein Ja zu den Begrenztheiten meiner Unfertigkeit gefunden habe, wird der Blick frei für das Neuland, das Gott tatsächlich für mich vorbereitet hat. Für die Grenzen, die es zu überqueren lohnt, für deren Überwindung wir wirklich kämpfen sollen und für deren Überquerung wir geschaffen wurden. Und dieses Neuland existiert definitiv in jedem Leben.

Es geht nicht darum, alle persönlichen Begrenzungen zu akzeptieren und in diesen Grenzen eingeengt sitzen zu bleiben. Sondern vielmehr darum, den Blick für das vorbereitete Land zu bekommen. „Pflügt neues Land, streut eure Saat dort aus und nicht im Dornengestrüpp!" (Jeremia 4,3; HFA). Es lohnt sich nicht, an den falschen Fronten zu kämpfen und sich an den Dornbüschen die Beine blutig zu kratzen – nimm Neuland unter den Pflug! Aber wichtig ist, dass du das Neuland findest, das es zu pflügen lohnt, und dich nicht an den falschen Fronten verzweifelt abmühst. Es geht im Leben nicht nur darum, was wir tun, sondern mindestens ebenso auch darum, wo wir es tun. Man kann nicht einfach nur das Richtige machen, es muss auch am richtigen Ort geschehen.

Ins Licht kommen und die Heucheldynamik ausbremsen funktioniert nur, wenn wir in die entgegengesetzte Richtung laufen und wahr werden. Denn es ist die Wahrheit, die uns frei macht (Johannes 8,32). Gerade in der heutigen Zeit, wo vieles nicht mehr wahr ist – das beginnt schon bei all den bearbeiteten Bildern in den Medien und dem Tunen deines Facebook-Profils –, ist es umso wichtiger, nicht perfekt zu sein, sondern echt. Das war auch das Gebet von Jesus für seine Jünger (Johannes 17,17; LUT): „Heilige sie in der Wahrheit", oder, wie es die Neue Genfer Übersetzung formuliert: „Mach sie durch die Wahrheit zu Menschen, die dir geweiht sind." Ganz werden – durch die Wahrheit. Ich als Nachfolger soll diesen Weg hinein in die Wahrheit gehen – und mit einem reinen, aufrichtigen Herzen leben, denn Gott sucht nach diesem Herzen (Matthäus 5,7). Und das Gute daran: Das Wahrwerden setzt enorm viel Lebensenergie frei, da man keinen Muskelkater und keine Blasen an den Händen vom endlosen Fassadenstreichen hat!

> DAS WAHRWERDEN SETZT ENORM VIEL LEBENSENERGIE FREI, DA MAN KEINEN MUSKELKATER UND KEINE BLASEN AN DEN HÄNDEN VOM ENDLOSEN FASSADENSTREICHEN HAT!

Weil man als Sprecher in den paar Minuten einer Predigt nur partiell Einblick ins Leben geben kann, wird man auch nur einseitig wahrgenommen und kriegt dann oft völlig unnötig und ungerechtfertigt einen christlichen Überflieger-Stempel aufgedrückt. Also habe ich, um dem entgegenzuwirken, in meinen beiden Büchern „Die Floppharts" nicht meine Erfolgsstorys festgehalten, sondern alles, was in meinem Leben „hart floppt" – angelehnt an meinen Nachnamen. Das Resultat war überraschend: Überall, wo ich hinkam, kannten die Leute schon meine Schwächen – und ich musste mich gar nicht mehr bemühen, ein gutes Bild abzugeben, weil meist schon in der Einleitung vom Moderator eine Anspielung auf meine kümmerlichen Essgewohnheiten kam oder Ähnliches.

Ich habe dann gar nicht mehr den Wunsch verspürt, mich irgendwie schokoladig zu verkaufen und den netten Christen herauszuhängen, dessen Leben im Endeffekt nicht nachlebbar ist. Ich habe Freude an meinem wahren Ich bekommen. Und das ist an vielen Stellen holprig und kantig – unfertig eben. Weil ich ganz normal bin.

Kürzlich war ich wieder einmal unterwegs zu einem Event in Bamberg – bewusst nicht mit dem Zug, da die Deutsche Bahn Freude an Streiks zu haben scheint. Dummerweise bin ich dann in einen zweistündigen Stau geraten, verursacht durch einen Unfall – wahrscheinlich wäre ich am Ende mit der Bahn doch schneller gewesen. Natürlich sah ich in der Situation nicht die positive Seite – dass ich nur im Stau stand und nicht der Grund für den Stau war, zum Beispiel. Oder dass ich, bloß Minuten bevor ich in den Stau gefahren bin, noch bei einem Parkplatz auf die Toilette gegangen bin. Die Dramatik dieser freudigen Tatsache lässt sich nur ergründen, wenn man weiß, dass ich fast die gesamte Zeit auf einer ziemlich hohen Autobahnbrücke stehend verbrachte. Und da lässt sich nur schwer ein Baum zum Pinkeln finden. Aber obwohl ich alles meinem Naturell entsprechend locker und doch insgesamt positiv anging, wallten irgendwann, einem heftigen Sommernachtsgewitter gleich, auch negative Gefühle auf. Mich begannen all die Menschen um mich rum zu nerven – von der Kuh, die mir permanent so nah auffuhr, bis hin zum Prolet vorne im angeberisch geleasten Silbergrauen, der, als der Stau noch rollte, permanent versuchte, die schnellere Spur zu erwischen, und hin und her wechselte.

ICH HABE FREUDE AN MEINEM WAHREN ICH BEKOMMEN. UND DAS IST AN VIELEN STELLEN HOLPRIG UND KANTIG – UNFERTIG EBEN. WEIL ICH GANZ NORMAL BIN.

Als es dann endlich weiterging, gab's kein Halten mehr – immer wieder fabrizierten ein paar Idioten kleinere Nachstaus, weil sie mit 112 km/h auf der Überholspur an einem vorbeituckerten, der 111 km/h fuhr. Wären all meine Gedanken, die ich auf der Fahrt nach Bamberg hatte, augenblicklich wahr geworden, dann wäre die zweite Hälfte der Wegstrecke mit Leichen gepflastert gewesen.

Meinen Kindern bläue ich immer wieder ein, dass man nicht mit imaginären Gewehren auf Menschen schießt. Auch nicht auf die eigenen Schwestern, falls man diese Sonderkategorie noch explizit einschließen muss. Aber selbst habe ich gemordet, was das Zeug hält, und mit dem Zeigefinger und bösen Blicken nur so um mich geschossen. Da ich Christ bin, habe ich natürlich niemandem den Mittelfinger gezeigt – sondern ihn immer nur sauber versteckt unter dem Fensterrand hingehalten, während ich oben verkniffen lächelte.

Bei meiner Predigt in Bamberg durfte ich dann den unschuldigen Zuhörern erklären, wie man Menschen in Gottes Reich hineinrettet – und das, obwohl ich eigentlich auf meiner Meuchelfahrt lieber alle getötet hätte. Ich kann mich zu hundert Prozent mit Jona identifizieren, der sich ein tolles Plätzchen ausgesucht hat, um die Vernichtung von Ninive in bester Auflösung mit 3-D und Dolby Surround 7.1 mitzuverfolgen – und der dann ziemlich grantig war, weil Gott sich natürlich wieder einmal über diese Menschen erbarmte, die es laut Jona (und mir) doch so überhaupt nicht verdient hatten.

Ja – ich bin manchmal selbst erstaunt, woher diese unheiligen Emotionen plötzlich kommen. Es geschieht bei mir selten – aber wenn, dann am ehesten beim Autofahren oder beim Tennis, wo die Bälle oft nicht so wollen, wie ich will. Übrigens: Ich kann nur nicht so Tennis spielen, wie ich könnte, weil mein Schläger nicht weiß, dass ich ein Federer wäre, wenn er tun würde, was ich wollte – und das führt regelmäßig zu kleineren emotionalen Eruptionen bei mir. Ganz zur Freude meines Spielpartners. Der übrigens dieselbe Eigenheit aufweist. Wir arbeiten miteinander daran.

Letztlich ist es unheimlich wohltuend, genau solche Schwächen und Begrenzungen nicht verstecken zu müssen, sondern authentisch und wahr sein zu dürfen – was nicht heißt, dass ich all meine Gefühle einfach überall ungefiltert herauslasse. Das Rauslassen von Gefühlen ist immer auch abhängig vom passenden Ort. Auf Gottes Knien zu sitzen während einer emotionalen Eruption, ist bestimmt nie die falsche Wahl. Von König David habe ich gelernt, dass Gott auch mit meinen heftigsten Gefühlen sehr gut umgehen kann. Über unsere Unzulänglichkeiten zu reden und zu schreiben, hat Tamara und mich total entspannt, weil wir bewusst begonnen haben, nach den Fettnäpfchen unseres Alltags zu suchen – und, anstatt uns darüber zu ärgern, gemeinsam herzhaft darüber zu lachen. Wir haben uns mit unserer Unfertigkeit versöhnt. Und wo wir früher manchmal stundenlang über einen Lapsus genervt waren, haben wir es nun geschafft, die Zeit zwischen Lapsus und Lachen auf manchmal rekordverdächtige Sekunden herunterzukürzen. Das ist das Zeichen der Versöhnung mit der eigenen Unfertigkeit.

—

Wo steckst du im Moment Energie in deine Fassade?
Was genau ist dir peinlich und warum eigentlich? Was
soll auf keinen Fall jemand anderes sehen?

—

Wie sähe ein erster Schritt aus, um in einem bestimmten Bereich wahr zu werden? Es lohnt sich – denn Wahrwerden hat einen direkten Einfluss auf deine Beziehungen – zu Menschen wie auch zu Gott. Es schafft Nähe, Vertrautheit und ist Grundstein für Versöhnung.

—

Was machst du lieber: dich über etwas gereizt aufregen
oder herzhaft darüber lachen?

G

8 DER UNFERTIGE II

Manchmal, wenn ich mit meinem Seat Alhambra wegfahren will, bockt er einfach und löst die Bremse nicht automatisch, wie er es sonst immer tut. Das fühlt sich dann an, als würde irgendjemand oder irgendetwas meinen Wagen festhalten. Es dauert jedes Mal ein paar Sekunden, bis ich realisiere, woran das liegt: Entweder ist mein Sicherheitsgurt noch nicht sauber eingerastet oder die Fahrertür nicht richtig geschlossen. Mein Alhambra denkt mit – mehr, als mir lieb ist.

Ich bin überzeugt: Ganz viele Menschen erleben dieses Alhambra-Phänomen auch in ihrem Glauben. Sie sind eingestiegen und möchten Gas geben, mit Gott unterwegs sein, aber irgendetwas blockiert sie. Sie kommen schlicht nicht vom Fleck und nehmen keine Fahrt auf. Tatsache ist: Irgendetwas hat noch nicht richtig „klick" gemacht. Anders als beim Alhambra liegt es aber nicht daran, dass etwas bei ihnen noch nicht in Ordnung ist, sondern ganz im Gegenteil ist die Ursache vielmehr die falsche Überzeugung, dass Gott mit ihnen erst losfährt, wenn alles in Ordnung ist und richtig geklickt hat. Dass es also erst losgeht, wenn sie bestimmte Problembereiche in den Griff bekommen haben, hier und dort nicht mehr hinfallen, sündigen usw.

Ich wäre oft gerne disziplinierter, dienender, weiser, liebevoller, weiter und was auch sonst noch alles ... aber ich bin es nicht. Trotzdem disqualifiziert mich meine Schwachheit nicht, ein leidenschaftlicher Nachfolger zu sein. Und vielleicht stirbt jetzt ein Mythos, aber der muss auch sterben: Es wird niemals passieren, dass in deinem geistlichen Leben alles perfekt „klick" macht. Zumindest nicht in diesem. Bis wir einmal vor Gott stehen (achte auf das sanfte Klickgeräusch), sind und bleiben wir Sünder – denen vergeben ist. Wir sind keine Heiligen, sondern als Sünder heilig gemacht. Keine Fehlerlosen, sondern erlöste und begnadete Fehler Machende. Es gibt Bereiche in unserem Leben, die sich transformieren, weil sich in ihnen Gottes Kraft entfaltet, die uns neu macht, oder auch frei. Aber mit anderen werden wir unser ganzes Leben zu kämpfen haben. Entspann dich also und lass dich nicht blockieren, sondern genieß die Fahrt.

DAS „ALTER BOPPI, NEUER BOPPI"-PRINZIP

Letztlich geht es darum, als Unfertige Jesus hinterherzulaufen! Diese Erkenntnis hat mich erst in den letzten Jahren in ihrem vollen Ausmaß erreicht und mich zum Leben befreit wie nichts anderes. Gut kann ich mich noch an zwei ältere Freunde und Vorbilder meiner Jugendzeit erinnern, die mich maßgeblich gefördert und geprägt haben und die sich immer wieder lautstark und energisch darüber unterhalten haben, wie das mit der Sünde sei. Nennen wir sie einfach einmal Karl und Heinz. Karl war felsenfest davon überzeugt, dass er eine „neue Kreatur" sei, das Alte vergangen sei und er nach 2. Korinther 5,17 nicht mehr sündigen könne. Heinz hielt dagegen, dass dies nicht möglich sei, da er ja im Leben von Karl noch Sünde sehe. Und irgendwie blieb diese Spannung in all den Jahren immer unaufgelöst und der Unterhaltungswert der Diskussion ungebrochen. Bis ich durch meinen Freund René auf das „Alter Boppi, Neuer Boppi"-Prinzip stieß. Schlagartig war mir klar, dass sowohl Karl als auch Heinz richtiggelegen hatten. Das Prinzip zeigt ganz simpel ein paar Zusammenhänge auf, die ich beim Lesen des Neuen Testamentes sonst nie so wirklich zusammengebracht hatte.

LETZTLICH GEHT ES DARUM, ALS UNFERTIGE JESUS HINTERHERZULAUFEN!

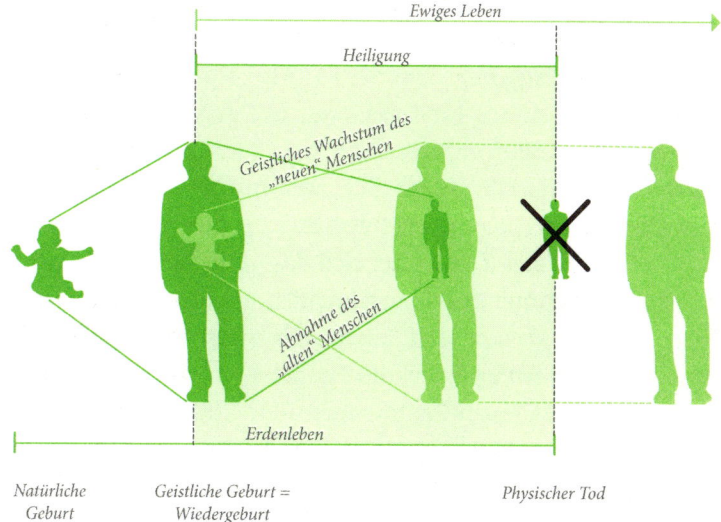

Ewiges Leben

Heiligung

Geistliches Wachstum des „neuen" Menschen

Abnahme des „alten" Menschen

Erdenleben

Natürliche Geburt

Geistliche Geburt = Wiedergeburt

Physischer Tod

Wie aus der Grafik ersichtlich, gibt es den Moment der natürlichen Geburt. Danach wächst diese neue Person heran. Dabei geht es nicht in erster Linie um den Körper, sondern vielmehr um unsere geistige Person, unsere Persönlichkeit. Wenn wir dann irgendwann Jesus ins Leben aufnehmen, entsteht in uns ein neuer Mensch – der neue Boppi. Genauso wie Mann und Frau beim Sex „eins" werden und dadurch einen neuen Menschen zeugen können, entsteht auch eine neue Person in uns, wenn unser Geist mit Gottes Geist zusammenkommt. Jesus sagte zu Nikodemus in Johannes 3, dass wir eine Wiedergeburt erleben müssen, neu geboren werden müssen, um in Gottes Reich zu kommen. Nikodemus ist daraufhin leicht verwirrt, da er sich das viel zu pragmatisch vorstellt und sich überlegt, wie ein Erwachsener wieder in den Bauch der Mutter zurückkriechen soll, um dann noch einmal auf die Welt zu kommen. Ein unangenehmer Gedanke – für den Erwachsenen wie auch für die Mutter. Man sollte nicht zu lange bei dem Bild verweilen, sondern sich gedanklich möglichst rasch weiterbewegen.

Jesus meint mit „von Neuem geboren werden" letztlich eine innere Geburt. Es entsteht in mir drin ein neuer Boppi, der Christus bereits perfekt ähnlich ist. Also lebe ich nun, nach meiner Entscheidung für Jesus, zwar mit diesem alten Boppi weiter, aber parallel dazu ist der neue Christus-Boppi bereits in mir lebendig. Das ist möglich, weil mit der Auferstehung von Christus das kommende Reich angebrochen ist. Wir leben in einer Zeit, in der sich das jetzige Reich mit dem kommenden überschneidet, wo das Noch-Nicht das Schon-Jetzt küsst. Wir sind noch nicht auf der neuen Erde, die einmal sein wird, aber vieles von diesem kommenden Reich tropft bereits jetzt schon in unsere Gegenwart hinein.

WIR LEBEN IN EINER ZEIT, IN DER SICH DAS JETZIGE REICH MIT DEM KOMMENDEN ÜBERSCHNEI-DET, WO DAS NOCH-NICHT DAS SCHON-JETZT KÜSST.

Ich stelle mir das so vor, wie wenn wir in einer hübschen Wohnung leben. Aber eine Etage über uns ist die zukünftige Wohnung bereits vorbereitet. Es ist eine Penthouse-Suite, die einen absoluten Traumeinrichtungsgegenstand hat: eine frei stehende Badewanne! Randgefüllt mit feinster Schweizer Schokolade! Sie symbolisiert für mich das Wunderbarste, Schönste, Genussvollste, das wir uns überhaupt vorstellen können – die Dinge, die auf uns in der Ewigkeit warten. Und obwohl wir noch in der unteren Wohnung leben, dringt der Überfluss (Johannes 10,10) dieser Herrlichkeit schon in unser Jetzt ein, zumindest ansatzweise. Die Schokolade fließt also über den Rand der Wanne auf den Boden des Penthouses und tropft nun ab und zu in dicken, wunderbar fein schmeckenden Tropfenportionen in unsere Wohnung. Es ist ein wunderbares Geschenk, ein unverdientes „Zückerli", wie wir Schweizer sagen. Die Power und der Geschmack des kommenden Reiches werden tropfenweise auch schon jetzt manchmal sichtbar. Das ist der Grund, wieso wir bereits heute stark die Gegenwart Gottes erleben können, warum manchmal Heilungen geschehen an Körper, Seele und Geist.

Aber zurück zu diesem neuen Baby-Boppi. Das Ziel ist, dass er wächst und dass der alte Boppi, mein altes Wesen, meine alte unkomplette Natur, immer mehr abnimmt. Johannes der Täufer sagt deshalb von Christus: „Er muss wachsen, ich aber abnehmen" (Johannes 3,30; LUT). Man könnte das jetzt leicht falsch verstehen und ab sofort alle Diäten und Abnehm-Versuche unterlassen, da sie nichts bringen – denn sobald man abnimmt, nimmt einfach Christus in einem drin zu und man kann deshalb sowieso nie an Gewicht verlieren. Das wäre jedoch haarscharf, aber doch deutlich an der eigentlichen Aussage des Verses vorbei.

Dieses Zunehmen, das Wachsen nennt Paulus auch „Heiligung" – ohne dieses geheiligte Leben wird man das Himmelreich nicht sehen (Hebräer 12,14). Wir sollen dieser Heiligung sogar „nachjagen", wie es Luther nennt. Der Höhepunkt ist dann erreicht, wenn wir sterben. Der alte, unfertige Boppi wird für immer vergangen sein und der neue, makellose Boppi ewig weiterleben.

Paulus beschreibt das so: „Dann wurdet ihr aber auch gelehrt, nicht mehr so weiterzuleben, wie ihr bis dahin gelebt habt, sondern den alten Menschen abzulegen, der seinen trügerischen Begierden nachgibt und sich damit selbst ins Verderben stürzt ... und den neuen Menschen anzuziehen, der nach Gottes Bild erschaffen ist" (Epheser 4,22.24). Er spricht dabei von „ablegen" und „anziehen" – es ist wie ein Kleiderwechsel. Und wir wechseln die Unterhose ja nicht einmal pro Jahr, sondern täglich. Ich zumindest. (Ich möchte dir da jetzt nicht unnötig zu nahe treten, du darfst das in der Regelmäßigkeit tun, in der es dir richtig erscheint.) Den neuen Menschen anzuziehen, ist ebenfalls eine tägliche Entscheidung, oder gar eine, die wir mehrmals täglich treffen müssen, je nach Situation. Lebe ich aus dem Mief des alten Boppi oder bin ich ein „Wohlgeruch", weil ich den neuen, frisch gewaschenen Boppi angezogen habe? Denn durch Christus haben wir die Möglichkeit, genau so ein Wohlgeruch zu sein (2. Korinther 2,15).

LEBE ICH AUS DEM MIEF DES ALTEN BOPPI ODER BIN ICH EIN „WOHLGERUCH", WEIL ICH DEN NEUEN, FRISCH GEWASCHENEN BOPPI ANGEZOGEN HABE?

Als ich dieses Konzept entdeckt habe, hat so vieles in der Bibel plötzlich wirklich Sinn ergeben. Zum Beispiel, wenn ein Paulus sagt: „Nicht mehr ich bin es, der lebt, nein, Christus lebt in mir" (Galater 2,20). Damit ist dann ebendieser neue Christus-Paulus gemeint. Und der kann nicht mehr sündigen. Ähnlich schreibt Paulus an die Kolosser: „Belügt einander nicht mehr! Ihr habt doch das alte Gewand ausgezogen – den alten Menschen mit seinen Verhaltensweisen – und habt das neue Gewand angezogen – den neuen, von Gott erschaffenen Menschen, der fortwährend erneuert wird, damit ihr ‚Gott' immer besser kennenlernt und seinem Bild ähnlich werdet" (Kolosser 3,9-10).

Das genau ist Ziel des Lebens: Christus in uns mehr Raum zu geben und den Prozess der Heiligung zuzulassen, sodass wir fortwährend erneuert werden. Dieser Prozess ist dann abgeschlossen, wenn wir vor ihm stehen werden. Es ist der Moment, an dem der alte Mensch endgültig sterben wird – der Moment, in dem wir bei dem angekommen sind, was Gott von Anfang an für uns geplant hat.

So gesehen hatten Karl und Heinz recht. Karl, der sagt, dass er nicht mehr sündigen kann, hatte die Perspektive des Reiches Gottes, und von da aus sieht man den neuen Christus-Karl, der nicht mehr sündigen kann. Heinz hatte aber genauso recht, da er vom Noch-Nicht her schaute und dabei den alten, unfertigen Karl sah, der aus Sicht des kommenden Reiches zwar vergangen ist, aber in dieser Zwischenphase, in der wir stecken, noch immer existiert. Und plötzlich ist klar, warum da eine Spannung in unserem Leben herrscht und wir unser christliches Leben nicht immer so christlich hinkriegen, wie wir es gerne würden, oder vor allem auch, wie wir immer dachten, es hinkriegen zu müssen!

Paulus sagt: „Obwohl es mir nicht am Wollen fehlt, bringe ich es nicht zustande, das Richtige zu tun. Ich tue nicht das Gute, das ich tun will, sondern das Böse, das ich nicht tun will. Wenn ich aber das, was ich tue, gar nicht tun will, dann handle nicht mehr ich selbst, sondern die Sünde, die in mir wohnt" (Römer 7,18b-20). Wenn sogar der Vorzeigechrist Paulus das sagt, den man heute mit seiner Umkehr-Story von einem christlichen Event zum anderen reichen würde, dann muss es mich nicht überraschen, dass ich dasselbe Problem auch kenne! Auch C.S. Lewis meinte: „Keiner weiß, wie verdorben er ist, bis er nicht verzweifelt versucht hat, anständig zu sein."

Es ist ein Kampf, der immer wieder in mir ausgetragen wird. „Denn die menschliche Natur richtet sich mit ihrem Begehren gegen den Geist ‚Gottes', und der Geist ‚Gottes' richtet sich mit seinem Begehren gegen die menschliche Natur. Die beiden liegen im Streit miteinander, und jede Seite will verhindern, dass ihr das tut, wozu die andere Seite euch drängt" (Galater 5,17). Der alte Boppi boxt gegen den neuen. Und wird dabei Gott sei Dank öfters mal auf die Bretter geschickt.

Genau in dieser Spannung stehen wir alle in unserem Leben. Du bist nicht etwa ein schlechter Mensch deswegen. Und du musst weder dich selbst blockieren noch dein Licht verstecken, weil du das Gefühl hast, dass du zu schwach oder zu sündig bist, als dass Gott mit dir unterwegs sein könnte. Genau mit den Gedanken und Gefühlen mühe ich mich selbst manchmal ab – dass Gott doch jemanden wie mich kaum gebrauchen kann. Wenn die Leute wüssten, was ich manchmal denke. Oder was ich manchmal tue. Dabei hat Gott ja ein ganzes Buch mit Menschen gefüllt, die an allen Ecken und Enden irgendwelche Kanten hatten, die zigmal versagten, die unfähig waren, störrisch, neidisch, selbstzweifelnd, egoistisch und was auch immer. Und hat mit diesen unfertigen Sündern seine Geschichte geschrieben – mit Normalos eben. Unfertigen. Wären wir von Grund auf gute Menschen, wäre Jesus umsonst gestorben. Er ist nicht der Ankläger. Er ist der Vergeber! Ich könnte Seiten mit dieser gewaltigen Wahrheit füllen, und wir würden es doch nicht ganz begreifen,

WÄREN WIR VON GRUND AUF GUTE MENSCHEN, WÄRE JESUS UMSONST GESTORBEN.

JE MEHR WIR
JEDOCH
CHRISTUS
SUCHEN,
UMSO MEHR
WERDEN WIR
UNSER NEUES
ICH FINDEN.

weil diese Selbstverurteilung oft so tief in uns drin-steckt und der Teufel dieses Feuerchen sehr gerne anschürt. Je mehr wir jedoch Christus suchen, umso mehr werden wir unser neues Ich finden. Bei C.S. Lewis klingt das so: „Dein neues, wahres Ich wirst du nicht finden, wenn du danach suchst. Du be-kommst es, wenn du ihn suchst." Wenn wir Jesus suchen, werden wir uns selbst finden.

DIE SCHWEINEHUND-ADLER-PERSPEKTIVE

Wir sind dazu geschaffen, mit unserem Glauben „abzuheben" und zu fliegen wie ein Adler. Die große Frage ist, wie wir den neuen Menschen zum Fliegen kriegen, wenn der alte an ihm klebt und der neue nicht von ihm loskommt. Das Bild vom Schweinehund und dem Adler bringt das auf den Punkt. Der „alte Boppi" ist sozusagen der innere Schweinehund. Die Be-zeichnung „Schweinehund" geht auf den bei der Wildschwein-jagd eingesetzten Sauhund zurück. Der hatte den Auftrag, die Schweine zu jagen, zu hetzen, zu ermüden und sich dann festzu-beißen. Und genau das tut der innere Schweinehund mit mir – da, wo ich mir Mühe geben möchte, irgendetwas Gutes zu tun, kommt er, jagt, hetzt, ermüdet mich und beißt sich dann fest, bis ich aufgebe. Er hindert mich daran, etwas zu tun, das ich eigentlich gern tun würde.

Jeder Mensch ist mit verschiedenen solchen Sauhunden un-terwegs – manche machen ihn selbst im wahrsten Sinne des Wortes zum „Sauhund" und lassen ihn „schweinische" Dinge tun. Andere sind etwas ruhiger, aber dennoch bissig. Wenn wir den Prozess der Heiligung gehen, dann schaffen wir es gemeinsam mit Jesus, ein paar dieser Köter totzukriegen. Mit einzelnen aber werden wir ein Leben lang nicht fertig – die werden wir erst dann los sein, wenn wir vor Gott stehen.

Dann gibt es aber noch den neuen Boppi in Gestalt eines Adlers. Mit Gott ist eine neue Dimension ins Leben gekommen, ich habe Vergebung, darf mich vertrauensvoll im Gebet an ihn wenden und manchmal das übernatürliche Eingreifen Gottes erleben – das ist für mich vergleichbar mit Fliegen. Die Bibel verspricht in Jesaja 40,31, dass diejenigen, die auf Gott hoffen, neue Kraft bekommen und fliegen wie Adler. Nur gibt es ein Problem: Der neue Boppi ist irgendwie noch mit dem alten Boppi verknüpft. Am Bein des Adlers ist der Schweinehund angebunden. Und immer, wenn wir krampfhaft versuchen, abzuheben, wenn wir uns anstrengen, im Glauben zu fliegen, und mit Gott mutig unterwegs sein wollen, werden wir von dem Gewicht des Sauhunds blockiert und am Fliegen gehindert.

So viele Christen strengen sich an, aber geben irgendwann entmutigt und erschöpft auf, weil sie permanent diesen Sauhund an der Backe haben. Gleichzeitig haben sie das Gefühl, dass es allen anderen nicht so geht. Sie sind die Einzigen, die sich im Leben noch mit einem ekligen Kläffer herumschlagen müssen – alle anderen scheinen irgendwelche sauhundbefreiten Adlerrudel zu bilden und den Flug zu genießen.

Mir selbst ging das lange Zeit so. Ich wollte so gerne abheben und fliegen und versuchte krampfhaft und verkrampft, diesen Sauhund loszuwerden. Irgendwann bemerkte ich, dass es ihn nur stärker machte, wenn ich ihm permanent meine Aufmerksamkeit widmete, indem ich ihn totzuschlagen versuchte. Es ist wie bei meinen Kindern, die mit negativem Verhalten Aufmerksamkeit erlangen möchten. Indem ich mit ihnen schimpfe und sie ermahne, bekommen sie genau das, was sie eigentlich gesucht haben, und werden in ihrem schlechten Verhalten bestärkt. Dabei möchte ich ihnen ja helfen, durch positives Verhalten Aufmerksamkeit zu bekommen – indem ich das Positive verstärke. Ich habe das auf mein Glaubensleben übertragen und deshalb begonnen,

SO VIELE CHRISTEN STRENGEN SICH AN, ABER GEBEN IRGENDWANN ENTMUTIGT UND ERSCHÖPFT AUF, WEIL SIE PERMANENT DIESEN SAUHUND AN DER BACKE HABEN.

dem Sauhund nicht immer Beachtung zu schenken, nur weil er sich meldet, sondern 80 Prozent meiner Energie in den Adler zu stecken, den neuen Christus-Boppi, den Gott in mir wachsen lässt. Wenn ich nämlich den Hund nicht mehr füttere, wird er aushungern, schwächer werden und im besten Fall vielleicht irgendwann tot umfallen. Wenn ich gleichzeitig den Adler stärke, ihm zu essen gebe und ihn trainiere, dann wird er schließlich so viel Power entwickeln, dass er abhebt. Völlig unabhängig davon, ob da unten noch ein Hund dranhängt. Dieser kann dann am Seil rumbaumeln, wie er will – ich fliege!

NACHFOLGE HEISST FLIEGEN. DENN NACHFOLGE IST AKTIV, IST BEWEGUNG, IST UNTERWEGSSEIN.

Nachfolge heißt Fliegen. Denn Nachfolge ist aktiv, ist Bewegung, ist Unterwegssein. Und Fliegen ist nur durch Bewegung möglich. Ein Airbus A380 mit seinen bis zu 569 Tonnen Startgewicht hebt nicht einfach ab, indem er sich auf die Startbahn schieben lässt und dort wartet, bis ein genügend starker Windstoß kommt. Er muss sich bewegen und in Fahrt kommen, damit es auch wirklich hochgeht. Und in der Luft bleibt er nur, weil er permanent in Bewegung ist. Ein kluger Schweizer namens Bernoulli hat schon lange, bevor es das erste Flugzeug gab, herausgefunden, dass der Druck in der Luft mit zunehmender Geschwindigkeit abnimmt. Bewegung überwindet die Schwerkraft. Genauso überwindet Nachfolge die Schwerkraft des Lebens. Wenn jemand immer nur auf seine Schwächen und Unfertigkeiten schaut, dann ist das, als würde der Pilot des Airbus ständig nur auf sein Eigengewicht und die Gravitation schauen, um dann den Schub wegzunehmen: Er würde abstürzen. Man kann ängstlich auf seine Schwächen schauen, auf das, was einen „runterziehen kann", und wird nie vom Fleck kommen. Oder man schaut auf die Kraft, die uns alle in der Luft hält – denn die gibt es auch. Und die entsteht dadurch, dass wir uns bewegen, durch das aktive Nachfolgen von Christus.

Genau das sehe ich bei all den unperfekten und unfertigen Menschen in der Bibel, mit denen Gott Geschichte geschrieben hat. Bei den meisten sind die Schweinehunde sehr offensichtlich. Aber trotzdem haben sie den Blick auf Gott gerichtet. Sie haben den Adler in sich fliegen lassen und so Geschichte geschrieben.

Bellst du noch oder fliegst du schon? Lass den Sauhund verhungern und füttere den Adler – es ist letztlich gar nicht so entscheidend, ob du den Sauhund totkriegst! Ich ignoriere einfach, dass er da hängt, und lebe, was Gott mit mir geplant hat.

Dabei will ich überhaupt nicht sagen, dass wir einfach akzeptieren sollen, dass sich solche Sauhunde in unserem Leben festgebissen haben. Oder Charakterschwächen einfach ausblenden, indem wir Meister der Verdrängung werden. Unbedingt müssen wir herausfinden, wo unsere Problemfelder liegen, welche Sauhunde in unserem Leben kläffen, wo bei uns „der Hund begraben" liegt – sie dann aber auch bewusst und beruhigt an Jesus abgeben, damit er sich darum kümmert, während wir uns auf den Adler fokussieren.

Es geht auch keinesfalls darum, mit der Sünde auf ein freundschaftliches Du zu kommen. Jesus hat gesagt, wir sollen die Sünde hassen. Aber anstatt die Sünde zu hassen, zielen wir oft haarscharf daran vorbei und hassen den Sünder, uns selbst. Das ist ein kleiner, aber nicht unwesentlicher Unterschied. Unsere Kirchen müssen Orte sein, wo Sünder willkommen sind. Denn jeder einzelne Mensch darin, egal ob auf der Bühne oder am Eingang beim Begrüßungs-Team oder irgendwo in den Stuhlreihen, fällt unter die Kategorie „Sünder". Mit „ignorieren" meine ich also, dass wir nicht unsere ganze Energie in diese Viecher investieren. Wir sollen sie nicht akzeptieren, sondern ignorieren.

———

Was ist dein Sauhund? Mit was quälst du dich täglich oder wöchentlich rum? Sind es Gedanken? Minderwertigkeit? Neid? Geiz? Oder sind es Dinge, die du tust und für die du dich selbst verabscheust? Was ist dein persönlicher Kampf?

———

Jeder hat seine persönliche Kampfzone. Manchmal verurteilen wir andere Menschen, weil sie in irgendwelchen Bereichen nicht so leben, wie wir es tun. Oder weil sie sichtbare Schwächen haben, die uns schon fast fremdschämen lassen. Vergiss nie, dass es einfach deren Kampfzone ist – und wenn du dann kurz einen Blick über die Schulter auf deinen eigenen Sauhund wirfst, der gerade dabei ist, jemand anderem ans Bein zu pinkeln, sollte das dich gegenüber anderen sehr viel gnädiger und weichherziger werden lassen. Denn in ihnen steckt genauso viel Adler-Potenzial wie in dir. Die Frage ist, ob du es siehst – und ob sie es wachsen lassen möchtest.

Stell dir mal vor, wie es wäre, wenn man diese Schweinehunde, die jeder hat, wirklich sehen würde. Wir wären sehr viel großherziger mit anderen, wenn unser eigener Schweinehund tatsächlich sichtbar wäre. Jeder hätte seinen an der Leine dabei. Da sitzen wir dann in der Kirche, mit unserem Schweinehund neben uns auf der Bank. Wäre irgendwie peinlich im ersten Moment, aber langfristig befreiend. Das Problem ist ja, dass einzelne Schweinehunde sich sehr gut verstecken lassen, und deshalb zeigt man schnell auf andere, die ihre weniger gut zu verbergen wissen. Gerade diese werden dann oft zu ganz schlimmen Sünden aufstilisiert. Wir spielen die verschiedenen Unfertigkeiten gegeneinander aus und stellen spezifische Sünden an den Pranger, während andere versteckt unter der Oberfläche geduldet werden. Wir erschaffen dadurch eine „Klassengesellschaft der Sünder". Vielleicht ist es eine egoistische Abwehrreaktion, um sich nicht mit der eigenen Fehlbarkeit auseinandersetzen zu müssen. Denn es ist ja ein tolles Gefühl, wenn man jemanden findet, der offensichtlich noch übler dran ist als man selbst.

Wenn wir wirklich begriffen hätten, dass wir alle Sünder sind, wie es Paulus sagt (Römer 3,23), und alle die Vergebung nötig haben und nur durch

> **WENN WIR WIRKLICH BEGRIFFEN HÄTTEN, DASS WIR ALLE SÜNDER SIND, WIE ES PAULUS SAGT (RÖMER 3,23), UND ALLE DIE VERGEBUNG NÖTIG HABEN UND NUR DURCH GNADE GERECHT VOR GOTT WERDEN, DANN WÜRDEN UNSERE HERZEN WEICHER.**

Gnade gerecht vor Gott werden, dann würden unsere Herzen weicher. Wir wüssten, dass auch auf der Bühne Prediger und Anbeter mit egoistischen Herzen, Neid, Eifersucht, Machtgedanken und sexuellen Fantasien stehen – weil wir schlicht noch nicht im Himmel sind! Unsere Barmherzigkeit und Gnade mit anderen Menschen wäre definitiv bedeutend größer und wir würden sehr viel vorsichtiger mit (Vor-)Verurteilungen um uns schmeißen, wenn alle auch unseren Schweinehund permanent sehen könnten. So wie wir anderen vergeben, so wird auch Gott uns vergeben, sagt die Bibel (Matthäus 6,14-15) – eine klare Ansage. Es ist wohl besser, wir verbarrikadieren uns mal für ein paar Wochen im Übungskeller und proben auf unserer Vergebungsflöte. Das Richten können wir dem überlassen, der am Kreuz hing. Auch für uns.

Oft wird suggeriert, dass man einfach mehr beten und glauben müsse, um irgendwelche Schweinehunde totzukriegen. Tatsächlich erlebe ich bei mir und anderen Menschen, dass Gott manchmal eingreift, einen Köter dingfest macht und aus dem Leben schmeißt. Aber ich kenne auch viele Menschen, die jahrzehntelang mit denselben Schwächen zu kämpfen haben und ihren Sauhund nicht abgeschüttelt kriegen. Und das ist ein Stück weit normal, weil erst nach unserem natürlichen Tod der neue Mensch frei sein wird und der alte wirklich vergangen. Bis zu diesem Zeitpunkt wird der alte Boppi zwar schwächer, aber immer noch irgendwie existieren.

Wir müssen akzeptieren, dass es keine perfekten Menschen gibt, sondern nur unfertige. Als Christen sind wir alle erlöste Sünder, die Jesus hinterherlaufen. Dieses Eingeständnis hätte übrigens auch die Macht, so manche Beziehung zu kitten. Immer wieder höre ich, dass ein Ehepartner schon fast eine Abscheu gegenüber dem anderen hegt, weil dieser Dinge tut oder denkt, die man selbst überhaupt nicht toll findet. Tatsache ist: Man hat einen Sünder geheiratet und ist nun wahrscheinlich auf einen seiner Sauhunde gestoßen, auf seine

WIR MÜSSEN AKZEPTIEREN, DASS ES KEINE PERFEKTEN MENSCHEN GIBT, SONDERN NUR UNFERTIGE.

Kampfzone. Der Schlüssel für die Rettung der Beziehung ist, einander in diesen Kämpfen zu unterstützen, aber nicht, indem man sich gegenseitig fortwährend die Unfertigkeiten vor die Nase hält, sondern indem man im anderen das sieht, was Gott sieht: den Adler, das Neue, das Perfekte! Wenn wir uns gegenseitig helfen, den neuen Menschen zu stärken, wird der alte an Macht verlieren. Solange wir den alten aber füttern, indem wir ihn zu verstecken und vertuschen versuchen oder irgendwelche Lügengebäude aufbauen, um ihn unter dem Tisch zu halten, wird er weiter zerstörerische Kraft haben.

Wie schon einmal erwähnt: Die Heuchelei macht viel mehr kaputt als die Sauhunde, die sie hervorbringen. Da man offensichtlich als Christ bestimmte Sachen nicht tun oder denken sollte, werden sie von den meisten versteckt im persönlichen Hinterhof gehalten. Und weil nicht darüber gesprochen wird, steht jeder mit seinem Sauhund da und hat das Gefühl, er sei der einzige Hundehalter weit und breit – alle anderen hätten das Leben im Griff und seien christliche Überflieger. Deshalb können sie das Potenzial, das Gott ihnen gegeben hat, nicht voll ausschöpfen und nicht in ihrer Berufung leben. Sie fühlen sich unwürdig, unrein, nicht gut genug. Denk daran: Du bist nicht einfach ein schlechter Mensch – du hast etwas Neues geschenkt bekommen, das in dir wächst. Die Frage ist einfach, mit welchem Fokus du lebst. Mit Blick auf den Schweinehund oder den Adler?

Ich will weder legitimieren noch legalisieren, was du an schlechten Dingen tust und denkst. Vor allem nicht, was ich an schlechten Dingen tue und denke. Das wäre ja so, als würde man sagen, dass ab sofort Egoismus eine tolle Eigenschaft ist, weil ja sowieso jeder ein Stück Egoist in sich hat und man nicht dagegen ankommt. Unfertigkeit ist eine Erklärung und keine Erlaubnis. Ich will vielmehr helfen, aus einer falschen und unnötigen Selbstanklage auszubrechen. Mein persönliches Grundrauschen ist, dass ich 80 Prozent meiner Energie in meine Stärken

DIE FRAGE IST EINFACH, MIT WELCHEM FOKUS DU LEBST. MIT BLICK AUF DEN SCHWEINEHUND ODER DEN ADLER?

stecke, besser werde, den Adler trainiere und mit den restlichen 20 Prozent versuche, den einen oder anderen Sauhund loszuwerden. Natürlich geht es nicht ganz genau um diese Prozentzahlen. Aber es ist wichtig, im Großen und Ganzen mit dem Fokus auf den Adler zu leben – denn du könntest 100 Prozent deiner Energie in deine Sauhund-Rotte investieren, würdest dabei sicher einige Erfolge verzeichnen, aber dennoch nie zum Fliegen kommen – denn dein Adler wächst nicht einfach so. Er wird nur größer und kräftiger, wenn du ihm Zeit widmest, ihn fütterst, dich in ihn investierst. Genauso wächst deine Beziehung zu Gott nur, wenn du ihm Zeit widmest. Das Wachstum des Adlers scheint mir überhaupt gekoppelt an das Wachstum der Gottesbeziehung ... Denn je mehr wir mit Gott verbunden sind, desto mehr wird die Sehnsucht unseres Herzens gestillt. Der Sauhund verliert an Attraktivität und das Neue in mir nimmt zu.

In der Jugendstation, in der ich unterrichtet habe, gab es „Baustellen" ohne Ende. Während einzelne Aufträge verweigerten, andere manchmal eine ganze Stunde lang mit Kraftausdrücken um sich warfen, machten wieder andere die Hausaufgaben nicht, nicht richtig oder schrieben konsequent nur mit Bleistiften, auch wenn das nicht erlaubt war. Ich habe damals aufgrund von Ausrastern mit fliegenden Stühlen, Fäusten oder auch gehässigen Worte ziemlich schnell gelernt, dass es im Leben absolut entscheidend ist, die richtigen Kämpfe zu kämpfen. Ein Kampf um stumpfe Bleistifte ist nicht sehr ergiebig, wenn die Leute gar nicht erst daran denken, im Schulzimmer zu bleiben, sondern sich via Leseecke durch das Fenster aus dem Staub machen. Genauso ist es wichtig, gemeinsam mit Gott herauszufinden, welche Schlachten du schlagen sollst, welche Baustellen Priorität haben.

Na, Lust aufs Fliegen gekriegt?

DER ZEITFAKTOR

Die Schweinehund-Adler-Perspektive soll bei dir ein entspanntes und befreiendes Gefühl hinterlassen. Sie ist die Grundlage, auf der wir vorwärtsblickend hoffen können, dass Gott die Dinge zum Besten verändert. Es wäre allerdings falsch, sich resigniert-zufrieden in die „Ich bin halt einfach so"-Ecke zu setzen. Dann wäre dieses Buch völlig am Ziel vorbeigeschossen. Sie soll dich vielmehr aus der Selbstverdammnis-Ecke herausholen, sodass du wieder frei atmen kannst. Wir wären laut Bonhoeffer wieder beim Thema „billige Gnade", wenn wir die Schweinehund-Adler-Perspektive als Legitimation ansähen, nichts mehr verändern zu müssen, weil Gnade ja alles für uns tut. „Billige Gnade heißt Rechtfertigung der Sünde und nicht des Sünders", hat er es markant formuliert.[4]

WIE KURZSICHTIG IST DAS DENN? BLEIB, WIE DU BIST? BLEIB AUF KEINEN FALL, WIE DU BIST!

Ich mag diese Grußkarten-Texte nicht, auf denen es in etwa heißt: „Herzlichen Glückwunsch zum Irgendwas, und bleib, wie du bist!" Wie kurzsichtig ist das denn? Bleib, wie du bist? Bleib auf keinen Fall, wie du bist! Akzeptiere dein Grunddesign, aber verändere dich weiter in Richtung Christusähnlichkeit, bewege dich auf ihn zu. Denn es ist ein göttliches Geschenk, dass wir dazu geschaffen wurden, uns im Leben laufend weiterzuentwickeln. Dazu gehört auch, dass wir Buße tun, dass uns Dinge leidtun und wir Gott um Vergebung bitten. Denn nur wenn wir den Mist unseres Lebens zusammenschaufeln und vor das Kreuz von Jesus tragen, kann daraus wieder etwas Neues wachsen. Diese Umkehrmomente im Leben, die Bitte um Vergebung, sind der Nährboden, auf dem Veränderung wachsen kann. Gerade auch in einer zwischenmenschlichen Beziehung. Nachfolge hat immer wieder mit bewussten Entscheidungen zu tun, die Richtung zu wechseln, mit der Bereitschaft, sich von Gott korrigieren oder einfach wieder feinjustieren zu lassen.

Gerade kürzlich hat meine 89-jährige Oma nach einer Operation im Spital gesagt, dass sie jetzt in der Genesungsphase ganz neu lernen müsse, Geduld zu haben. Auch nach neun gelebten Jahrzehnten gibt es Entwicklungspotenzial in einzelnen Lebensbereichen. Wir sind nie einfach „fertig". Aber Gott will mit uns unterwegs sein, immer tiefer in diese Christusähnlichkeit hinein. Bleib nicht, wie du bist, und verlier nie die Hoffnung auf Veränderung. Gott verändert immer – auch wenn man dabei die Spannung aushalten muss, dass diese Veränderung manchmal in dieser Welt geschieht, manchmal auch erst in der zukünftigen.

Dank Gott sind wir den negativen Charakterzügen unserer eigenen Natur auch nicht einfach ausgeliefert, sondern haben die Möglichkeit zu entscheiden, ob wir dem eigenen Geist Raum geben wollen oder Gottes Geist in uns. Bei meiner iPad-Story in Malaga war es nicht das böse iPad, das mir etwas aufgezwungen hat – ich hatte entschieden, welchen der beiden Boppis ich k.o. schlage und was ich anklicken will.

„Was der Geist will, bringt Leben und Frieden, aber was die menschliche Natur will, bringt den Tod. Denn der menschliche Eigenwille steht dem Willen Gottes feindlich gegenüber; er unterstellt sich dem Gesetz Gottes nicht und ist dazu auch gar nicht fähig. Darum kann Gott an dem, der sich von seiner eigenen Natur beherrschen lässt, keine Freude haben. Ihr jedoch steht nicht mehr unter der Herrschaft eurer eigenen Natur, sondern unter der Herrschaft des Geistes, da ja, wie ich voraussetze, Gottes Geist in euch wohnt. Denn wenn jemand ´diesen Geist`, den Geist Christi, nicht hat, gehört er nicht zu Christus. Wenn aber nun Christus in euch ist, dann habt ihr aufgrund der Gerechtigkeit, die Gott euch geschenkt hat, den Geist empfangen und mit ihm das Leben, auch wenn euer Körper als Folge der Sünde dem Tod verfallen ist" (Römer 8,6-10).

GOTT VERÄNDERT IMMER – AUCH WENN MAN DABEI DIE SPANNUNG AUSHALTEN MUSS, DASS DIESE VERÄNDERUNG MANCHMAL IN DIESER WELT GESCHIEHT, MANCHMAL AUCH ERST IN DER ZUKÜNFTIGEN.

Gottes Geist in uns gibt uns die Fähigkeit, anders zu reagieren – er kann alles verändern. „Sollte mir etwas unmöglich sein?", fragt Gott Jeremia (Jeremia 32,27). Am Ende steht über allem die Tatsache, dass Gott kein Ding unmöglich ist. Kein Schweinehund ist ihm zu gefährlich und zu bissig. Keine Sache zu festgefahren, um sie loszuwerden. Auch wenn es manchmal Geduld braucht und Ungeduld eine ausgeprägte Stärke des alten Boppi ist. Aber das Loswerden geschieht nicht aus eigener Kraft, sondern durch sein kraftvolles Eingreifen. Und diese Hoffnung steht über allem. An die klammere ich mich und die lasse ich nicht los.

Während eines Leitertreffens in der Propstei Wislikofen verbrachte ich einen spaßigen Abend mit Jassen, dem Nationalkartenspiel der Schweizer. Wobei der Gegner leider sehr viel mehr Spaß hatte als ich – denn zusammen mit meinem Jasspartner war ich derart bemitleidenswert dabei, zu verlieren und punktemäßig so weit abgeschlagen, dass selbst der Satz „Es geht ja nicht ums Gewinnen!" nicht mehr half. Es war einfach nur noch traurig und unsäglich frustrierend. Kurz vor der letzten Runde und vor dem unvermeidbaren Sieg des Gegners ließ ich mich zur Aussage verleiten: „Das Einzige, was uns jetzt noch retten würde, wäre ein dreifach zählender Matsch, in dem wir alle vier Bauern hätten."

Dreifach war bei unserer Jassart der stärkste Multiplikationsfaktor in Bezug auf die Punkte, und alle vier Bauern auf der Hand zu haben das Blatt, mit dem man die höchste Punktzahl erreichen konnte. Wir spielten also volles Risiko und wagten einen Dreifach-Matsch, was man im Voraus ansagen muss. Das Unglaubliche daran war: Unsere Gegner hatten vier Neunen – das zweithöchste Blatt, was einer Wahrscheinlichkeit von 0,00428 entspricht. Doch ihr siegessicherer Jubel verstummte, als ich an die Reihe kam: Ich hatte tatsächlich vier Bauern, was einer Wahrscheinlichkeit von 0,00214 entspricht, also nur in rund zwei von 1000 Versuchen eintrifft. Oder in vier von 1000, da auch mein Mitspieler die Bauern hätte haben können, damit wir gepunktet hätten. Der Gegner durfte somit seine Neunen nicht zählen, weil wir mit den Bauern das höhere Blatt hatten. Dass beides in einer Runde zusammenkommt, ist wirklich höchst unwahrscheinlich ... es bei hunderttausend gespielten Runden kommt weniger als zweimal vor. Um die Sache noch wilder und unglaublicher zu machen: Wir gewannen den Matsch am Ende mit nur einem Punkt Vorsprung!

Eine scheinbar unmögliche Situation hatte sich in das historische „Wunder von Wislikofen" verwandelt. Auch wenn in deinem Leben alles gerade hoffnungslos erscheint – Gott hat immer noch ein „Ass im Ärmel", oder anders gesagt: Keine Panik – vier Bauern schlagen noch immer vier Neunen! Das ist die Hoffnung, die mich vorantreibt, beim Jassen wie im Leben. Dank Gott gibt es selbst im Angesicht der größten Niederlage immer noch Hoffnung.

Dabei gilt es, mit der Spannung leben zu lernen, dass Gott alles verändern kann, aber nicht immer eingreift. Unser Part ist es, mit dieser Hoffnung auf sein Wirken zu leben, ohne uns von seinem Nichtwirken oder Nicht-so-wirken-wie-ich-es-mir-vorstelle unseren Glauben zurechtstutzen zu lassen. Naaman war absolut nicht happy, dass Elisa ihm durch einen Boten sagen ließ, er müsse siebenmal in den Jordan eintauchen, um vom Aussatz geheilt zu werden. Er hatte wohl wie ich ganz klare Vorstellungen, wie Gott durch Elisa eingreifen müsse: „Ich meinte, er selbst sollte zu mir herauskommen und hertreten und den Namen des HERRN, seines Gottes, anrufen und seine Hand hin zum Heiligtum erheben und mich so von dem Aussatz befreien" (2. Könige 5,11). Seine Heilung verdankt Naaman seinem Diener, der ihn umstimmen konnte. Letztlich war es die Hoffnung auf Gottes Wirken, die Naaman dazu veranlasste, siebenmal unterzutauchen und nicht nach fünfmal frustriert aufzugeben, weil er noch immer keine Veränderung sah.

Veränderung braucht Zeit – die Frage ist, wie viel Zeit du dir dafür gibst – du Gott dafür gibst. Und wie viel Zeit gibst du den

KEINE PANIK – VIER BAUERN SCHLAGEN NOCH IMMER VIER NEUNEN!

Menschen um dich herum – ohne sie vorher aufzugeben? Wie viel Zeit gibt deine Gemeinde den Menschen, bis sie sich verändert haben? Wir können denen, die Anschluss an unsere Gemeinschaft suchen, nicht sagen: „Du darfst zu uns kommen – schau einfach, dass du zuerst sauber wirst." Oder: „Komm zu uns, aber in einer Woche solltest du alles in deinem Leben in Ordnung gebracht haben und auch dein letzter Sauhund sollte tot sein." Stattdessen sollten wir die Arme weit öffnen und die Menschen, die Gott so unglaublich liebt, mit derselben Leidenschaft willkommen heißen, die auch er für sie hat. Wir sind eine Gemeinschaft von Sündern, Unfertigen, die alle gleich stark von Gott und seiner Vergebung abhängig sind. Punkt. Spannend ist dabei, dass uns das Akzeptieren dieser Tatsache fast noch mehr Probleme bereitet als die Sünden selbst. Wir müssen den Menschen Zeit lassen. Jesus hat mit uns, Gott sei Dank, unendlich viel Geduld.

Die Geschichte, wie Josua das Volk Israel ins verheißene Land Kanaan führte, ist auf den ersten Blick eine echte Erfolgsstory. Aber es war keine leichte Entscheidung, über den Jordan zu gehen, denn es bedeutete, viele Schlachten schlagen zu müssen. Und obwohl die Israeliten 31 Könige erledigten (Josua 12,24), heißt es dann: „Als nun Josua alt war und hochbetagt, sprach der HERR zu ihm: Du bist alt geworden und hochbetagt, und vom Lande bleibt noch sehr viel einzunehmen" (Josua 13,1).

Das ist ein starkes Bild für unser Leben. Selbst im Alter wird es noch Land in unserem Leben geben, das wir nicht erobert haben, und Könige, die es zu besiegen gilt. Gleichzeitig liegt eine Verheißung auf unserem Leben, wir werden einen neuen Körper bekommen und in dieser neuen Herrlichkeit leben, die nach meinem Verständnis von der Bibel sehr der jetzigen Welt ähneln wird – einfach ohne alles Fehlerhafte. Gott wird nicht einfach eine neue Welt und einen neuen Himmel schaffen, sondern wird die jetzige Erde und den jetzigen Himmel wieder zurück-

WIR SIND EINE GEMEINSCHAFT VON SÜNDERN, UNFERTIGEN, DIE ALLE GLEICH STARK VON GOTT UND SEINER VERGEBUNG ABHÄNGIG SIND.

führen in das ursprünglich Gedachte. Bis es so weit ist, werden wir allerdings noch einige Könige in unserem Leben besiegen müssen. Einzelne werden sich einfach nicht kleinkriegen lassen; mit ihnen werden wir wohl immer wieder die Schwerter wetzen müssen. Oder uns auf Neuland konzentrieren müssen, das uns zur Eroberung vorbestimmt ist. Andere Könige werden uns weiterhin stören, weil wir verpasst haben, sie irgendwo auf unserem Lebensweg zu besiegen. Selbst wenn wir alt sind und eigentlich alles hinter uns gebracht haben, ist es noch nicht vorbei. Wir werden mit Königen kämpfen, bis wir vor dem König aller Könige stehen und er uns auf die Schulter klopft, während wir mit offenem Mund das neue Reich bestaunen, in dem kein Kampf, keine Tränen und kein Leid mehr existieren.

Wenn du also geistlich gesehen gerade den Jordan überquert hast und einerseits siehst, was alles einmal dir gehören könnte, aber andererseits auch die Übermacht an Königen, dann stell dich aufs Kämpfen ein. In Josua 11 heißt es, dass der Krieg lange dauerte, denn außer einem hat sich kein König freiwillig ergeben. Mach es also wie Josua: Knöpf dir einen König nach dem andern vor. Und vergiss dabei nie, dass es Gott ist, der mit dir und für dich kämpft. Lass dir Zeit.

WENN DU ALSO GEISTLICH GESEHEN GERADE DEN JORDAN ÜBERQUERT HAST UND EINERSEITS SIEHST, WAS ALLES EINMAL DIR GEHÖREN KÖNNTE, ABER ANDERERSEITS AUCH DIE ÜBERMACHT AN KÖNIGEN, DANN STELL DICH AUFS KÄMPFEN EIN.

9 DER WIDERSTAND

Kämpfen und Land einnehmen klingt anstrengend. Und 31 Könige nach ziemlich viel Widerstand. Tatsächlich ist es so, dass du in deiner Nachfolge unweigerlich auf Widerstände stoßen wirst. Die Frage ist nicht, ob, sondern nur wann. Auf einige kann man sich vorbereiten, auf andere nicht. Mein Harmoniebedürfnis war oft dann am meisten herausgefordert, wenn ich von Menschen wegen meines Glaubens abgelehnt wurde, gerade wenn es Freunde waren, die sich von mir distanzierten. Oft half mir der Gedanke ein wenig, dass sie sich eigentlich nicht von mir, sondern von Christus in mir distanzieren wollten. Trotzdem ist und bleibt es schmerzhaft.

Erstaunlicherweise kommt Widerstand auch oft aus den eigenen Reihen – du findest eigentlich immer Christen, die nicht nur überzeugt sind, dass die Art, wie du den Glauben lebst, nicht ganz korrekt ist, sondern die anscheinend auch noch den Auftrag von Gott verspüren, dir das deutlich zu sagen, oder noch heftiger: dir gar Steine in den Weg legen. Da beginnt dann wohl das Üben der „Feindesliebe": „Liebt eure Feinde; tut Gutes und leiht, wo ihr nichts dafür zu bekommen hofft. So wird euer Lohn groß sein und ihr werdet Kinder des Allerhöchsten sein; denn er ist gütig gegen die Undankbaren und Bösen" (Lukas 6,35; LUT).

Wer Widerstand als Chance sieht, um daran zu wachsen, und nicht an ihm verzweifelt, wird immer gestärkt daraus hervorgehen. Wichtig ist, dass wir herausfinden, wie wir Widerstände positiv nutzen können.

Ich habe bereits an verschiedenen Stellen von meiner Zeit in der Jugendstation erzählt, wo sehr viel Feedback ungefragt auf mich niedergeprasselt ist – positives wie negatives. Gerade das Negative hat sich stark als Widerstand geäußert, und ich musste mir eine Strategie zurechtlegen, damit ich an diesen Widerständen nicht zerbreche und mein Herz gesund bleibt. Deshalb habe ich mir folgenden Grundwert zurechtgelegt: Ich baue mein Leben und meinen Selbstwert nicht mehr auf alle Stimmen um mich herum auf. Ich habe ein paar wichtige Freunde und Leute, mit denen ich unterwegs bin und die mir den Spiegel vorhalten, mir Feedback geben. Allen voran natürlich meine Frau Tamara, die herrlich ehrlich mit mir ist. An ihr bin ich wahrscheinlich schon am meisten gewachsen – da hat Gott ein gutes Händchen gehabt, als er uns zusammengeführt hat. Ich habe gleichzeitig begonnen, bei negativen Äußerungen von mehr oder weniger Fremden freundlich zu lächeln, Feedback dankend abzulehnen und die Ohren auf Durchzug zu schalten. Das ist nicht etwa arrogant, sondern hilft mir, mein Herz rein zu halten – denn wenn das Fundament der Liebe fehlt, fällt Feedback selten auf fruchtbaren Boden.

ICH BAUE MEIN LEBEN UND MEINEN SELBSTWERT NICHT MEHR AUF ALLE STIMMEN UM MICH HERUM AUF.

Dasselbe mache ich auch mit überschwänglichen Komplimenten. Denn wenn ich nur das Negative ausblende, wird Stolz ziemlich rasch zu meinem engen Begleiter. Höre ich jedoch vorwiegend das Negative und blende das Positive aus, zerfrisst es das Herz. Natürlich frage ich auch immer wieder bei Menschen konkret nach, deren Meinung mich interessiert – unabhängig davon, ob sie mich mögen oder nicht, weil ihre Meinung und ihr Blickwinkel mich vielleicht weiterbringen. Aber es ist dann eben ein aktives Nachfragen, wodurch ich ihnen das Recht erteile, in mein Leben hineinzusprechen. Auch gehe ich nach wie vor mit der erwartungsvollen Grundhaltung durchs Leben, dass ich von jeder Person, der ich begegne, irgendetwas lernen kann. Das ist wie ein abenteuerliches Suchspiel.

Meine Strategie, die mich die „Widerstände" von negativ-kritischem Feedback, das nicht konstruktiv, sondern runterziehend ist, überleben und mein Herz bewahren lässt, ist also: Allem voran will ich hören, was Gott über mich denkt – und Menschen, die mich so sehr mögen und in mein Leben hineinsehen, dass sie alles sagen, negativ wie positiv. Genau deshalb sind wir auch mit einer zweiten Familie gemeinsam in ein Haus gezogen – um aneinander zu wachsen und nach außen hin Jesus besser sichtbar zu machen. Ganz nebenbei können wir uns natürlich in vielen Dingen unterstützen. Und aus demselben Grund habe ich nicht einfach meinen persönlichen Predigtdienst „Boppart Ministries" gestartet, sondern mich bei Campus für Christus Schweiz in eine Gemeinschaft aus Menschen hineingegeben, die dieselbe Vision teilen: Gott den Menschen näherzubringen. Mir helfen solche „Systeme", bei meiner Nachfolge in der Spur zu bleiben, dranzubleiben und weder an negativer Kritik zu zerbrechen noch als stolzgefüllter Ballon irgendwie abzuheben.

—

Was ist deine Strategie, um an Widerstand nicht zu zerbrechen, sondern an ihm zu wachsen?

—

Wir müssen herausfinden, wie wir Widerstände ganz praktisch überwinden können, um an Jesus dranzubleiben und nicht irgendwann frustriert aufzugeben. Wenn ihr mich mal in meinem Garten beim Wacholderbusch-Anpflanzen seht, erinnert mich bitte an meine eigenen Worte.

DAS DRANBLEIBEN

Je nach Persönlichkeitstyp motivieren dich Schwierigkeiten, Widerstände und Herausforderungen zu Höchstleistungen oder aber sie schrecken dich ab und blockieren dich beim Weiterkommen. Ich habe es von meinem Naturell her am liebsten, wenn Projekte reibungslos laufen, so richtig flutschen und Beziehungen harmoniegeschwängert möglichst wenig Reibungsenergie erzeugen. Leider funktioniert das fast nie so. Deshalb musste ich lernen, Schwierigkeiten als Chancen zu sehen, um meine Vision klarer zu schärfen, und Hürden als Möglichkeiten, um im Leben höher zu springen. Wie im Judo nutze ich die Energie, die mir entgegenkommt, und knall das Problem mit einem sauberen Schwung über die Schulter auf den Boden. Manchmal zeigen mir Schwierigkeiten, die sich schlicht nicht beseitigen lassen, aber auch auf, dass ich irgendwo einen falschen Weg eingeschlagen habe. Egal, ob ich irgendwann zurückkrebsen und meine Vision korrigieren muss oder ob es heißt, mich bei etwas durchbeißen zu müssen: Ich habe gelernt, bei Widerstand nicht gleich nach- und aufzugeben.

WIE IM JUDO NUTZE ICH DIE ENERGIE, DIE MIR ENTGEGENKOMMT, UND KNALL DAS PROBLEM MIT EINEM SAUBEREN SCHWUNG ÜBER DIE SCHULTER AUF DEN BODEN.

John Stephen Akhwari hat mit seinem Beispiel ein starkes Statement gesetzt. Er durfte 1968 für sein Land Tansania bei den Olympischen Sommerspielen in Mexico City den Marathon laufen, was natürlich eine ehrenvolle Aufgabe ist. Bei Kilometer 19 stürzte er jedoch bei einem Gerangel zwischen den Läufern und verletzte sich an Knie und Schulter. Genug Grund, um das Rennen wegen der Schmerzen abzubrechen – niemand hätte ihm das verübelt. John tat das aber nicht, sondern rappelte sich auf und lief humpelnd noch die ganze restliche Strecke von über 20 Kilometern weiter bis zum Ende. Als letzter Läufer lief er ins Stadion ein, über eine Stunde, nachdem der Sieger die Ziellinie überquert hatte. Nur noch ein paar Tausend Zuschauer waren da, die Siegerehrung war bereits vorbei und die Sonne schon untergegangen. Auf die Frage eines Reporters, warum um alles in der Welt er nach diesem heftigen Sturz weitergerannt sei, antwortete John: „Mein Land hat mich nicht nach Mexiko City geschickt, um das Rennen zu beginnen. Es sandte mich, es zu beenden."

Mich inspiriert dieser Mann. Denn Gott hat dich und mich nicht an die Startlinie des Lebens gestellt, damit wir uns ein Leben lang darauf ausruhen können, dass wir immerhin schon mal hier stehen und uns bei der Zeugung gegen ein paar Hundert Millionen Mitschwimmer durchgesetzt haben. Ja, du bist ein Siegertyp, keine Frage. Und wichtig, das auch immer mal wieder zu hören – gerade, wenn man ein Jahresabo vom Minderwertigkeitsblättchen bestellt hat. Trotzdem hat Gott dich nicht zur Startlinie geschickt, damit du das Rennen gut startest – sondern damit du es gut beendest. Um es auf Paulinisch zu sagen: „Für mich gibt es daher nur eins: Ich laufe wie ein Läufer, der das Ziel nicht aus den Augen verliert, und kämpfe wie ein Boxer, dessen Schläge nicht ins Leere gehen" (1. Korinther 9,26).

Wie reagierst du auf Widerstände? Lassen sie dich das Ziel aus den Augen verlieren? Es ist auch anderen so ergangen. Kennst du zum Beispiel die folgenden zehn Personen? Schammua, Schafat, Jigal, Palti, Gaddiël, Gaddi, Ammiël, Setur, Nachbi und Gëuël. Nicht? Immerhin hast du jetzt wieder tolle Ideen, falls du mal einen Namen für einen Sohn brauchst. Der Grund, warum dir die Namen dieser Männer wahrscheinlich nichts sagen, ist einfach: Sie alle haben das Ziel aus den Augen verloren und ihrem Herzen und ihren Gedanken mehr geglaubt als Gott. Denn eigentlich fehlen bei der Aufzählung dieser Gruppe noch zwei: Josua und Kaleb. Und da klingelt es vielleicht bei dir. Diese zwölf Personen wurden ins Land Kanaan gesandt, um es zu erkunden – denn Gott sagte, dass es das verheißene Land sei und sie es sich anschauen sollten (4. Mose 13). Dabei waren es nicht einfach irgendwelche zwölf, sondern es war von jedem Stamm des Volkes Israel eine bewährte Leiterpersönlichkeit. Als sie von ihrer 40-tägigen Besichtigung zurückkamen, bestätigten sie, was Gott ja schon gesagt hatte: „Das ist das Land! Es ist das Land, in dem Milch und Honig fließen!"

GOTT HAT DICH NICHT ZUR STARTLINIE GESCHICKT, DAMIT DU DAS RENNEN GUT STARTEST – SONDERN DAMIT DU ES GUT BEENDEST.

Hätten sie es dabei belassen, wäre alles gut gewesen – sie hätten mit dem Ziel vor Augen das Land einnehmen können. Doch sie hatten dort auch groß gewachsene Menschen gesehen – Widerstände! Und plötzlich ließen sie zu, dass in ihrem Herz Unglaube, Zweifel und Angst zu wuchern begannen. Sie sahen nur noch das Negative und brachten das Volk gegen Mose und Gottes Pläne auf.

Nur Kaleb und Josua hielten an Gottes Verheißungen fest. Kaleb beschwichtigte die Leute: „Lasst uns hinaufziehen und das Land einnehmen, denn wir können es überwältigen" (4. Mose 13,30). Daraufhin begannen die zehn, Gerüchte von einem Land zu verbreiten, das seine Bewohner auffrisst, und das ganze Volk geriet in Panik. Keiner glaubte mehr an Gottes Versprechen – alle wären lieber in der Sklaverei unter den Ägyptern geblieben oder irgendwo in der Wüste gestorben. Inmitten dieser dramatischen Situation, wo das Volk seine Leiter Mose und Aaron, die die Menschen so weit gebracht hatten und mit denen sie so viele gewaltige Wunder erlebt hatten, sogar steinigen wollten, zerrissen Josua und Kaleb ihre Kleider und hielten eine feurige Rede. Sie riefen dazu auf, doch der Verheißung Gottes Glauben zu schenken und das Land einzunehmen!

Wenn ich diese Story lese, kriege ich fast eine Ganzkörper-Gänsehaut, oder wie wir Schweizer sagen: „Hühnerhaut". Sie hat den dramatischen Stoff, aus dem die prämierten Hollywoodfilme gemacht sind, ist an Ich-halt-den-Atem-an-und-vergesse-das-Schlucken-Energie kaum zu übertreffen.

Das Resultat war, dass nur Josua und Kaleb ins verheißene Land einziehen durften – die anderen starben alle in der Wüste und ihre Namen sind in Vergessenheit geraten. Von Kaleb aber heißt es, dass er das verheißene Land sehen durfte, weil er Gott „treu nachgefolgt ist" (4. Mose 14,24) und ein anderer Geist in ihm war. Ein Geist, der auch im Angesicht von heftigsten Widerständen unbeirrt an der Verheißung Gottes festhielt.

Auch du hast zwei Möglichkeiten, in deinem Leben Entscheidungen zu treffen: angstgetrieben oder verheißungsorientiert. Angst ist immer ein sehr schlechter Ratgeber – ich habe in den letzten Jahren gleich zweimal größere Entscheidungen aus Angst gefällt. Im Nachhinein habe ich sie allerdings bereut. Es waren sehr anstrengende Projekte, und es hat Monate gedauert, die daraus entstandenen unglücklichen Vernetzungen und Verknüpfungen wieder aufzudröseln. Wenn du deinen Blick auf Gottes Verheißungen richtest, bist du immer auf der sicheren Seite und sparst dir viele unnötige und unangenehme Wüstenwanderungen. Es lohnt sich, am Ziel festzuhalten – in deiner Nachfolge dranzubleiben.

—

Wie reagierst du auf Widerstände? Beginnst du, andere Menschen zu manipulieren, damit du sie auf deiner Seite hast? Erzählst du Lügen oder erfindest du Ausreden, damit du auf keinen Fall gegen diese Widerstände ankämpfen musst? Oder bist du jemand, der treu weiter nachfolgt und sich an Gottes Versprechen klammert?

—

Dein Dranbleiben hat direkte Auswirkung darauf, ob du siehst, wie sich Gottes Verheißungen in deinem Leben erfüllen.

DER AN-DEINER-SEITE-GOTT

Ermutigend ist, dass ich mich nicht alleine durch Widerstände hindurchbeißen muss, sondern dass Gott an meiner Seite ist und mich durchträgt – wenn nötig auch bis über die Ziellinie.

Während seiner Zeit war Derek Anthony Redmond einer der schnellsten Sprinter von England, der einige Rekorde im 400-Meter-Lauf hielt. Nachdem er die Olympischen Spiele 1988 wegen Verletzungen auslassen musste, sollten die Olympischen Spiele 1992 der Höhepunkt seiner Karriere werden. Mit gewonnenem Vorlauf und gewonnener zweiter Runde startete er als Medaillenhoffnung siegeshungrig ins Halbfinale. Doch nach rund 150 gelaufenen Metern verzog Derek das Gesicht und bremste seinen Lauf abrupt ab. Er griff an seinen rechten Oberschenkel und ging in die Knie. Ein Muskelfaserriss in der hinteren Oberschenkelmuskulatur hatte ihn gestoppt. Von einer Sekunde auf die andere waren die Medaillenträume verflogen.

Anstatt sich jedoch am Rand der Laufbahn verarzten zu lassen, stand Derek auf und begann mit schmerzverzerrtem Gesicht in Richtung Ziel zu humpeln. Ein aussichtsloses Unterfangen, wie es schien, und er hätte die Strecke wohl kaum geschafft, wenn sich nicht plötzlich ein Fan aus dem Publikum gelöst hätte, um ihn zu stützen. Weinend hängte Derek sich an diesen Mann und schleppte sich dem Ziel entgegen. Ordner versuchten vergeblich, die Männer von der Bahn zu bekommen und sie zu stoppen – der Fan verteidigte Derek vehement, indem er die Ordner unmissverständlich wegwies, und führte ihn unbeirrt über die Ziellinie.

Dieser Fan war nicht einfach irgendein Fan – sondern Dereks Vater. Als ich die Videoaufnahmen von diesem Rennen zum ersten Mal gesehen habe, hat es mir Tränen in die Augen getrieben, denn es ist ein starkes Bild für das, was unser himmlischer Vater für uns tut. In den Momenten, wo wir einbrechen, wo Widerstände scheinbar zu groß werden, stellt er sich an unsere Seite und kämpft uns den Weg frei. Er stützt uns und lässt nicht zu, dass andere uns von unserem Ziel abbringen.

ES GIBT KEINEN GRUND, ENTMUTIGT LIEGEN ZU BLEIBEN. DEIN VATER IM HIMMEL IST AN DEINER SEITE.

Egal, wie schwach und unfertig du dich im Moment gerade fühlst – gib nicht auf. Es gibt keinen Grund, entmutigt liegen zu bleiben. Dein Vater im Himmel ist an deiner Seite. Stütz dich auf ihn, denn er bringt dich sicher ans Ziel. Versprochen!

Falls du diese Seite von Gott bisher nie kennengelernt hast, dann hat das vermutlich mit einem verbogenen Gottesbild zu tun. Wir meinen zwar, den himmlischen Vater zu kennen, aber schätzen ihn oft völlig falsch ein. Vielleicht denkst du, dass Gott dich gerne dort auf der Bahn liegen sieht, weil du es verdient hast, dort zu liegen. Oder dass er dir dadurch etwas beibringen möchte. Aber in Gott pulsiert eine verzehrende Vaterliebe – er ist der An-deiner-Seite-Gott, der dich nicht liegen lässt, sondern dir zur Hilfe eilt, um mit dir durchs Leben zu gehen.

Jesus erzählt die Geschichte von einem jungen Mann, der von zu Hause wegwill. Er bekommt Geld vom Vater und genießt erst mal seine Freiheit. Doch dann spielt sich das Leben nicht ganz so ab wie geplant und er landet bei den Schweinen. Abrupt wird er in seinem Lauf gebremst. Nun kniet er völlig aufgelöst und frustriert auf der Bahn. Dort sieht er sich zum ersten Mal bewusst mit seinem eigenen Schweinehund konfrontiert. In einem Anflug von wunderbarer Erkenntnis beschließt er, zum Vater zurückzukehren, um ihm zu sagen: „Vater, ich habe mich gegen den Himmel und gegen dich versündigt; ich bin es nicht mehr wert, dein Sohn genannt zu werden. Mach mich zu einem deiner Tagelöhner!" (Lukas 15,18-19).

Bereits diese Aussage zeigt, wie falsch er seinen Vater einschätzt. Obwohl er so viele Jahre bei ihm verbracht hat, in seinem Haus aufgewachsen ist, gesehen hat, wie sein Vater mit den Menschen umgeht, hat er das Gefühl, dass der ihn nicht mehr als Sohn annehmen wird. Er denkt, dass sein Vater auf den Rängen sitzen bleiben und höhnisch denken wird: „Hätte er doch besser trainiert, ich habe es ihm ja gesagt. Das hat er jetzt davon ... Selbst schuld!"

Die Reaktion des Vaters allerdings ist eine ganz andere: Voller Mitleid läuft er ihm entgegen, als er noch weit entfernt ist – es scheint so, als hätte er täglich sehnsüchtig nach ihm Ausschau gehalten. Er umarmt und küsst ihn – wahrscheinlich interpretiere ich nicht zu viel in den Text hinein, wenn ich annehme, dass bei diesem versöhnlichen Heimkommen auch viele Tränen geflossen sind. Statt als Tagelöhner wird der Sohn wieder als Sohn empfangen. Oder um beim Bild von Derek bei den Olympischen Spielen zu bleiben: Der Vater hilft dem Sohn auf die Beine und läuft an seiner Seite weiter.

Was für eine starke Botschaft! Vielleicht hast du das Gefühl, dass du Gott schon ziemlich gut kennst. Hast schon viel gelesen, gehört und glaubst bereits seit einiger Zeit an ihn – und dennoch kannst du mit deiner Vorstellung, wie er dich und dein Verhalten beurteilt, ziemlich danebenliegen. Gott sieht deine Unfertigkeit – mehr als jeder andere. Er sieht, warum du versagst. Aber er verurteilt dich nicht dafür, wenn du zu ihm kommst, sondern vergibt dir liebend gern und voller Mitleid. Er ist der An-deiner-Seite-Gott.

Du bist nicht einfach ein Unfertiger, ein Sünder – deine erste und stärkste Identität ist Sohn oder Tochter vom himmlischen Vater. Die verlierst du nicht, nur weil du unfähig bist, so zu leben, wie es richtig ist. Du bist Sohn oder Tochter des Höchsten, ein Prinz, eine Prinzessin des Königs der Könige, Umarmter und Umarmte des An-deiner-Seite-Gottes. Leb aus dieser Identität heraus. Und vielleicht ist es dran, dein Bild von ihm korrigieren zu lassen, indem du schlicht mehr Zeit mit ihm verbringst.

Verlier nie die Hoffnung auf Veränderung – denn für Gottes Geist, der in dir pulsiert, ist die Veränderung einer negativen Charaktereigenschaft und Gewohnheit so einfach wie das Umstülpen einer Socke beim Wäschezusammenlegen. Steh auf und lauf mutig weiter. Der An-deiner-Seite-Gott ist mit dir!

> **FÜR GOTTES GEIST, DER IN DIR PULSIERT, IST DIE VERÄNDERUNG EINER NEGATIVEN CHARAKTEREIGENSCHAFT UND GEWOHNHEIT SO EINFACH WIE DAS UMSTÜLPEN EINER SOCKE BEIM WÄSCHEZUSAMMENLEGEN.**

DIE AUSREDE

Immer wieder begegne ich Menschen, die sich hinter ihrer Vergangenheit verstecken und ihre unfertige Persönlichkeit schützend vor sich hochhalten, um nicht nachfolgen zu müssen.

Manche ducken sich beispielsweise hinter ihrer nicht existenten theologischen Ausbildung weg, was sie für bestimmte Aufgaben disqualifiziert, wie sie meinen. Andere haben Lieblingssünden, die sie krampfhaft zu unterdrücken und verstecken versuchen, und halten diese sich und Gott als Begründung vor, warum sie in einer Gemeinde keine Aufgabe übernehmen können. Wieder andere folgen nicht nach, sondern haben sich lethargisch auf der Minderwertigkeitsbank ausgestreckt, weil sie wegen familiärer Probleme und einer unruhigen Vergangenheit nicht so können, wie sie denken, dass sie sollten. So ziemlich jeder Protagonist der Bibel hätte sehr gute Gründe gehabt, warum er von Gott nicht gebraucht werden kann. Nehmen wir nur mal Jeftah. Er hat es ins Buch der Bücher geschafft, was ihn ja eigentlich stolz machen müsste. Die allererste Erwähnung von ihm ist allerdings nicht wirklich bauchpinselnd: „Jeftah, ein Gileaditer, war ein streitbarer Mann ...“ Es wäre toll, wenn der Satz hier enden würde. Nur leider geht er weiter. „... aber der Sohn einer Hure“ (Richter 11,1).

Wahrscheinlich würde der Autor dieser Stelle jahrelang mit Jeftahs Anwälten zu kämpfen haben, hätte er das heute geschrieben. So will niemand in dem Buch erwähnt werden, das in allen möglichen Sprachen übersetzt von unzähligen Menschen aus allen Nationen und Zeitepochen gelesen wird. Der erste Eindruck zählt bekanntlich. Und der ist bei Jeftah so ziemlich alles andere als positiv. Es ist so ein Satz, den man nicht in seinem Arbeitszeugnis haben möchte. Jeftah hatte keinen tollen Start im Leben, musste dann sogar fliehen, weil er wegen seiner Herkunft ausgestoßen wurde. Aber trotzdem hat Gott gerade ihn später zum Richter über ein Volk gesetzt. Dasselbe Spiel könnten wir mit ganz vielen Persönlichkeiten der Bibel machen.

Von den Glaubenshelden in Hebräer 11 heißt es: „Diese haben durch den Glauben Königreiche bezwungen, Gerechtigkeit geübt, Verheißungen erlangt, Löwen den Rachen gestopft, des Feuers Kraft ausgelöscht, sind der Schärfe des Schwerts entronnen, aus der Schwachheit zu Kräften gekommen, sind stark geworden im Kampf und haben fremde Heere in die Flucht geschlagen" (Hebräer 11,33-34; LUT). Das klingt eigentlich heftig beeindruckend. Doch wenn man diese Helden näher betrachtet, dann entdeckt man dabei nicht die krassen Frauen und Männer, die man eigentlich erwarten würde. Dabei sind unter anderem ein Trinker (Noah), eine Frau, die eigentlich gar keine Kinder mehr bekommen konnte und heftig an Gottes Verheißung zweifelte (Sara), ein Hitzkopf und Mörder (Mose), ein Betrüger (Jakob), ein Verunsicherter (Gideon), ein Angsthase (Barak, der nur mit Deborah an der Seite in den Krieg ziehen wollte, Richter 4,9), ein Playboy (Simson), ein Mörder und Fremdgeher (David) und einer mit Erziehungsproblemen (Samuel). Alle sind trotzdem in dieser „Hall of Fame" des Glaubens mit einem eigenen Stern verewigt. Wie kommt das? Vielleicht liegt es daran, dass sie an Gott festgehalten haben, vielleicht daran, dass sie sich nicht zu schade waren, immer wieder um Vergebung zu bitten. Möglicherweise ist auch einfach ihr Glaube mit ihnen mitgewachsen. Und sie waren bereit, den starken Gott in ihre Schwachheit hineinzulassen.

Dieser Gedanke hat mich stark berührt. Ich habe mich dabei ertappt, wie ich mich immer wieder unbewusst mit der Schwachheit dieser Leute identifiziert habe und dachte: „Ah, toll, die sind ja auch nicht besser als ich. Ich bin genauso wie die." Aber plötzlich wurde mir bewusst, dass das wirklich Faszinierende an ihnen nicht ist, dass sie genauso schwach sind wie ich, sondern vielmehr, dass in ihnen derselbe starke Geist Gottes wie in mir pulsiert!

Der Stammbaum von Jesus (Matthäus 1) singt dasselbe Lied – wenn man dabei mal die Männer weglässt und nur die Frauen ansieht. Das sind neben Maria noch vier weitere. Alle mit – sagen wir mal – relativ unruhigen Lebensgeschichten. Rut hatte ihren ersten Mann verloren und dann in einem fremden Land als Ausländerin noch einmal geheiratet.

PLÖTZLICH WURDE MIR BEWUSST, DASS DAS WIRKLICH FASZINIERENDE AN IHNEN NICHT IST, DASS SIE GENAUSO SCHWACH SIND WIE ICH, SONDERN VIELMEHR, DASS IN IHNEN DERSELBE STARKE GEIST GOTTES WIE IN MIR PULSIERT!

Tamar musste gleich zwei Männer nacheinander begraben. Da ihr Schwiegervater ihr seinen dritten Sohn nicht zum Heiraten anbot, was damals üblich gewesen wäre, hat sie sich kurzerhand als Prostituierte ausgegeben, ist mit dem Schwiegervater ins Bett gehüpft und wurde schwanger. Wilde Story. Sie hat sich einfach das geholt, was er ihr verwehren wollte. Rahab wiederum hat sich nicht nur als Prostituierte ausgegeben, sondern war eine – und gehörte zur einzigen Familie, die den Sturm auf Jericho überlebte. Sie kommt auch als Glaubensheldin in der Hebräer-Liste vor. Und dann ist da noch Batseba, die mit David einen Seitensprung hatte und schwanger wurde – Verführung durch den König und der damit verbundene Druck hin oder her. Trotzdem sind sie alle ein Teil vom Stammbaum Jesu.

Dass Gott den Mumm und die Größe hat, Leute wie Rahab in die Ahnentafel seines Sohns einzubauen, finde ich wunderbar befreiend und aussagekräftiger als tausend Worte. Die Bibel ist voll von Versagern, Unfähigen und Sündern – aber auch von Menschen, die sich in ihrer Schwachheit immer wieder auf Gott geworfen haben und aus seiner Stärke heraus lebten. Du musst dich dazu entscheiden, dass Gott dich trotz deines Versagens in seine Geschichte einbauen darf. Bist du bereit dazu?

Leider belügen wir uns oft selbst, und zwar auffällig häufig genau dann, wenn Gott damit beginnt, uns seine Träume zu offenbaren. Wir denken, dass wir zu schlecht für ihn wären – obwohl er die ganze biblische Geschichte mit genau solchen Leuten wie dir und mir geschrieben hat. Oder wir warten auf irgendeine spezielle „Über"-berufung, die aber in der Regel ausbleibt, weil Gott ja schon durch die Bibel vieles ausgesprochen hat – und deshalb bleiben wir einfach sitzen und bewegen uns nicht vom Fleck. Ich persönlich habe den Entschluss gefasst: Ich will mich nicht hinter meinen Schwächen, hinter meiner Unfertigkeit verstecken, sondern – wenn überhaupt – hinter den breiten Schultern meines großen Gottes.

Deine Geschichte und deine Herkunft disqualifizieren dich nicht, Jesus nachzufolgen. Statt dein Schicksal zu bejammern oder deine Familienverhältnisse als Vorwand vorzubringen, solltest du dein Kreuz schultern und Jesus nachfolgen. Gott wird dir die nötige Kraft zum Tragen geben – denn er sagt auch, dass sein Joch sanft und die Last leicht zu tragen ist (Matthäus 11,30). Es wird dich nicht überfordern. Du musst also nicht schon im Vorhinein jammern wie beispielsweise meine Kinder, wenn sie etwas essen müssen, das sie noch nicht kennen. Wobei das in den Genen liegt und keine Erziehungssache ist – was natürlich gleichzeitig auch ihren kulinarisch-wählerischen Papa entlastet.

Was ist deine Ausrede, um nicht nachfolgen zu müssen? Mir ist Mose sehr nahe, der mit Gott eine richtiggehende „Ausredenschlacht" hatte. Immer wieder höre ich, dass Gott uns manchmal wie Mose in eine Wüste führt, damit wir unser Leben ordnen können. Dabei stimmt das überhaupt nicht, zumindest nicht in allen Fällen. Das Leben von Mose war von Gott perfekt aufgegleist. Er überlebte auf wundersame Weise, als viele Kinder ermordet wurden, und nicht nur das: Er wuchs als Sohn der Tochter dessen auf, der ihn hatte umbringen wollen, und bekam so eine exzellente Ausbildung direkt am Königshof. Das waren die besten Voraussetzungen, um sein Volk befreien und anführen zu können. Aber weil er dann einen „Hirn auf Standby"-Moment hatte und einen Ägypter totschlug, musste er fliehen. Er saß in der Wüste – nicht etwa, weil Gott das so gewollt hätte, sondern völlig selbst verschuldet. Wunderbar, dass Gott dann auch in der Wüste mit ihm war und das Beste aus diesen Zeiten herausholte.

Als Gott Mose wieder zurück in seine Bestimmung rief, wollte dieser einfach nicht mehr. Gott sagte ihm fünfmal: „Genau dich will ich!", und Mose brachte satte fünfmal einen Grund vor, warum er nicht der Richtige sei – nachzulesen in 2. Mose 3 und 4. Da ihm irgendwann die Argumente ausgingen,

> **ICH WILL MICH NICHT HINTER MEINEN SCHWÄCHEN, HINTER MEINER UNFERTIGKEIT VERSTECKEN, SONDERN – WENN ÜBERHAUPT – HINTER DEN BREITEN SCHULTERN MEINES GROSSEN GOTTES.**

war der letzte Versuch ziemlich kläglich, er lautete ungefähr: „Herr, sende, wen du willst, ich gehe nicht." Er wollte einfach nicht und es klang nach: „Hier bin ich, Herr, sende meinen Bruder!" Billy Graham hat einmal gesagt: „In Zeiten wie diesen ist dem Menschen kein Opfer zu groß, wenn es von anderen gebracht wird."

ES GIBT NIE EINEN BESSEREN ZEITPUNKT FÜR VERÄNDERUNG ALS JETZT.

Mose wusste irgendwann nicht mehr, wie er dieser Berufung ausweichen sollte, also versuchte er es einfach mit der Wahrheit: Er wollte nicht. Und an diesem Punkt hatte Gott die Nase voll – ihm „haut's de Nuggi use" (ihm „springt der Schnuller raus", wie wir auf Schweizerdeutsch so schön sagen) – und er wurde „sehr zornig". Doch um die Geschichte nicht unnötig in die Länge zu ziehen: Am Ende ging Mose. Er verließ die Wüste, in der er sich bequem eingerichtet und eine Familie gegründet hatte. Und Gott war mit ihm.

Gott ruft dich raus aus deiner Glaubenswüste und rein in die prickelnde und abenteuerliche Nachfolge.

—

Was sind deine Ausreden, warum du diesen Schritt nicht gehen kannst oder willst?

Ist gerade vielleicht nicht der richtige Zeitpunkt?

—

Der richtige Zeitpunkt kommt nie. Umso bewundernswerter ist es, dass die Jünger damals alles stehen und liegen gelassen haben, um Jesus nachzufolgen. Es gibt nie einen besseren Zeitpunkt für Veränderung als jetzt.

10 DER EINSATZ

Unser Leben ist eine endlose Aneinanderreihung von Entscheidungen, die wir treffen. Gute und weniger gute. Dabei ist das gar nicht immer so wichtig, denn Gott kann selbst auf dem Mist, den wir produzieren, wunderbare Früchte wachsen lassen. Er liebt es, Dinge zum Guten zu wenden – denn denen, die Gott lieben, werden alle Dinge zum Besten dienen (Römer 8,28). Deshalb muss man weder seine Entscheidungen im Nachhinein selbstzerfleischend bereuen noch irgendeine Ehe nach ein paar Jahren beenden, weil die Entscheidung am Anfang nicht richtig gewesen sein soll. Gott kann und will das Resultat unserer Entscheidungen zu unserem Besten werden lassen. Wichtig ist, dass wir unterwegs mit ihm sind, Entscheidungen mit ihm besprechen und sie dann mutig nach dem besten Wissensstand fällen.

Kürzlich ging mein Rasierer kaputt. Um die Entscheidung, welchen ich mir als Ersatz anschaffen sollte, habe ich volle drei Monate gerungen. Da gab es so viele Möglichkeiten und so viel Auswahl. Am Ende stach ein Modell mit einem Namen à la Razor Blade Power Man 2040 die letzten beiden Mitkonkurrenten, BodyGroom Super Pro 17 und Trippleslide MegaShaver 3.0, aus. Auf einem Onlineportal bestellte ich meinen Auserwählten und bezahlte ihn. Und dann wartete ich. Wochenlang. Erfolglos. Irgendwann dämmerte mir, dass ich mit meinem Razor Blade nie die mir in der Werbung versprochene Erfahrung machen würde, wie er sanft über mein Stoppelgesicht gleitet und einen Babypo hinterlässt, während er mir das Lächeln eines Verzückten aufs Gesicht zaubert. Nach ein paar Erkundigungen wurde mir auch bewusst, dass ich mein Geld nie wiedersehen würde, da schon zig erfolglose Klagen gegen das Portal liefen und der Typ untergetaucht war. Mit meinem Geld. Und meinem Rasierer. Der freundliche Herr vom Betreibungsamt, das in der Schweiz für solche Fälle zuständig ist, meinte bloß: Seien Sie froh, dass Sie nur einen Rasierer und keine Waschmaschine bestellt haben. Zig Hunderte Bestellungen – im Schnitt mit einem Warenwert von 700 bis 800 Franken – seien von Kunden bezahlt, aber von der Firma nie ausgeliefert worden. Verstehe, was er damit sagen wollte. Würde aber trotzdem gerne verstehen, wie ich meinen Bart mit einer Waschmaschine hätte rasieren sollen.

Für mich war es ziemlich frustrierend, so lange zu warten und dann nichts für mein Geld zu kriegen. Ich hatte mich ins Zeug gelegt, mich sauber über die verschiedenen Modelle informiert und mich immer wieder damit beschäftigt, bis ich mein Lieblingsmodell endlich gefunden und gekauft hatte. Es ist nichts als ärgerlich und unfair, wenn man das Bezahlte nicht bekommt. Genau so muss es sich für Gott oft anfühlen. Indem er in Christus am Kreuz starb und auferstand, hat er für deine und meine Schuld bezahlt. Er hat sich unsere Leben zurückgekauft. Schmerzhaft teuer. Und er hat dabei sehr viel mehr investiert als ich für meine Rasierersuche. „Christus ist also der Vermittler eines neuen Bundes. Mit seinem Tod hat er für die unter dem ersten Bund begangenen Übertretungen bezahlt, sodass jetzt alle, die Gott berufen hat, losgekauft sind und das ihnen zugesagte unvergängliche Erbe in Besitz nehmen können" (Hebräer 9,15). Selbst wenn du die einzige Person auf der Welt gewesen wärst, hätte er diesen Weg gewählt.

DIE BEREITSCHAFT

Leider erlebt Gott immer wieder das Rasierer-Phänomen. Er bezahlt, wartet und bekommt nichts geliefert. Er hat Ideen, Träume, Visionen mit dir, würde dich gerne in den guten, von ihm vorbereiteten Werken laufen lassen, aber du „wirst nicht geliefert". Gott hat dich teuer erkauft – was hat er mit dir bekommen? Jemanden, der nett ein bisschen an ihn glaubt? Das ist noch keine Auszeichnung, es heißt in der Bibel, dass selbst der Teufel glaubt. Es ist auch noch kein Schulterklopf-Moment, wenn du ab und zu mal in der Bibel liest, betest oder deine Socken in die Kirche schleifst. Jesus hat nicht nach netten Gläubigen gesucht, sondern nach Nachfolgern, die bereit sind, sich selbst zurückzustellen und ihn zum Zentrum des eigenen Lebens werden zu lassen. C.S. Lewis hat einmal sinngemäß gesagt, dass es zwar fast unmöglich ist, sich ganz Christus hinzugeben, es aber immer noch viel leichter ist als das, was wir stattdessen versuchen.

ES IST EIN WUNDERBARES PARADOXON: WAHRE FREIHEIT IST NUR DURCH DIE ABHÄNGIGKEIT VON CHRISTUS ZU ERLANGEN.

Es ist ein wunderbares Paradoxon: Wahre Freiheit ist nur durch die Abhängigkeit von Christus zu erlangen. Und nur, wer sein Leben um seinetwillen verliert, kann es auch gewinnen. Es ist beinahe unmöglich, diesen Schritt zu gehen – aber es ist immer noch sehr viel einfacher als alle anderen Versuche, unser Leben überfließend und fruchtbringend zu gestalten.

—

Hast du dein Leben an Jesus verloren?

Hast du Gottes Träume zu deinen Träumen gemacht?
Was hat er mit dir bekommen?

Einen freundlich grinsenden Christen, der versucht, gut zu leben, aber eigentlich nicht verfügbar ist, oder einen echten Nachfolger, der in die Fußstapfen von Jesus tritt?

—

Christsein bedeutet einen sich verschenkenden Glauben, wie Jesus es mit seiner völligen Hingabe vorgelebt hat. Die Frage ist nicht: „Was bekomme ich, wenn ich mit Gott lebe?", sondern: „Was hat Gott mit mir bekommen?" Nicht: „Was habe ich davon, mit Gott zu leben?", sondern: „Was hat Gott von meinem Leben?" Als ich mich entschieden habe, Jesus in mein Leben aufzunehmen, habe nicht ich Gott bekommen, sondern Gott mich.

Nachfolge heißt: Ich übernehme die Verantwortung für mein Leben, indem ich Gott erlaube, es zu prägen und mich zu leiten. Oder wie es Paulus sagt: „Nicht mehr ich bin es, der lebt, nein, Christus lebt in mir. Und solange ich noch dieses irdische Leben habe, lebe ich im Glauben an den Sohn Gottes, der mir seine Liebe erwiesen und sich selbst für mich hingegeben hat" (Galater 2,20). Es ist sein Leben, das ich ausgeliehen habe. Er hat es teuer erkauft. „Habt ihr denn vergessen, dass euer Körper ein Tempel des Heiligen Geistes ist? Der Geist, den Gott euch gegeben hat, wohnt in euch, und ihr gehört nicht mehr euch selbst. Gott hat euch als sein Eigentum erworben; denkt an den Preis, den er dafür gezahlt hat! Darum geht mit eurem Körper so um, dass es Gott Ehre macht!" (1. Korinther 6,19-20).

Ich habe immer wieder in meinem Leben die Entscheidung neu getroffen, mit meinem ganzen Leben Jesus nachzufolgen. Meistens, weil mir bewusst geworden ist, dass ich ihm zwar „ganz" versprochen hatte, aber doch noch Bereiche großflächig selbst kontrollierte. In unserem Ehering steht Psalm 84,11: „Ein Tag in deinen Vorhöfen ist besser als tausend andere sonst." Ich bin vom Typ her zwar einer, der sich nicht mit Vorhöfen begnügt – aber wir haben unsere Ehe bewusst unter dieses Motto gestellt, lieber einen Tag gemeinsam für Gott zu leben als tausend an ihm vorbei. An unserer Haustür haben wir zudem das Schild mit der Aufschrift aufgehängt: „Ich aber und mein Haus wollen dem HERRN dienen" (Josua 24,15) – weil wir bewusst auch als ganze Familie für Gott unterwegs sein wollen.

Als die Anfrage für die Missionsleitung kam, war mir klar, dass meine Verantwortung noch einmal heftig zunehmen würde. Dass ganz viele Blicke auf uns gerichtet sein würden, wie wir leben, wie wir glauben, wie wir mit Gott unterwegs sind. Leicht beschämt musste ich feststellen, dass ich in ganz grundlegenden Dingen noch nicht dort war, wo ich eigentlich sein wollte. Ich war zum Beispiel fest überzeugt, dass ich Gott über alles liebe und ihm total vertraue. Aber irgendwie war das oft nur ein Gefühl, es hat sich nicht in Taten ausgedrückt. Als zum Beispiel die Frage auftauchte, ob ich denn bereit wäre, für meine neue Aufgabe mit der ganzen Familie umzuziehen, habe ich gemerkt, dass ich eigentlich genau das überhaupt nicht wollte. Ganz einfach weil wir im Moment an einem wunderschönen Ort leben dürfen und ein großes Freundesnetzwerk um uns herum haben. Schließlich wurde mir bewusst: Im Grunde genommen vertraue ich Gott nicht hundertprozentig, dass es mit ihm gut werden wird. Ich zweifle an seiner Liebe. Ich bin mir bewusst, dass er uns nicht einfach von einem Schönen ins nächste Schöne führen muss. Aber zumindest wird auch die nächste Lebensphase immer gut sein, weil sie richtig ist. Ich habe tatsächlich bei mir entdeckt, dass ich dieser ungebrochenen Liebe von Gott zu mir nicht wirklich traue. Und das hat mich beunruhigt und dazu bewegt, Gott selbst in der Wohnortsuche völlig freie Hand zu geben und ihn nicht im Vorhinein schon einzuschränken – denn Nachfolge kann nur auf der Grundlage der Liebe gelebt werden.

> ICH BIN MIR BEWUSST, DASS ER UNS NICHT EINFACH VON EINEM SCHÖNEN INS NÄCHSTE SCHÖNE FÜHREN MUSS. ABER ZUMINDEST WIRD AUCH DIE NÄCHSTE LEBENSPHASE IMMER GUT SEIN, WEIL SIE RICHTIG IST.

Die meisten Christen würden wohl sagen, dass Gott ein Gott der Liebe ist, und es ist für uns eine Selbstverständlichkeit, daran zu glauben, dass Gott uns liebt. Doch trauen wir dieser oft nicht wirklich in dem Maß, wie wir meinen oder eigentlich möchten. Wir glauben nicht, was wir glauben zu glauben. Wäre er wirklich der Gott der Liebe für uns, würde doch bedingungslose Hingabe nicht weiter schwerfallen. Aber unsere Gebete haben oft noch einen vorsichtigen Zusatz, im Sinne von: „Gott, du kannst mich und mein Leben haben, sofern du es so lässt, wie es ist." Oder wir stellen Bedingungen, um ganz sicherzugehen, dass Gott nicht auf die Idee kommt, uns etwas unterzujubeln, das wir auf keinen Fall möchten. „Ich werde den Job aufgeben, wenn ich wieder etwas finde, wo ich mindestens gleich viel verdiene." Oder: „Du kannst mein ganzes Leben haben, aber dafür will ich dann keine dieser schrecklichen Krankheiten wie Krebs." Am Ende ist unser Glaube gar kein Glaube mehr, sondern gleicht vielmehr einem Kuhhandel.

Meistens wird dieses Vertrauensmanko dann aufgedeckt, wenn wir Gott bei wichtigen Entscheidungen konkret mit einbeziehen. Auf keinen Fall sollte von ihm dann die falsche – nämlich die unbequeme oder unattraktive – Antwort kommen. Wenn wir nach der Ursache forschen und dabei wirklich bis ganz unten auf den Herzensboden durchgraben, taucht letztlich die Glaubensüberzeugung auf: „Ich traue Gott nicht wirklich zu, dass er es gut mit mir meint und liebevoll mit mir umgeht. Ich vertraue nicht darauf, dass er weiß, was das Beste für mein Leben ist und wie man das Beste aus meinem Leben herausholt."

Dieses Misstrauen gegenüber einem Gott der Liebe äußert sich auch in der Angst, dass Gott vielleicht ganz andere Pläne mit dem eigenen Leben hat als man selbst – er einen anderen (oder gar keinen) Partner für uns hat, er uns mitten in den tiefsten afrikanischen Busch schickt usw. Und ja: Vielleicht landen wir tatsächlich an einem Ort, der nicht bequem ist. Woher kommt die irrige Meinung, dass Gott uns im Leben nur Segnungen zukommen lässt und alles Unangenehme von uns fernhält? Daniel hätte sicher auch gerne mit ein paar Gebeten die Löwengrube umgangen. So eine Nacht mit üblem Mundgeruch im Gesicht und heißem Atem im Nacken ist nicht unbedingt das, was man sich unter einem kuschligen christlichen Leben vorstellt. Aber er musste da durch. Und Gott war da. Genauso gilt: Gott ist mit uns, auch wenn uns verwesender Fleischmundgeruch

ES IST VIELLEICHT NICHT IMMER ALLES ANGENEHM, ABER WENN GOTT ES ZUGELASSEN HAT, DANN IST ES IMMER RICHTIG.

ins Gesicht schlägt. Der Punkt ist: Es ist vielleicht nicht immer alles angenehm, aber wenn Gott es zugelassen hat, dann ist es immer richtig. Und es wird gut werden. Darauf können wir unser Vertrauen bauen.

Wir misstrauen der Liebe Gottes, einem guten Himmel, einer guten Zukunft – und bemerken es die meiste Zeit nicht einmal. Gott kann zwar mit unserem Misstrauen ganz gut umgehen – aber erst wenn wir uns dieses Misstrauen eingestehen, verschafft uns das den Raum, uns ehrlich auf den Weg zu machen, diesen Gott der Liebe in seiner ganzen Dimension zu suchen und zu entdecken. Und das ist absolut zentral, wenn wir Jesus nachfolgen wollen. Denn nur das Verstehen und Akzeptieren der radikalen Gnade und radikalen Liebe kann uns auch in die Bereitschaft zur radikalen Nachfolge und radikalen Hingabe hineinführen.

Das Wort „radikal" ist leider heutzutage im Zusammenhang mit Glaube ziemlich negativ konnotiert. Man kriegt sofort den Stempel fanatisch, engstirnig oder gar gewalttätig aufgedrückt. Tatsächlich hat aber Nachfolge diese radikale Komponente. Wer nicht bereit ist, sein Leben hinzugeben, wird es verlieren, sagt Jesus. Wobei es dabei nicht um ein himmlisches Selbstmordkommando geht, sondern diese Hingabe untrennbar mit der Aufforderung „Liebe deine Feinde" verbunden ist. Es ist die Hingabe, die Jesus vorgelebt hat und die selbst Menschen liebt, die es in unseren Augen nicht verdient hätten. Radikalität in Sachen Glaube ohne diese Liebe von Gott her ist tatsächlich ganz schnell dramatisch gefährlich und zerstörend. Radikalität aus Gnade und Liebe heraus jedoch ist unglaublich befreiend und weltbewegend aufbauend. Sie bringt Leben und nicht Tod.

So plötzlich mit dem eigenen Misstrauen konfrontiert zu werden, hat mich ziemlich aufgerüttelt. Es ist eine Situation, in der man eigentlich Vollgas geben will, aber sich nicht traut, den ersten Schritt zu tun. Petrus hat sich vermutlich genauso gefühlt, als er Jesus auf dem Wasser sah. Er ist nicht einfach aus dem Boot gestiegen und Jesus entgegengerannt – wahrscheinlich hatte er genauso Schiss wie ich manchmal bei solchen wichtigen Entscheidungen. Aber er wollte wachsen, er wollte weiterkommen. Und so tat er das einzig Richtige und rief Jesus zu: „Herr, wenn du es bist, dann befiehl mir, auf dem Wasser zu dir zu kommen!" (Matthäus 14,28). Wenn es mir so geht, ich mich blockiert fühle und mich nicht traue, wichtige Schritte zu tun oder Entscheidungen zu fällen, dann sage ich Jesus genau das: „Befiehl mir!" Denn sonst schaff ich es nicht.

Als ich damals mit rund 18 Jahren spürte, dass ich predigen sollte, betete ich: „Lieber Vater, gib mir klar und unmissverständlich deutlich ein ‚Ja', wenn ich predigen soll. Aber bitte gib mir ein Nein!" Ich hatte keine Ahnung, was ich den Leuten erzählen sollte, und fand, dass ich viel zu jung war. Kurz darauf hatte ich sehr deutlich den Eindruck, Jeremia lesen zu müssen. Schon fast wie eine dieser sich bewegenden Leuchtschriften fuhr mir der Gedanke an verschiedenen Tagen immer wieder durch den Kopf und blieb dabei jedes Mal ein paar Sekunden länger hängen, als ich es von meinen vielen wirren Gedanken gewohnt bin. Über Wochen schob ich ihn erfolgreich weg, aber er war penetrant hartnäckig. Irgendwann schnappte ich mir schließlich meine Bibel und durchwühlte sie auf der Suche nach Jeremia. Als ich dann zu lesen begann, zog es mir den Teppich unter meinen Emotions-Füßen weg. Jeremia wurde berufen, zu predigen, aber anstatt mit Begeisterungsstürmen zu reagieren, antwortete er nur resigniert: „Ich tauge nicht zum Predigen, ich bin zu jung!" Das waren eins zu eins meine eigenen Gedanken und Worte, und ich spürte, wie Gott durch die Bibel direkt in mein Leben sprach. Die Verse wurden lebendig.

Niemand ist zu jung, niemand ist zu unfähig. Wieso wählt Gott mit David einen Schafhirten und dazu den jüngsten Bruder von ein paar ganz tollen, muskelbepackten Beaus als König? Wieso baut er eine Prostituierte in die Erblinie von Jesus ein? Wieso nimmt er den Mundschenk Nehemia, um die Stadtmauern von Jerusalem wieder aufzubauen? Wieso modelt er einen der konsequentesten Christenverfolger und Massenmörder, Saulus, zu einem der einflussreichsten Missionare um? Aus demselben Grund, wieso er mit dir unterwegs sein möchte: Es ist nackte, pure Liebe. Weil er weiß, was er alles in dich hineingelegt hat. Gott beruft nicht die Fähigen, sondern befähigt die Berufenen. Aber es braucht die mutige Entscheidung, wie Petrus die eigene Komfortzone, das sichere Schiff, zu verlassen und sich auf das unsichere Terrain, das Wasser, hinauszuwagen.

Wer das tut, wird erleben, wie Glaube zu einem Abenteuer wird. Er säuft dabei auch mal ab, aber Jesus ist zur Stelle, um ihn zu halten. Definitiv ist diese Art von Nachfolge auf dem Wasser, Seite an Seite mit Jesus, sehr viel aufregender und spannender, als nur mit offenem Mund und grünlich bleichem Gesicht (mir wird's ziemlich schnell übel, wenn es schwankt) über 'ner Schiffsreling zu hängen, reihernd Fische zu füttern und eifersüchtig all den Petrussen nachzuschauen, die es gepackt haben.

Wenn du denkst, du seist zu klein, um etwas auszurichten, hast du noch nie eine Nacht mit einer Mücke im Zimmer verbracht. Du bist definitiv nicht zu jung, zu klein, zu unwichtig, zu unbrauchbar, zu unfertig, als dass Gott nicht auch mit dir seine Pläne ausführen könnte. Dir fehlt nichts – außer vielleicht die Bereitschaft.

———

In welchem Bereich deines Lebens ist es dran, Jesus zu sagen: „Befiehl mir, und ich werde kommen"?

———

DAS COMMITMENT

Mein halbherziges Vertrauen auf Gott konnte ich nicht einfach so stehen lassen. Ich wollte wie Petrus zu dem Punkt durchdringen, wo ich mich gemeinsam mit meinen Bedenken über Bord werfe und mich aufs Wasser wage – direkt in die liebenden Arme von Jesus. Also habe ich ein Commitment, eine Verpflichtung, gemacht. Ich habe ein Gebet aufgeschrieben und meine Unterschrift daruntergesetzt. Die Gründer von Campus für Christus International, Bill und Vonette Bright, sind mir dabei zum Vorbild geworden mit jenem Vertrag, den sie damals zu Beginn ihres Dienstes mit Jesus schlossen und mit dem sie ihm so nochmals ganz bewusst ihr ganzes Leben anvertrauten. Sie haben all ihre vermeintlichen Rechte, ihr Leben und all ihren Besitz an Gott überschrieben. Totale Hingabe und nichts weniger. Falls das Wort „Vertrag" bei dir unnötiges Unbehagen auslöst, nenn es einfach Bund oder Entschluss – ganz egal. Wichtig ist, dass es eine Abmachung zwischen dir und Gott ist. Ich habe mir nach ihrem Vorbild ein Commitment aufgeschrieben, ein Gebet, das ich mit meinem Namen unterzeichnet habe.

Jesus Christus, ich will, dass du das Zentrum meines Lebens bist. Durch die Kraft des Heiligen Geistes will ich auf dich hören und tun, was du mir sagst. Zu jeder Zeit. An jedem Ort. Um jeden Preis. Was immer es sei.

Es ist ein Gebet, das man nicht einfach rasch beten kann, sondern es ist eines dieser unbequemen und gefährlichen Gebete. Meistens sind es genau die, die Gott dann erstaunlich schnell erhört. Darüber hinaus ist es eine Entscheidung, die ich täglich neu treffen muss: mich Gott hinzugeben, damit nicht mehr ich, sondern er durch mich und mit mir leben kann. Das ist wahre Nachfolge, echte Hingabe. Und dabei geht es nicht einfach um einen Aufruf zu mehr Aufopferung und Selbstaufgabe, sondern zur Bereitschaft, auf Gottes Stimme zu hören und dem Gehörten Folge zu leisten. Was immer es sei.

„Hingabe" – aus Angst vor all den Burn-outs darf man das Thema heutzutage kaum mehr anschneiden, da das Wort zu viel Forderndes an sich hat. Was aber mindestens so aktuell ist wie Menschen mit Burn-out, sind all die Christen, die in ihrem Glaubensleben an Bore-out (von „bored": gelangweilt) leiden und „sterben". Statt einer Work-Life-Balance sollte man sich besser eine Heilig-Geist-Balance zulegen. So wie es Jesus vorlebte, der sagte: „Meine Nahrung ist, dass ich den Willen dessen tue, der mich gesandt hat, und das Werk vollende, das er mir aufgetragen hat." Und: „Der Sohn kann nichts von sich selbst aus tun; er tut nur, was er den Vater tun sieht. Was immer der Vater tut, das tut auch der Sohn" (Johannes 4,34; 5,19).

Die Art, wie Jesus sein Leben führte, ist besser als jeder menschlich-klägliche Versuch einer Work-Life-Balance und einer genauen Buchführung darüber, wie viel Arbeit und wie viel Freizeit gerechtfertigt ist, der doch immer wieder Unzufriedenheit produziert. Würden wir uns nach dem ausrichten, was Gott mit unserem Leben vorhat, ließen sich all die Dinge vermeiden, die uns extrem viel Energie absaugen, sodass wir am Ende ausbrennen. Wir müssen schlicht lernen, Nein zu sagen zu dem, was nicht für uns bestimmt ist, und Ja zu dem, was Gott für uns geplant hat. Denn ausbrennen lassen uns die Sachen, die Gott nicht für uns gedacht hat – wir machen sie, weil wir nicht Nein sagen können oder wollen. Genau in den Bereichen verlieren wir dann Energie, die wir eigentlich für Gottes vorbestimmte Aufgaben benötigen. Dort, wo wir in unserer Bestimmung sind, gibt es sehr viel weniger Reibungsverlust. Wenn wir uns also Gott völlig hingeben, werden wir uns weder auspowern noch zu kurz kommen. Wir werden Frucht bringen, die bleibt. Meistens erlebe ich dabei sogar noch, dass ich nicht Energie verliere, sondern vielmehr dazugewinne. Es ist diese Heilig-Geist-Balance, die unseren Energiehaushalt gesund bleiben lässt – wenn wir wie Jesus einfach nur das tun, was wir Gott mit unserem Leben tun sehen, und vom Rest die Finger lassen.

—

Inwieweit bist du bereit, dich vertrauensvoll in Gottes Arme zu stürzen – vielleicht auch noch ein wenig ängstlich oder unsicher? Aber mit der klaren Absicht,

dass sein Wille über deinem Leben geschehen darf?
Es ist das Beste, was dir und ihm passieren kann! Welche
Aufgaben müsstest du in den nächsten Tagen oder
Wochen abgeben, weil sie deinen Energiehaushalt durch-
einanderbringen?

—

Es hat mich überrascht, wie lange ich mit der Unterschrift zu meinem Commitment gezögert habe. Es hat mich innerlich viel gekostet, sie darunterzusetzen. Denn Gott nimmt unsere Entscheidungen ernst. Von daher ist es so ziemlich das Gefährlichste, was du im Leben machen kannst: die Kontrolle abgeben. Gefährlich in dem Sinne, dass es in deinem Leben nicht mehr nach deinem egoistischen Takt läuft, sondern dass nun Gottes Herzschlag pulsiert. Dabei geht es nicht darum, das Gehirn auszuschalten. Ein Journalist hat mich einmal gleichzeitig dafür bewundert und kritisiert, dass ich scheinbar alle Verantwortung für mein Leben an Gott abgeben würde. Indem ich jedoch Gott nach seinem Willen frage, gebe ich die Verantwortung für meine Entscheidungen nicht ab, sondern übernehme vielmehr die Verantwortung, die er mir übertragen hat, aus dem mir anvertrauten Leben das Beste herauszuholen. Es ist deshalb nicht einfach nur das „Gefährlichste", sondern vielmehr auch das Beste. Gleichzeitig ist Gott nicht dafür verantwortlich, welche Farbe meine Socken haben. Er hat mir eine Denkzentrale eingebaut und schon ganz zu Beginn der Weltgeschichte dem Menschen die Verantwortung übertragen, diese Welt zu bebauen und sie zu füllen. Der Schlüssel ist, dass ich nicht einfach bei allem das Hirn ausschalte und von ihm eine Antwort erwarte, sondern in meinen Entscheidungen sein Herz suche. Mich mit ihm abgleiche. Es ist, wie wenn ich eine Gitarre mit dem Stimmgerät stimme, damit am Ende die verschiedenen Saiten meines Lebens miteinander harmonieren und der Klang keine Disharmonie hat, sondern wunderbar anzuhören ist. Dazu

GOTT IST NICHT DAFÜR VERANTWORT-LICH, WELCHE FARBE MEINE SOCKEN HABEN.

muss mein Herz im Gleichtakt mit seinem sein – und er das Zentrum meines Lebens.

Am Ende ist das Commitment aber keine einmalige Sache. Es ist die tägliche Frage, ob ich wirklich so leben will, dass er durch und mit mir leben kann. Wie bei der Gitarre, die sich immer wieder verstimmt, braucht es auch bei mir immer wieder eine Nachjustierung.

Diesem Buch liegt dein persönliches Gebet, dein Commitment-Kärtchen, bei. Denk darüber nach, was es bedeutet, besprich es vielleicht auch mit guten Freunden. Und wenn du willst, setz deine Unterschrift darunter und steck es als tägliche Gebetserinnerung in dein Portemonnaie. Oder formuliere ein ähnliches Gebet mit eigenen Worten und mach dein eigenes Commitment.

Beim Commitment geht es um Folgendes:

Jesus Christus, ich will, dass du das Zentrum meines Lebens bist. Klingt irgendwie banal. Aber tatsächlich quetschen sich so schnell irgendwelche anderen Dinge in das Zentrum meines Lebens. Manchmal bin ich stolz auf das, was ich alles schaffe. Ich fühle mich dann im Zentrum des Boppi-Universums, ganz im Stile von „Ich bin ziemlich heiß, ich muss die Sonne sein!". Jedes Mal verbrenne ich mir aber schließlich die Finger an diesen Gedanken. Manchmal mache ich meine Projekte zum Zentrum, oder auch meine Agenda und mein iPhone. Auch meine Frau Tamara oder meine Kinder können nicht mein Zentrum sein, denn wenn wir gegenseitig zu viele Erwartungen an uns haben, beginnt unser Ehe- oder Familiensystem anstrengend zu werden. Jesus ist der Einzige, der dieses Zentrum ausfüllen kann. Und soll.

Durch die Kraft des Heiligen Geistes will ich auf dich hören und tun, was du mir sagst. Es hat einige Jahre gedauert, bis ich verstanden habe, dass Gottes Geist tatsächlich der Schlüssel für alles ist. Jesus hat 30 Jahre so ziemlich nichts gemacht, was die Bibel für erwähnenswert hielt, doch als er getauft wurde und Gottes Geist in Form der Taube auf ihn kam, ging die Post ab. Wie um alles in der Welt können wir auch nur in die Nähe des Gedankens kommen, dass wir ohne Gottes Geist etwas bewegen können? Er ist nicht nur Tröster, sondern auch wichtigster Ratgeber – ein himmlisches, unfehlbares Navi sozusagen.

WIE UM ALLES IN DER WELT KÖNNEN WIR AUCH NUR IN DIE NÄHE DES GEDANKENS KOMMEN, DASS WIR OHNE GOTTES GEIST ETWAS BEWEGEN KÖNNEN?

Eine 67-jährige Belgierin wollte mit dem Auto zum Brüsseler Bahnhof fahren, um einen Freund abzuholen – eine Fahrt von etwa 95 Kilometern. Dummerweise hatte sie im Navi den Zielort falsch eingegeben, was zur Folge hatte, dass sie satte 1400 Kilometer in die falsche Richtung fuhr. Anstatt am Brüsseler Bahnhof landete sie in Zagreb, Kroatien. Auf ihrem kleinen Umweg durchquerte sie in rund 60 Stunden sechs Länder. Selbst Ortsschilder in fremden Sprachen und das mehrfache Tanken ließen sie nicht stutzig werden. Sie vertraute der stets freundlichen Stimme ihres Navis.

Das zeigt: Es ist absolut zentral, welcher Stimme wir in unserem Leben zuhören, vertrauen und folgen. Bei der Stimme des Heiligen Geistes liegen wir mit Sicherheit immer goldrichtig und landen nicht plötzlich an einem falschen Ort. Diese Stimme ist für uns alle hörbar – die Bibel sagt, dass die Schafe die Stimme des Hirten hören und ihm folgen (Johannes 10,27). Meine vierte Tochter Mavi hat wie ihre drei Schwestern vor ihr gelernt, dass das tiefe brummlige Geräusch an ihrem Ohr nicht etwa von der Kenwood-Küchenmaschine stammt, sondern meine Stimme ist. Jedenfalls kennt Mavi meine Stimme, und da sie noch eine ganze Weile nicht reden können wird, krächzt und pfeift sie aus allen Löchern und wippt hin und her, bis ich zu ihr schaue und etwas sage. Dann ist sie glücklich und gurgelt drauflos.

Ich habe mittlerweile ebenfalls gelernt, wie die Stimme meines himmlischen Vaters klingt. Wie er zu mir redet. Das ist bei jedem individuell – du hörst ihn ganz bestimmt anders als ich. Die Sache ist relativ simpel – ich habe früher immer auf die große laute Stimme von oben gewartet. Aber ich bin ein Tempel Gottes und sein Geist wohnt in mir – von daher muss er ja nicht zuerst aus mir raus, um wieder zu mir sprechen zu können, sondern benutzt oft die natürliche Form von Gedanken oder Gefühlen. Natürlich ist es nicht immer ganz einfach zu unterscheiden, was von mir ist und was von ihm. Bei mir sind es oft Gedanken, die ein My länger im Kopf hängen bleiben als andere und da ein wenig baumeln, die ich als von Gott kommend identifiziere. Und dann heißt es einfach: Mutig drauflos! Nur dadurch, dass man etwas ausprobiert und dann bestätigt wird, weil man die Frucht sieht, lernt man, wie Gottes Stimme klingt.

Es kann genauso gut ein Bibelvers sein, durch den er zu uns spricht – denn Gottes Wort ist lebendig wie eh und je. Vielleicht hörst du auch eine Predigt, bist inspiriert durch ein Lied, ein Wort, eine Person, die beiläufig etwas sagt, das ins Schwarze trifft, oder guckst ein Bild an und es klingt in dir nach … Wichtig ist am Ende: Wenn du es nicht ausprobierst und dem Gedanken nachgehst, wirst du nie herausfinden, ob es wirklich ein Gedanke von Gott war.

Ich sollte bei einem großen Event mit mehreren Tausend Besuchern eine Abschlussmessage von 15 Minuten geben – der Auftrag war, die Leute noch mal so richtig herauszufordern. Als ich mich kurz davor noch einmal sammelte, durchzuckte mich der Gedanke: „Gib zuerst jedem im Chor die Hand und frag ihn nach seinem Namen!" Hinten auf der Bühne saß nämlich ein Chor mit Dutzenden von Leuten. Bei rund 100 Personen und wenn ich für jedes Schütteln, Lächeln, Namenerfragen und Durch-die-Reihe-zur-nächsten-Person-Kämpfen rund 4 Sekunden benötigte, wären fast sieben Minuten, also knapp die Hälfte meiner kostbaren Sprechzeit, futsch. Dieser Gedanke konnte doch unmöglich von Gott sein. Aber er ließ mich nicht mehr los.

Oft nagen Dinge, die man im Leben aus Mangel an Mut nicht getan hat, heftiger an einem als die, die man mutig, aber erfolglos ausprobiert hat. Also marschierte ich auf die Bühne, stammelte einen knappen Erklärungsversuch und ignorierte all die sich in meinen Rücken bohrenden Blicke von Tausenden von Menschen, die zu ergründen versuchten, was den Kerl da vorne jetzt wieder geritten hatte. Ich brachte die Chorbegrüßung treu und gehorsam hinter mich, um mich im Anschluss den Zuhörern zuzuwenden und die zweite Hälfte meiner geplanten Message zu halten. Wenn ich mich recht entsinne, hielt ich doch noch die ganze Predigt und versuchte dabei einfach, doppelt so schnell zu reden. Keine Ahnung, was davon angekommen ist.

Gerne würde ich jetzt erzählen, dass mein etwas peinlicher Gehorsamsakt der Moment gewesen ist, in dem eine dramatische Erweckung ausgebrochen ist, Menschen zu Hunderten zur Bühne strömten, um ihre Sünden zu bekennen, und sich auf allen Köpfen Feuerflammen niederließen. So war's leider nicht. Immerhin ein paar Storys habe ich gehört. Von einer Frau, die sich sehr stark eine Begegnung mit Gott gewünscht hatte, dann aber von einer hübschen und arroganten Frau im Chor derart genervt war, dass sie sich selbst völlig blockierte, auch nur den kleinsten Hauch eines Segens von Gott zu erhaschen. Sie war eigentlich das ganze Wochenende nur damit beschäftigt gewesen, sich mit den negativen Gefühlen gegenüber dieser einen Person zu befassen. Als dann der Moment kam, wo die Frau im Chor ihren Namen nannte, hörte sie in deren Stimme so viel Liebe, dass sie realisierte, dass sie falsch gelegen hatte – und genau dieser Moment wurde für sie zu einem starken Gotteserlebnis.

Eine Frau im Chor wiederum empfand es als sehr frustrierend, so viele Veranstaltungen auf der Bühne abzusitzen und doch nicht wirklich beachtet zu werden. Meinen Händedruck erlebte sie als

OFT NAGEN DINGE, DIE MAN IM LEBEN AUS MANGEL AN MUT NICHT GETAN HAT, HEFTIGER AN EINEM ALS DIE, DIE MAN MUTIG, ABER ERFOLGLOS AUSPROBIERT HAT.

einen ermutigenden Händedruck Gottes. Eine andere Person fand aufgrund der Namensnennung jemanden wieder, den sie schon lange aus den Augen verloren hatte, und konnte so eine alte Beziehung wieder aufleben lassen. Oft sind es diese unscheinbaren Sachen, die ein Zeichen von Gottes Liebe zu Menschen sind. Gott spricht zu dir nicht einfach nur, weil er dich so sehr liebt, sondern oft auch, weil er die Menschen um dich herum so sehr liebt.

Meine Mitarbeiterin Silvana hat das mitten auf der Straße ganz stark erlebt. Sie hatte den Eindruck, eine wildfremde Frau ansprechen zu müssen. Da sie keine Ahnung hatte, was sie sagen sollte, kam einfach ein knappes „Hallo, wie geht's?" heraus. Das ist vielleicht nicht gerade die beste Idee, um mit jemandem ins Gespräch zu kommen. Die Frau brach aber zu ihrem Erstaunen direkt in Tränen aus. Instinktiv fragte Silvana, ob sie sie in den Arm nehmen dürfe. Darauf kamen nur ein Nicken und noch mehr Tränen. Als die Frau sich wieder gefangen hatte, erzählte sie ihr, dass sie gerade von ihrem Freund verlassen worden sei und nicht mehr wisse, was sie tun solle. Verzweifelt war sie durch die Stadt gelaufen. Als sie bei einer Kirche vorbeikam, war sie hineingegangen und hatte zu Gott geschrien: „Gott, wenn du mich liebst, dann schick mir jemanden, der mich in den Arm nimmt." Was für eine wunderbare Begegnung, die Gott da eingefädelt hat! Silvana lud sie daraufhin zu einem Kaffee ein und erzählte ihr von Jesus. An Ort und Stelle hat sich die Person dann entschieden, diesem Jesus nachzufolgen.

GOTT SPRICHT ZU DIR NICHT EINFACH NUR, WEIL ER DICH SO SEHR LIEBT, SONDERN OFT AUCH, WEIL ER DIE MENSCHEN UM DICH HERUM SO SEHR LIEBT.

So etwas ist nur möglich, wenn wir bereit sind und uns wirklich dazu entscheiden, diesem Jesus nachzufolgen und dabei im Alltag sensibel auf die Stimme des Heiligen Geistes zu hören.

Jetzt schnapp dir das Kärtchen und rede mit Gott mal über dein persönliches Commitment.

DER GEHORSAMS-MUT

Vielleicht hilft es dir, dass diese krasse Wildfremde-Person-bricht-in-Tränen-aus-Story nicht von mir kommt, sondern von meiner Kollegin. Sonst hättest du mir jetzt gleich den Stempel „geistlicher Superheld" aufgedrückt. Das machen wir nämlich mit den Leuten, die etwas Tolles mit Gott erleben – oft aus reinem Selbstschutz. Wir geben ihnen einen geistlich leicht erhabenen Status und halten sie so auf Distanz zu unserem eigenen normalen Leben. Auf diese Weise müssen wir uns nicht damit auseinandersetzen, ob denn so etwas nicht auch in unserem Leben möglich wäre. Ich bin ein totaler Normalo, ein Schweizer „Füdlibürger", einer, der sich trotz mathematischer Veranlagung nie wirklich merken kann, wo was in der Bibel steht (was auch gar nicht so zentral ist, da die Nümmerchen erst später dazugekommen sind). Aber ich habe ähnliche Erfahrungen mit dem Hören auf Gottes Stimme gemacht wie Silvana. Dennoch endet die große Mehrheit meiner Erlebnisse nicht derart erfolgreich. Aber nur derjenige, der es immer wieder wagt, entsprechenden Gedanken nachzugehen, wird auch tolle Geschichten erleben und lernen, wie Gottes Stimme klingt.

Ich hatte einmal den Eindruck, ich solle meinem Lieblingstaxifahrer, der mich häufig nach Events ganz spät in der Nacht noch vom Bahnhof nach Hause fährt, 100 Franken Trinkgeld geben. Irgendwie habe ich gehofft, dass das eine satte Story für ein Buch wie dieses abgeben könnte, oder zumindest ein beeindruckendes Predigtbeispiel. In meiner Vorstellung ist er auf dem Sitz in Tränen ausgebrochen, hat mit der Stirn auf dem Steuerrad minutenlang gehupt und mir unter herzhaftem Schluchzen die ganze Liste seiner Sünden gebeichtet. Natürlich mit der obligaten Aufnahme von Jesus in sein Leben im Anschluss an die total bewegende Szene. Tatsächlich hat er aber in gebrochenem Deutsch einfach ein knappes Danke gemurmelt, den Geldschein eingesteckt und ist davongefahren. Insgeheim hoffe ich noch immer, dass er sich damit einen Lottoschein gekauft, ein paar Millionen abgesahnt hat und irgendwann einmal völlig unverhofft wieder vor meiner Haustür steht, um mir 10 Prozent von seinem Gewinn abzudrücken. Aus reiner Dankbarkeit, versteht sich. Vielleicht war die Stimme, die ich da gehört habe, aber gar nicht die von Gott, sondern einfach die „Lass uns 'ne tolle Story kreieren"-Stimme von mir. Und die ist dann eigentlich nie wirklich erfolgreich.

Trotzdem will ich Gott mein Leben und mich zur Verfügung stellen. Ich will nie verlernen, kindlich naiv zu glauben, auch wenn Naivität manchmal einen negativen Beigeschmack hat. Das Evangelium hat nun mal auch eine naive Komponente. Wieso soll zum Beispiel ein Zimmermann, den man mit den „eigenen" Nägeln ans Holz schlägt, auch nur im Entferntesten etwas mit meiner Ewigkeit zu tun haben? Oder wieso sollte allein der Glaube genügen, um uns eine Ewigkeit zu eröffnen? Paulus selbst sagt, dass die Botschaft vom Kreuz für Menschen, die nicht daran glauben, etwas „völlig Unsinniges" ist. Wenn man aber daran glaubt, wird sie zu „Gottes Kraft" (1. Korinther 1,18). Genau das haben die Jünger erlebt, als Jesus sie aufgefordert hat, nach einer ganzen Nacht ohne auch nur einen einzigen Fisch das Netz einfach noch einmal auf der rechten Seite des Bootes auszuwerfen. Wie naiv ist das denn? Aber als sie es taten, konnten sie das Netz nicht mehr einholen, weil es so voller Fische war (Johannes 21,1-14).

Für mich ist es „Gehorsams-Mut", wenn ich mich gesund naiv mit einem kindlichen Glauben auf die Verheißungen Gottes stütze. Ich weiß nicht, warum Gott manchmal heilt und manchmal nicht. Aber ich weiß, dass Gott heilen kann. Weil ich es an mir selbst erlebt habe. Ich weiß, dass Gebet die Power hat, Gottes Kraft in unserem Leben freizusetzen. Weil Gott genau das liebt. Ich weiß, dass Glaube und Gebet die Macht haben, alles zu verändern. Und dass es nichts Wunderbareres gibt, als sich mit allem, was

ICH WILL NIE VERLERNEN, KINDLICH NAIV ZU GLAUBEN, AUCH WENN NAIVITÄT MANCHMAL EINEN NEGATIVEN BEIGESCHMACK HAT.

man hat, und mit der ganzen geballten Ladung an Hoffnung, die man aufbringen kann, auf Jesus zu werfen.

Dieser naive Glaube entfaltet in meinem Leben Gotteskraft. Ich will nie verlernen, mutig auf die Stimme Gottes zu hören und dann zu tun, was er mir sagt. Ich will mit Gott unterwegs sein und ihm immer die Möglichkeit geben, in mein Leben zu sprechen. Und das nicht einfach nur ab und zu, wenn ich mal wieder gerade eine tolle Story für eine Predigt brauche, sondern immer.

Zu jeder Zeit. An jedem Ort. Um jeden Preis. Was immer es sei. Im Nordosten von Ungarn hatte unser internationales Einsatzteam ein Projekt unter klassischen Musikern, bei dem ich für ein paar Tage dabei sein durfte. Klassische Musik ist für mich gleichermaßen erstaunlich wie anstrengend. Wahrscheinlich passt meine Naivität nicht zur Komplexität dieser Musikrichtung. Trotzdem war ich begeistert dabei und sprintete von einer Darbietung zur nächsten. Am dritten Tag war dann jedoch mein Tank leer. Nach dem Mittag kollabierte meine anfängliche Begeisterung unter dem Gewicht der kreativen Eindrücke, und ich peilte zwei Stunden Pause in meinem Hotelzimmer an, um dann für das große Finale, eine mehrstündige Aufführung der Oper Don Giovanni, wieder fit zu sein.

ZU JEDER ZEIT. AN JEDEM ORT. UM JEDEN PREIS. WAS IMMER ES SEI.

Während ich mich Richtung Hotel schleppte, blinkte in meinem Kopf das Wort „Zimmer" wie die orangen Lichter am Zürichsee bei einer Sturmwarnung. Ich hatte mein Ziel, die paradiesische Ruhe meines Hotels, schon in Sichtweite, als mein Ohr dummerweise die Aufnahme-Blockade löste und ein einzelnes deutsches Wort an mein Ohr drang: „Zettel". Das war insbesondere deshalb so erstaunlich, da dort niemand Deutsch sprach. Ich redete mir ein, dass „Zettel" wahrscheinlich auch Ungarisch ist und so etwas bedeutet wie: „Mein Hund hat einen Bandwurm, wo finde ich einen

Tierarzt?" Während ich ein paar Meter weiterlief, hallte in mir das Wort „Zettel" jedoch nach wie ein Echo in den Schweizer Bergen, und ich spürte, dass Gott mich dazu aufforderte, die Person zu suchen, die es ausgesprochen hatte. Nur gab es da ein klitzekleines Problem: Ich hatte absolut keinen Bock dazu.

Also versuchte ich die Zettel-Stimme mit einem innerlich vehementen „Zimmer!" zum Schweigen zu bringen. Während der nächsten Meter entbrannte einer dieser Kämpfe in mir, von denen ich bereits geschrieben habe. Gott sagte „Zettel" und der alte Boppi hielt dagegen mit „Zimmer". Wahrscheinlich lächelte Gott dabei über meinen dickköpfigen Widerstand, ähnlich wie ich manchmal lächeln muss, wenn meine Kids sich wegen etwas Banalem gegen mich auflehnen. Gott und ich wissen beide, dass eine Entscheidung für seine Option immer das bessere Ende nimmt. Mit einem mürrischen Grunzen kapitulierte ich schließlich, drehte mich um und stapfte zurück. Bei einer Eisdiele sah ich eine junge Frau, nennen wir sie Mona, die sich abmühte, für ihr gekauftes Eis eine Quittung zu erhalten. Sie wiederholte immer wieder „Zettel" und deutete, begleitet von ganz viel Mimik, die so ziemlich alles hätte bedeuten können, auf die Kasse.

Ich ging also auf sie zu und fragte mit dem Maximum an Freundlichkeit, die ich aufbringen konnte, aber eher an einen James-Bond-Gegenspieler erinnerte, der gerade zum tödlichen Schlag gegen 007 ausholt: „Hast du ‚Zettel' gesagt?"

Wäre ich die Frau gewesen, hätte ich bei dem Kerl mit dem massenmörderischen Tonfall und dem aggressiven Gesichtsausdruck gleich zu einem Tritt in die Weichteile ausgeholt und ihm eine Dose Pfefferspray ins Gesicht gesprüht. Rein präventiv natürlich. Stattdessen aber ging in ihrem Gesicht die Sonne auf. Sie strahlte mich an, fiel mir beinahe

WÄRE ICH DIE FRAU GEWESEN, HÄTTE ICH BEI DEM KERL MIT DEM MASSENMÖRDERISCHEN TONFALL UND DEM AGGRESSIVEN GESICHTSAUSDRUCK GLEICH ZU EINEM TRITT IN DIE WEICHTEILE AUSGEHOLT UND IHM EINE DOSE PFEFFERSPRAY INS GESICHT GESPRÜHT.

um den Hals und rief: „Du sprichst Deutsch? Endlich jemand, mit dem ich Deutsch sprechen kann!"

Für den Bruchteil einer Sekunde dachte ich noch daran, wie Petrus einfach zu lügen, und schielte sicherheitshalber nach irgendwelchen Hähnen in der Nähe. Schließlich spreche ich ja nur ein Schweizerdeutsch-Deutsch. Aber die strahlenden Augen überrumpelten mich dermaßen, dass ich bei der Wahrheit blieb und bloß ein knappes „Ja" über die Lippen würgte.

„Können wir reden?" Mein alter Boppi sehnte sich nach wie vor nach „Zimmer" und schrie Nein. Aber glücklicherweise hatte in der Situation der neue Christus-Boppi die Überhand, und der sagte: „Klar können wir." Wir setzten uns zusammen auf eine Bank, ich mit meiner Sauermiene, sie mit ihrem Eis, was sich natürlich zusätzlich negativ auf meine Stimmung auswirkte, da ich ihr das Eis gerne entrissen und selbst geleckt hätte. Komischerweise kam mir erst später in den Sinn, dass ich mir ja auch noch eines hätte kaufen können. Aber wahrscheinlich brauchte mein Hirn seine ganze Denkkapazität zur Verarbeitung der negativen Gefühle. Die verflogen dann allerdings ziemlich rasch, als Mona zu erzählen begann und mir bewusst wurde, dass zweifellos „Zettel" angesagt war und nicht „Zimmer".

Sie war siebzehn Jahre alt und hatte kürzlich ihren Vater verloren. Gemocht hatte sie ihn nicht wirklich. Er war Alkoholiker gewesen und hatte die ganze Familie regelmäßig geschlagen und tyrannisiert. Von daher war es für sie mehr eine Erlösung als ein Verlust gewesen. Kurz nach seinem Tod hatte ihr die Mutter jedoch ins Gesicht gesagt, dass sie sie eigentlich gar nicht haben wolle, und sie von Deutschland aus nach Ungarn in ein Erziehungsprogramm geschickt. Eine Schwester, die einzige Person in der Familie, der sie wirklich nahegestanden hatte, war auch schon ums Leben gekommen. Der Schmerz, den diese junge Frau fühlen musste, war an ihren zerschnittenen Unterarmen ersichtlich – genauso wie an der Tatsache, dass sie einem wildfremden

Mann ihr ganzes Leben ausschüttete und offen über das Ritzen und ihre Gefühle sprach. Sie litt unter der Einsamkeit, unter der Distanz zu den paar wenigen verbliebenen Freunden, darunter, dass sie kein Wort Ungarisch verstand und dass sie ihr Leben und ihre Gefühle nie wirklich in den Griff bekommen hatte.

Unser Gespräch wurde länger und länger und während des sich anschließenden Spaziergangs erzählte ich ihr von einem Gott, der mitten in unser Leid hineinkommt, um uns zu trösten und uns nahe zu sein. Ich erklärte ihr, warum Jesus auch für sie gestorben war, und erzählte ihr dann, wie ich persönlich Gott in meinem Leben erlebt hatte. Dazu gab ich ihr das Kärtchen zu meinem MyStory Profil (www.mystory.me/boppi), eine Webseite, auf der man seine persönliche Geschichte mit Gott hinterlassen kann, um sie dann via Kärtchen oder online mit anderen zu teilen. Nach über einer Stunde betete ich für sie irgendwo an einer Kreuzung (und glaub mir, ich bin in diesen Dingen auch eher ein Schisser und kein mutiger In-der-Öffentlichkeit-Beter). Dann verabschiedeten wir uns voneinander und ich lud sie und ihre Pflegemutter zur Oper am Abend ein. Ich ging auf mein Zimmer, was sich eigentlich gar nicht mehr lohnte – denn es war Zeit für mein Date mit Don Giovanni.

ICH BIN IN DIESEN DINGEN AUCH EHER EIN SCHISSER UND KEIN MUTIGER IN-DER-ÖFFENTLICHKEIT-BETER.

Erst auf meinem Plastikstuhl in einer behelfsmäßigen Ehrenloge wurde mir bewusst, dass ich gar nichts gegessen hatte. Das bedeutete, fast drei Stunden lang den Plastikstuhl nun mit meinem eklig-unfreundlichen Nachbarn, dem Hungerast, teilen zu müssen. Manna kam keines vom Himmel, was ich irgendwie noch echt cool gefunden hätte, dafür brachte mir in der Pause jemand völlig unerwartet ein Eis. Keine Ahnung, wo er das aufgetrieben hatte, denn man konnte dort weit und breit nichts kaufen. Erst jetzt beim Schreiben, Monate später, wird mir bewusst, dass dieses Eis vielleicht ein Zwinkern von Gott war, weil ich ja beim Gespräch auf der Bank keines gehabt hatte und insgeheim damit haderte, dass ich wieder mal zu kurz gekommen war.

Kurz vor Beginn der Oper stand plötzlich eine Frau vor mir, mit dicken Tränen in den Augen. Sie fragte: „Sind Sie der Mann, der mit Mona gesprochen hat?" Ich nickte leicht zögerlich, da ich nicht wusste, ob jetzt doch noch der längst erwartete Tritt in die Weichteile erfolgen würde. Anstelle einer Pfefferspraywolke brach jedoch völlig unerwartet ein Dankesschwall über mich herein, von dem ich nicht mal die Hälfte verstand. Es war die ungarische Pflegemutter. Mona war mit dem MyStory-Kärtchen nach Hause gekommen und hatte von unserem Gespräch erzählt – durch die Webseite war der Pflegemutter dann klar geworden, dass ich Christ bin. Sie erzählte mir, dass sie auch an Gott glaube und dass Mona heute einfach weggegangen und zum ersten Mal seit drei Monaten ganz alleine in der Stadt unterwegs gewesen sei. Sie sei total besorgt gewesen und habe gebetet, dass Gott auf Mona aufpassen möge und ihr einen Christen über den Weg schicke.

Bäm. Wie wunderbar ist das denn? Eine Begegnung, die von Gott minutiös melodisch orchestriert wurde, um mal bei der Sprache von Don Giovanni zu bleiben. Es sind die guten, vorbereiteten Werke, in denen wir laufen können. Die Frage ist aber täglich: Will ich das oder nicht? Entscheide ich mich für „Zettel" oder „Zimmer"? Es war meine Entscheidung gewesen, diese Begegnung zuzulassen, die für diese junge Frau womöglich zu einem wichtigen Meilenstein in ihrem Leben geworden ist.

Ich möchte den Mut und die Kraft haben, jedes Mal „Zettel" zu wählen, auch wenn der Zimmer-Gedanke in mir noch so laut schreit und verlockend anmutet.

Zu jeder Zeit – auch wenn es gerade absolut nicht in meine Pläne passt.

An jedem Ort – selbst im hintersten Winkel von Ungarn.

Um jeden Preis – auch wenn es heißt, dass ich mein Abendessen verpasse und auf den verdient-benötigten Schlaf verzichte.

Was immer es sei – vielleicht ein Gespräch mit einer Person, die genau in dem Moment eine Begegnung mit Jesus in mir benötigt.

Für jeden bedeutet die Nachfolge etwas anderes. Für alle aber ist es eine Entscheidung zur Hingabe.

—

In welchem Bereich spürst du, dass Gott dich ganz neu in seine Nachfolge ruft? Was hindert dich noch, deine Komfortzone zu verlassen und dich aufs Wasser zu stellen?

Ich habe noch keine Entscheidung bereut, die ich für Jesus getroffen habe. Mein Leben ist manchmal abenteuerlich, manchmal ganz gewöhnlich langweilig. Aber es fühlt sich immer richtig an und so vieles macht rückblickend Sinn – weil ich Jesus hinterherlaufe. Ignorierst du Gottes Zettel-Ruf oder folgst du ihm? Zettel oder Zimmer?

11 DIE „WAS NUN?"-FRAGE

Und was nun?

Das ist eigentlich die einzig richtige Reaktion, wenn man sich mit der Nachfolge als Unfertiger ehrlich auseinandersetzt. Was genau bedeutet das für mich? Was pack ich an, wo setz ich an? Was kann ich auch direkt wieder vergessen? Manchmal wirkt das Ziel, wo ich hinwill, wie ein gewaltiger, unbezwingbarer Berg. Aber egal wie lange der Weg zur Spitze auch sein mag – er beginnt immer mit einem ersten Schritt. Wie sieht dieser Schritt bei dir aus?

DIE SENDUNG

„Wie der Vater mich gesandt hat, so sende ich jetzt euch", sagt Jesus in Johannes 20,21. Du bist nicht einfach zufällig in deinem Leben gelandet, um es wie ein passiver Fußballfan vor dem Bildschirm bei Chips und Bier zu verfolgen. Sendung ist etwas Aktives, du stehst mitten auf dem Platz und bist dabei. Es war eine bewusste Entscheidung von Gott, in Christus den komfortablen Himmel zu verlassen. Er tat es aus Liebe, um uns Menschen zu begegnen. Und genau so sendet er auch dich und mich. Raus aus der Komfortzone unseres Kuschellebens, unserer Kuschelkirche, unseres Kuschelglaubens und mitten hinein in eine Welt, ganz nah zu den Menschen, die sich nach Erlösung sehnen – ob ihnen das nun bewusst ist oder nicht.

Das Wort „Ekklesia", das wir in der Regel mit „Kirche" übersetzen, wurde nicht einfach von Jesus oder auch einem Paulus aus dem Nichts heraus spontan erfunden, so wie meine Kinder immer mal wieder einfach aus Spaß neue Wortkombinationen kreieren. „Ekklesia" nannte man in der Antike ganz allgemein politische Versammlungen. Die „ekklesia" war die Gemeinschaft der „Herausgerufenen" (so die wörtliche Bedeutung), also all derjenigen, die aufgrund ihrer Stellung in der Gesellschaft gemeinsam die Probleme der Stadt lösten und sich für das Gemeinwohl einsetzten. Wichtige lokalpolitische Entscheidungen wurden damals oft beim Stadttor getroffen – dort, wo sich die weisen Ältesten jeweils versammelten. Deshalb hatte das Tor eine zentrale Bedeutung in jener Zeit – auch Boas klärte die Hindernisse auf dem Weg zur Ehe mit Rut an diesem Ort (Rut 4). Und dieser „Rat der Weisen" am Tor wurde „Ekklesia" genannt.

RAUS AUS DER KOMFORTZONE UNSERES KUSCHELLEBENS, UNSERER KUSCHELKIRCHE, UNSERES KUSCHELGLAUBENS UND MITTEN HINEIN IN EINE WELT, GANZ NAH ZU DEN MENSCHEN, DIE SICH NACH ERLÖSUNG SEHNEN – OB IHNEN DAS NUN BEWUSST IST ODER NICHT.

Erstaunlicherweise wählte Jesus diesen Begriff, als er Petrus offenbarte, dass er auf ihn als Fels seine „Kirche" bauen wollte (Matthäus 16,18). Und Paulus verwendete ihn häufig für die ersten Nachfolger, die aufgefordert waren, gemeinsam „Kirche" zu sein. Dabei kann weder Jesus noch Paulus gemeint haben, wir sollen uns als „Herausgerufene" in Kirchen sammeln und von einer bösen Welt absondern, sondern uns vielmehr herausrufen lassen, um in die reale Welt und die Gesellschaft hineinzuwirken – als Salz und Licht. Genau so, wie es die Versammlung der Weisen vorgelebt hat.

Es gilt also: Du bist gesendet. Folgende Fragen können dir helfen, deine persönliche Sendung zu klären: WOHIN – WER – WAS – WIE?

WOHIN und zu wem hat Gott dich gesandt? Ist es eine bestimmte Personengruppe wie Obdachlose, Flüchtlinge oder

Prostituierte? Liegen dir vielleicht Jugendliche am Herzen, Sportler oder auch einfach Familien und Ehepaare? Spürst du einen Pulsschlag für deine Nachbarn, ein bestimmtes Arbeitsumfeld oder vielleicht sogar ein anderes Land?

WER begleitet dich dorthin? Jesus hat seine Jünger immer zu zweit losgeschickt. Ich erlebe es als kraftvoll, wenn wir gemeinsam mit Menschen Aufgaben angehen. Finde Leute, die dieselben Menschen auf dem Herzen haben.

WAS ist die Not und das Problem, das dein Jesus dort angehen möchte? Was kannst du gemeinsam mit ihm dort konkret verändern und bewegen? Oder, anders gefragt:

WIE sieht der Geschmack von Gottes Königreich in diesem Umfeld aus?

—

Bist du bereit, dich senden zu lassen?

—

Nachfolge heißt, aus dem bequem gepolsterten Glaubenssessel aufzustehen – indem wir uns öffnen und unser Herz von Gott bewegen lassen, uns senden lassen. Dem ganzen Jesus hinterher. Dabei müssen wir uns nicht davon irritieren lassen, dass wir nicht die ganze Welt retten können – der Auftrag von Jesus war auch nicht gerade kümmerlich: „Rette die Menschheit!" Vielleicht hat ihm diese Dimension am Anfang seiner Karriere als Zimmermann ziemliche Bauchschmerzen und schlaflose Nächte beschert. Gut möglich, dass er seinen Frust darüber, dass eigentlich gar nichts passierte, während er seine so kostbare Zeit im Sägemehl verbummelte, ab und zu an einem Möbelstück ausgelassen hat. Auch als es dann endlich loszugehen schien, erstreckte sich sein Wirkungskreis auf eine relativ überschaubare Region rund um einen See, was sich zu seinen Lebzeiten auch nicht ändern sollte. Vielleicht hat er dieselbe Ohnmacht verspürt wie ich im Slum von Äthiopien, im Norden von Uganda oder auch hier auf den Philippinen, als er diese unüberschaubare Anzahl von Menschen vor seinem inneren Auge sah, deren Not schlicht außerhalb seines Wirkungskreises lag. Ich hatte das Gefühl, dass das, was ich zu geben habe, unglaublich wenig ist. Dabei ist da immer die Dimension von Christus in mir. Und er ließ sich durch nichts von seinen Liebestaten an einzelnen Menschen noch von seiner großen Vision, eine ganze Welt zu erlösen, abbringen.

Wir haben immer einen Bereich im Leben, auf den wir einen bestimmten Einfluss haben, unseren „circle of influence". Gleichzeitig gibt es hoffentlich einen Bereich, der uns am Herzen liegt, weil er uns tief berührt – unseren „circle of concern". Das ist ein Bereich, in dem wir etwas verändern möchten, weil Gott es uns aufs Herz gelegt hat – dieser „Herzschlagbereich" ist deckungsgleich mit unserer Sendung. Unser Einflussbereich umfasst all jene Menschen wie Freunde, Nachbarn, Familie, Arbeitsumfeld etc., die wir direkt prägen können, weil wir mit ihnen zu tun haben. Im Herzschlagbereich sind jene Menschen, die uns einfach am Herzen liegen. Dabei gibt es wahrscheinlich Überschneidungen beider Bereiche. Und vor allem hier können wir Dinge zu verändern versuchen. Gleichzeitig muss uns klar sein, dass es gut möglich ist, dass wir keinen direkten Einfluss auf Teile unseres Herzschlagbereichs haben.

Wenn beispielsweise mein Herz dafür schlägt, dass die Schweizer Regierung nach christlichen Werten Entscheidungen fällt, kann ich nicht einfach bei den Bundesräten aufmarschieren und mit ihnen bei einem Energy-Drink und Pommes über Verbesserungsmöglichkeiten diskutieren. Und wenn ich die globale Ungerechtigkeit beseitigen oder einen Krieg im Nahen Osten verhindern möchte, kann ich nicht einfach eine Mail mit dem Betreff „Stopp Gewalt" an eine Regierung schreiben, und alles hört auf. Aber ich kann definitiv etwas tun (abgesehen vom Beten natürlich, das sowieso immer möglich und kraftvoll ist): Ich kann meinen persönlichen Einflussbereich nutzen. Erstens erweitert der Bereich sich während meines Lebens, zweitens kann eine Person, in die ich investiere, vielleicht eine Schlüsselperson werden, die meine Vision in einen ganz anderen Bereich hineinträgt, zu dem ich bislang keinen Zugang hatte.

Durch Netzwerke wie Facebook habe ich erstmals begriffen, dass ich tatsächlich um ganz wenige Ecken (in der Regel spricht man von sieben Verbindungen) mit jeder x-beliebigen Person weltweit verknüpft bin. Wenn mir also Gott nur die richtige Person zum richtigen Zeitpunkt über den Weg schickt, so unbedeutend sie mir auch scheinen mag, dann kann dieser berühmte Flügelschlag eines Schmetterlings ein weltumspannendes Beben auslösen. Ich brauche nicht einmal viel Glaubensenergie, um Gott diese „zu-fälligen" Begegnungen zuzutrauen. Und deshalb gibt es keine unbedeutenden Begegnungen.

WENN MIR ALSO GOTT NUR DIE RICHTIGE PERSON ZUM RICHTIGEN ZEITPUNKT ÜBER DEN WEG SCHICKT, SO UNBEDEUTEND SIE MIR AUCH SCHEINEN MAG, DANN KANN DIESER BERÜHMTE FLÜGELSCHLAG EINES SCHMETTERLINGS EIN WELTUMSPANNENDES BEBEN AUSLÖSEN.

Im Slum von Addis Abeba hat Gott meinen Herzschlagbereich erweitert. In der Bibel gibt es eine Geschichte, die nicht nur genau mit diesem Thema, sondern zufällig auch mit Äthiopien zu tun hat, weshalb sie mir umso mehr ans Herz gewachsen ist: Philippus begegnet „zufällig" dem Finanzminister der äthiopischen Königin Kandake (Apostelgeschichte 8,27). Diese von Gott eingefädelte Begegnung stellt das Leben des Mannes aus Äthiopien innerhalb kürzester Zeit völlig auf den Kopf. Sehr gut möglich, dass mit ihm als einem der ersten afrikanischen Christen und getauften Nichtjuden die Afrikamission begonnen hat.

Hat Gott Philippus diesen Mann über den Weg geschickt, weil sein Einflussbereich nicht bis nach Afrika reichte? Aufgrund seiner kurzen Investition in das Leben dieses Mannes, der als Finanzminister Zugang zum Königshof von Äthiopien hatte, hat er womöglich den Glauben eines ganzen Kontinentes geprägt und verändert – und das, ohne je etwas davon bemerkt zu haben. Ich weiß nicht, was der Herzschlagbereich von Philippus war – aber zumindest hat er seinen Einflussbereich genutzt und so Teile der Welt geprägt, auf deren Boden er selbst nie auch nur einen Fuß gesetzt hat.

Unten auf dieser Seite siehst du zwei sich überlappende Kreise. Schreib in den linken Menschen oder Menschengruppen, die Gott in deinen Einflussbereich gestellt hat. Personen, mit denen sich dein Leben natürlicherweise überschneidet. In den rechten Kreis schreibst du Menschen oder Menschengruppen, die dir am Herzen liegen, aber auf die du keinen direkten Einfluss hast. In der Schnittmenge der Kreise sind die Menschen, auf die beides zutrifft: Du hast Einfluss auf sie und dein Herz schlägt für sie. Nimm dir Zeit, diese beiden Gruppen im Gebet mal so richtig „durchzukneten".

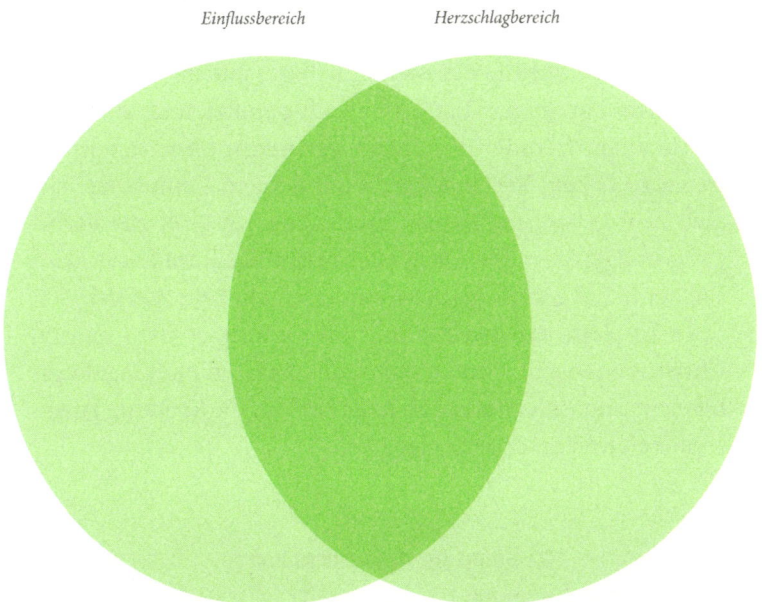

Einflussbereich   *Herzschlagbereich*

Im linken Kreis stehen zum Beispiel Nachbarn, Freunde aus dem Sportverein und Verwandte – sie alle sind automatisch in deinem Einflussbereich. Im rechten Kreis hast du vielleicht Verfolgte in fremden Ländern, für die Gott dir ein Herz gegeben hat, oder Menschen, die gerade eine konkrete Not erleben. In der Mitte, dort, wo sich beide Kreise überlappen, könnten dann einzelne Namen stehen von Leuten aus deinem Sportteam, deiner Familie, die dir Gott aufs Herz gelegt hat und die gerade eine schwere Zeit durchmachen – oder auch Asylanten, die du immer wieder in der Nähe deines Wohnorts antriffst. Es sind die Menschen, die sich nicht nur in deinem Herzschlagbereich befinden, sondern eben gleichzeitig auch in deinem Einflussbereich.

Falls du in deinem Herzschlagbereich-Kreis keine einzige Person antriffst, dann geht es dir so, wie es mir mit meinem harten Herzen lange gegangen ist ... Bete dafür, dass Gott dein Herz weich macht. Aber Achtung: Gut möglich, dass er dabei ordentlich übers Ziel hinausschießt und du plötzlich bei jedem hollywoodschen B-Movie Wasserbäche heulen musst, weil dich irgendwas oder irgendwer so stark berührt.

Jesus hat seinen Einflussbereich und sein Leben genutzt, um die größte Bewegung der Menschheitsgeschichte anzustoßen. Philippus hat seinen Einflussbereich genutzt und auf diese Weise einen fremden Kontinent verändert, ohne ihn je betreten zu haben. Was machst du mit deinem Einflussbereich? Stell dein Leben und deinen Einflussbereich Gott zur Verfügung und ganz in den Dienst der Nachfolge – und Gott wird Erstaunliches daraus machen, daran besteht kein Zweifel.

Es ist Zeit, aufzustehen und als Unfertiger dem ganzen Christus zu folgen – und nicht nur einfach ein paar Lieblingsbereiche von ihm zu umarmen. Es ist Zeit, die Sendung zu akzeptieren und gesendet zu leben.

—

Bereit für dein Abenteuer?

—

DAS VISIONS-BÄUMCHEN

Nachfolge hat ganz viel mit Wachstum zu tun. Es bedeutet, unterwegs zu sein – Jesus hinterher. Permanent dazuzulernen und zu reifen. „Zu unserer Natur gehört die Bewegung; die vollkommene Ruhe ist der Tod", hat Blaise Pascal gesagt. Und diese Bewegung ist nötig, damit Wachstum geschehen kann. Meine kleinen Mädels lernen gerade Fahrradfahren. Mich mit ihnen ein paar Stunden hinzusetzen und ihnen zu erklären, wie man mit den Füßen die Pedale bedient und wie man Kurven fährt, nützt überhaupt nichts. Fahrradfahren lernen sie nur durch Fahrradfahren. Und Nachfolge lernt man nur durch Nachfolgen. Bei beidem müssen wir aktiv werden und uns bewegen. Dabei gibt es auch keine Abkürzungen.

Auf den Philippinen haben wir als ganze Familie bei einem Ernährungsprojekt für Kinder im Slum ganz viel persönlich mitnehmen können. Nebst bleibenden Eindrücken auch die schmerzhafteste Augenentzündung unseres Lebens. Unsere vier Kinder, Tamara und ich waren für mehrere Tage mit blutroten, tränenden und zugeschwollenen Augen völlig ausgeknockt. Kalte Lappen spendeten wenigstens kurzzeitig ein bisschen Linderung, aber es gab nichts anderes als „Augen zu" und durch. Man musste die Sache einfach aushalten. Für mich war das extrem lehrreich: Im Leben gibt es viele Dinge, bei denen man keine Abkürzungen nehmen kann. Beziehungen zum Beispiel – Tamara und ich stehen nun nach fünfzehn gemeinsamen Jahren an einem total anderen Ort als noch zu Beginn. Unsere Beziehung hat unglaublich an Tiefe und Vertrautheit gewonnen. Aber das war nur möglich, weil wir uns diese Zeit gegeben haben, gemeinsam zu wachsen. Nachfolge kennt auch keine Abkürzungen – man muss sich darauf einlassen und dann zulassen, dass Gott dieses Wachstum des neuen Ichs in uns schenkt.

Ein starkes geistliches Prinzip, das mich inspiriert und ganz viele Bereiche meines Lebens prägt, ist deshalb das Wachstums-Prinzip, wie man es in der Bibel entdecken kann: pflanzen – gießen – wachsen. In 1. Korinther 3,6-7 heißt es: „Ich habe GEPFLANZT, Apollos hat BEGOSSEN, Gott aber hat das WACHSTUM gegeben. So ist weder der da pflanzt etwas, noch der da begießt, sondern Gott, der das Wachstum gibt" (ELB; Hervorhebung des Autors).

Wenn wir etwas Neues sehen wollen, egal in welchem Bereich unseres Lebens, dann müssen wir aktiv werden und etwas Neues pflanzen. Manchmal müssen wir dazu alte Pflänzchen ausreißen, um überhaupt erst Platz zu schaffen. Danach geht es darum, die neue Pflanze zu gießen. Denn das Wachsen geschieht nicht von heute auf morgen einfach so, sondern nur, wenn wir für Wasser sorgen. Dass sie dann tatsächlich wächst und Frucht bringt, ist etwas, das alleine Gott schenken kann.

WENN IN EINEM BEREICH DES LEBENS PROBLEME AUFTAUCHEN UND EIGENTLICH EINE VERÄNDERUNG NÖTIG WÄRE, BETREIBEN VIELE BLOSS SYMPTOMBEKÄMPFUNG, ANSTATT BEWUSST ETWAS NEUES INS SYSTEM HINEINZUPFLANZEN.

Das Wachstums-Prinzip ist simpel, kraftvoll und kann extrem viel verändern, wenn man es konsequent anwendet. Wenn in einem Bereich des Lebens Probleme auftauchen und eigentlich eine Veränderung nötig wäre, betreiben viele bloß Symptombekämpfung, anstatt bewusst etwas Neues ins System hineinzupflanzen – ganz egal ob in der Familie, im Unternehmen, in der Kirche oder auch im persönlichen Alltag. Sie gehen nur die sichtbaren Probleme an, anstatt das Übel bei der Wurzel zu packen, auszureißen und dann etwas Neues einzupflanzen.

Wenn es also einer Kirche, die von Spendengeldern lebt, an Geld fehlt, dann ist die Versuchung groß, das Symptom zu bekämpfen, indem man vermehrt über Geld redet. Dabei ist vielleicht die Wurzel des Problems, dass die Besucher die Vision der Kirche nicht sehen oder verstehen. Und deshalb ist eine ungesunde, misstrauische Pflanze gewachsen. In diesem Fall muss man die Pflanze ausreißen, ein Visions-Bäumchen pflanzen, das alle sehen können, und es über die nächsten Monate und Jahre konstant gießen. Die Frucht wird dann Gott schenken – nämlich Menschen, die mit dieser Vision mitlaufen und diese auch finanziell mittragen.

Oft reagieren wir Menschen auf Symptome falsch, indem wir uns absorbieren lassen durch Symptombekämpfung, und das – als Gipfel der Doofheit – nicht selten noch mit dem Repertoire, das erst zu dem Problem geführt hatte. Wenn man in einer Familie am Abendbrottisch immer Nervosität und Unruhe hat, muss man die Kinder nicht anschreien und zur Ruhe zwingen – sondern ganz bewusst ein Entschleunigungs-Bäumchen in den Alltag einpflanzen und gießen. Zimmerstunden für die Kids, ein paar Sekunden ruhig sein, bevor man zusammen isst, usw.

Ein Aha-Erlebnis war für mich, als ich eher zufällig darauf stieß, dass man tatsächlich neues Verhalten, eine neue Kultur, in ein System einpflanzen kann. Es war ein Mitarbeiter, der sich von mir mehr Ermutigung im Alltag wünschte – „weil ihn dies zu Höchstleistungen anspornen würde". Tatsächlich war es so, dass bei regelmäßiger Ermutigung seine Stimmung und Arbeitsleistung merkbar besser ausfielen. Zuerst schien mir das ziemlich anstrengend und aufgesetzt. Ernüchternde Tatsache war, dass die Ermutigungs-Energie in mir mehr schlummerte als wummerte. Ich war kein wuchtiger Ermu-TIGER, sondern eher ein mickriges ErmuKÄTZCHEN.

Doch eines habe ich in meiner Ehe bereits gelernt: Es ist immer schwieriger, mein Gegenüber zu verändern, als bei mir den Hebel anzusetzen. Also gab ich mir einen Ruck und begann, ihm gegenüber Ermutigungen auszusprechen. Immer nur ernst gemeinte natürlich. Zuerst war das noch ein wenig verkrampft, doch zunehmend gingen sie leichter über die Lippen. Ich lernte dabei einfach von ihm, denn er selbst ist einer der besten Ermutiger, die ich überhaupt kenne. Und plötzlich rutschten mir auch gegenüber anderen Menschen „spontane" Ermutigungen raus. Schließlich war

ICH WAR KEIN WUCHTIGER ERMU-TIGER, SONDERN EHER EIN MICKRIGES ERMU-KÄTZCHEN.

ich selbst am meisten erstaunt, wie positiv sich das auswirkte: auf die Stimmung im Team, auf die Freude und die Qualität der Arbeit, auf die Beziehungen. Mit der Zeit begann es sogar Spaß zu machen, selbst in vertrackten Situationen bei anderen nach dem Positiven zu suchen und sie genau darin zu bestärken, statt sie ständig mit ihren Fehlern zu konfrontieren. Plötzlich wurden aus scheinbar mittelmäßigen Mitarbeitern Top-Leute, weil sie ermutigt wurden, in ihren Begabungen zu laufen oder diese mindestens weiterzuentwickeln.

Im Rückblick bin ich überrascht, dass etwas scheinbar so Banales wie „Menschen ermutigen" eine solche Kraft entwickeln kann – Menschen beflügelt, Atmosphäre prägt und Resultate ermöglicht, die vorher nicht zu erreichen waren. Nebenbei wurde es sehr viel einfacher, Schwächen und Entwicklungspotenzial anzusprechen, weil die Leute ja um die positive Grundstimmung wussten. Zwei Jahre später gab ein Mitarbeiter in einer offenen Teamrunde das Feedback, ich sei ihm ein großes Vorbild in Sachen Ermutigung, was sehr überraschend ist, wenn man um meine vorherige ErmuKÄTZCHEN-Energie weiß.

Irgendwie hatte sich nicht einfach mein Umfeld verändert, sondern zuerst einmal ich mich. Und dadurch konnte im Team dann etwas Neues heranwachsen. Anfangs war ich erstaunt über diese Dynamik, doch dann wurde ich auf die Stelle in Römer 15,2 (HFA) aufmerksam: „Jeder von uns soll sich so verhalten, dass er seinen Mitmenschen zum Guten ermutigt und ihn im Glauben stärkt." Wie Schuppen fiel es mir von den Augen: Ermutigung hat diese unglaubliche Kraft – weil sie eine Idee von Gott ist!

Ohne mir dessen richtig bewusst zu sein, hatte ich in unsere Teamkultur ein Ermutigungs-Bäumchen gepflanzt und über zwei bis drei Jahre fleißig begossen. Gott hat Wachstum geschenkt und es ist deutliche Frucht daraus entstanden.

Es steckt eine unglaubliche Power darin, wenn wir bewusst pflanzen, begießen und dann Gott um Wachstum bitten. Es ist ein kraftvolles geistliches Prinzip, das jedes System verändern kann. Von deiner Firma, deinem Team, deiner Kirche, deiner Familie, deiner Ehe bis hin zu deinem persönlichen Glaubensleben.

Wo brauchst du ein neues Bäumchen? Was fehlt deiner Nachfolge, wenn du sie jetzt am Ende des Buches noch einmal reflektierst?

Es ist gut möglich, dass Gott auch bei ganz anderen Themen den Finger draufgelegt hat, Themen, die ich gar nie oder höchstens in Nebensätzen mal angeschnitten habe. Kein Problem, wenn du eher bei diesen Gedanken bleibst. Vertrau da auf Gott in dir.

Hat sich zum Beispiel Lieblosigkeit in deine Ehe geschlichen? Dann pflanze ein Zärtlichkeits-Bäumchen oder ein Entschuldigungs-Bäumchen. Vielleicht verkümmert dein Glaube gerade ein wenig und es braucht ein neues „Ich vertrau dir, Jesus"-Bäumchen! Möglicherweise ist die Beziehung zu deinem Chef oder einem Mitarbeiter seit Längerem nicht mehr gut, und es wäre dran, ein Respekt-Bäumchen zu pflanzen. Egal, was für ein Bäumchen du pflanzt – tu es bewusst, gieße es und überlass das Wachstum Gott. Denn das kann alleine er – Frucht bewirken, die bleibt. Alles, was lebendig ist und lebendig macht, ist von Gott geschenkt.

Wichtig ist es zu verstehen, dass Wachstum nicht einfach so geschieht – das ist ein Mythos, den wir aus unserer Kindheitsphase mitgenommen haben, als der Körper noch „einfach so" gewachsen ist. Geistliches Wachstum ist eine bewusste Entscheidung. Die Hebräer, an die der neutestamentliche Brief gerichtet ist, sind nicht einfach weiter- und weitergewachsen, sondern irgendwann stehen geblieben und haben sich geistlich sogar wieder zurückentwickelt. „Eigentlich müsstet ihr längst in der Lage sein, andere zu unterrichten; stattdessen braucht ihr selbst wieder jemand, der euch die grundlegenden Wahrheiten der Botschaft Gottes lehrt. Ihr habt sozusagen wieder Milch nötig statt fester Nahrung. Wer nur Milch verträgt, ist ein Kind und hat noch nicht die nötige Erfahrung, um sein Leben so zu gestalten, wie es nach Gottes Wort richtig ist" (Hebräer 5,12-13).

Wachstum geschieht, wenn wir bewusst Samen in ein System streuen und begießen. Manche Samen werden auch von außen in dein Leben hineingesät, vielleicht durch problematische Situationen oder schwierige Personen, mit denen du zu tun hast – selbst dann gilt es, diese Hindernisse als Chancen zu sehen und den eingesetzten Samen zu begießen, damit daraus etwas Positives wachsen kann.

Was ist dein nächstes Wachstumsziel? In welchem Bereich deines Lebens braucht es eine Veränderung? Und was für ein Bäumchen möchtest du dort pflanzen? Wenn du an den Bereich Nachfolge denkst und den Gedanken nachgehst, die Gott bei dir durch dieses Buch aufgeworfen hat – was fehlt deiner Nachfolge? Was für ein Bäumchen möchtest du in deinen Nachfolgegarten pflanzen oder, anders gefragt: Was für eine Frucht würdest du gerne in ein paar Monaten sehen?

Wachstum ist die Folge einer bewussten Entscheidung. Pflanz heute noch ein Bäumchen. Es muss ja nicht gleich ein ganzer Wald sein.

DER FERTIGMACHER

David war seiner Zeit voraus und schon damals ein Nachfolger und nicht nur ein Gläubiger. Als das ganze Volk Gottes gelähmt vor Angst und zittrig Richtung Riese Goliat schielte, hätte er sich nett, fromm und absolut angepasst verhalten können. Niemand hätte es ihm verübelt. Vor allem erwartete niemand von diesem Hirtenjungen, der gerne mal vergessen wurde, eine kriegerische Reaktion. Er hätte sich einfach mit allen anderen hinsetzen und wie wild darum beten können, dass Gott diesen hünenhaften Brocken von einem Kerl mit einem Blitz ausknockt. David jedoch war zum Kampf entschlossen, weil ihm klar war, dass in diesem Fall Aufstehen und Handeln angesagt war.

Vielleicht gibt es Riesen in deinem Leben, bei denen deine Zeit für „Ora", für das Beten, vorbei ist? Möchte Gott vielleicht, dass du in den „Labora"-Modus umschwenkst? Alles hat seine Zeit, sagte der Prediger, Steine werfen hat seine Zeit wie auch Steine sammeln (Prediger 3,5). Ich kann mir gut vorstellen, dass David gebetet und zu Gott geschrien hat, als er nach den fünf perfekten Steinen im Bach gesucht hat. Egal wie furchtlos man ist – und ein Löwen- und Bärenbezwinger ist definitiv im Furchtlosranking ziemlich weit oben –, beim Gedanken an die bevorstehende Begegnung mit Goliat schießt wohl jedem eine heftige Dosis Adrenalin durch den Körper. Steine sammeln und beten ist deshalb beides absolut angebracht.

Aber David blieb nicht unten im Bachbett sitzen, sondern schritt dem Riesen entgegen und schleuderte seine Steine. Er wurde aktiv. Die Flüchtlingsthematik, all die zur Prostitution gezwungenen Frauen in unseren Ländern oder die persönlichen Probleme in der Familie, auf der Arbeit oder in der Gemeinde und letztlich auch die Nachfolge von Jesus können sich sehr leicht zu hünenhaften Bergen vor uns auftürmen. Zu Riesen, die wir maximal im Gebet angehen, und auch das nur halbherzig, weil wir gar nicht mehr so richtig daran glauben, dass Gott etwas verändern könnte. Aber die Geschichte zeigt, dass er kann. Und dass er immer wieder gerne sein Herz bewegen lässt. Sofern wir

EGAL WIE FURCHTLOS MAN IST, BEIM GEDANKEN AN DIE BEVORSTEHENDE BEGEGNUNG MIT GOLIAT SCHIESST WOHL JEDEM EINE HEFTIGE DOSIS ADRENALIN DURCH DEN KÖRPER.

nicht einfach nur Gebete aus dem Schützengraben schmeißen, sondern – wenn es an der Zeit ist – auch aufstehen und das uns Menschenmögliche tun, um diesen Riesen wortwörtlich „die Stirn" zu bieten.

Gut möglich, dass es jetzt an der Zeit ist, aufzustehen.

Stehst du schon oder zitterst du noch? Glaubst du nur oder folgst du schon nach? Welchem Riesen solltest du endlich die Stirn bieten?

„ICH BIN ÜBERZEUGT, DASS DER, DER ETWAS SO GUTES IN EUREM LEBEN ANGEFANGEN HAT, DIESES WERK AUCH WEITERFÜHREN UND BIS ZU JENEM GROSSEN TAG ZUM ABSCHLUSS BRINGEN WIRD, AN DEM JESUS CHRISTUS WIEDERKOMMT." (PHILIPPER 1,6)

Ich liebe diesen Paulus-Zuspruch. Eine ermutigende und vor Hoffnung triefende Zusage – absolut passend für die letzten Gedanken dieses Buchs. Gott hat dich begonnen und wird dich vollenden. Er ist dein Ursprung und Ziel. Er wird mit dir als Unfertiger fertig werden.

Gott will dich nie fertigmachen, aber er wird dich fertig machen. Er wird dich nie fertigmachen, weil du irgendwelche Unzulänglichkeiten in deinem Leben hast oder Fehler begehst, aber er wird dich fertig machen im Sinne von „mit dir ans Ziel kommen", dich „vollenden", dich in das zurückverwandeln, was ursprünglich geplant war, aber durch den Sündenfall oft verschoben und unscharf, vielleicht sogar heftig entstellt daherkommt. Er ist der große Fertigmacher, und er wird nicht eher ruhen, bis du in dein bestes Ich verwandelt bist, indem er einfach alles ablöst, was nicht christusähnlich ist. Michelangelo hat nach diesem Prinzip gearbeitet. Auf die Frage, wie man aus einem Marmorblock einen Löwen schafft, soll er geantwortet haben, dass man einfach alles wegschlägt, was nicht nach einem Löwen aussieht.

Wenn du dazu bereit bist, wird Gott dich auf deinem Weg als Unfertiger auf ihn zu immer „löwenähnlicher" machen, diesem Christus ähnlicher, dem Löwen Judas. Er wird alles wegmeißeln, was nicht christusähnlich ist. Manchmal kann das ein wenig wehtun. Immer aber wird es sich am Ende befreiend anfühlen, weil unnötiges Material wegfällt und du leichter durchs Leben gehst. Es gibt keinen lohnenswerteren Weg, als sich dem Fertigmacher hinzuhalten, der uns in diese wunderbar befreiende Christus-Ähnlichkeit hineinführt. Denn genau dazu sind wir bestimmt: „Wen Gott nämlich auserwählt hat, der ist nach seinem Willen auch dazu bestimmt, seinem Sohn ähnlich zu werden" (Römer 8,29; HFA).

Lass dich von Gott fertig machen!

Genauso wie Gott mit uns dran ist und die guten Dinge vollenden wird, die er in uns begonnen hat, ist auch so ein Buch eigentlich nie wirklich fertig. Man könnte immer noch ein bisschen um- und weiterschreiben und es besser machen, treffender, tiefer, unbequemer oder angenehmer, bedeutungsvoller, verständlicher ... Das Herrliche an einem Buch mit dem Titel „Unfertig" ist, dass man es so beenden darf, dass es seinem Namen auch wirklich gerecht wird. Nämlich ganz einfach mitten im ...

ANMERKUNGEN

1   Dietrich Bonhoeffer, Nachfolge, München 1987, S. 14.

2   Ebd., S. 29.

3   Die folgenden Ausführungen zum Thema Entwicklungsquadrat basieren auf Friedemann Schulz von Thun, Miteinander reden 2. Stile, Werte und Persönlichkeitsentwicklung, Berlin 2002, S. 38-55.

4   Ebd. S. 13.

Johannes Hartl

In meinem Herzen Feuer
Meine aufregende Reise ins Gebet

Begleiten Sie Johannes Hartl auf seiner aufregenden Reise ins Gebet – und fangen Sie selbst dabei Feuer für das Gespräch mit Gott! Johannes Hartl hat viel zu erzählen – von seiner Kindheit in der Nachbarschaft eines Benediktinerklosters, seiner Jugendzeit voller Extreme oder seinen zahllosen Reisen bis hin zur Gründung des Gebetshauses in Augsburg. Im Rückblick erkennt er, dass die Stationen seines Lebens vor allem eins waren: eine Reise ins Gebet. An dieser Reise lässt er Sie teilhaben, und am Ende möchte man nur eins: Gott im Gebet begegnen!

Gebunden, 14 x 22 cm, 240 S.
ISBN: 978-3-417-26610-8
Auch als E-Book

SCM

R.Brockhaus

Peter Höhn

Leben aus Liebe
Vom Himmel her die Welt bewegen

„Peter Höhn erklärt ausführlich, wie die Liebe Gottes in unserem Herzen tickt, und er tut das kompetent und mit anschaulichen Beispielen: Die Liebe Gottes drückt nicht, sie zwingt nicht, sie demotiviert nicht, sondern sie ermuntert, bewegt von innen heraus." (Jens Kaldewey)

Gebunden, 14 x 21,5 cm, 192 S.
ISBN 978-3-417-26651-1
Auch als E-Book

SCM
R.Brockhaus